경제기사로 리딩하라

경 제 신 문 쉽 게 뽀 개 기

경제기사로
리딩하라

차병석 외 지음

한국경제신문

경제를 보는 창을 열고

"경제신문은 딱딱하고 어렵다."

경제신문을 만드는 입장에서 독자들로부터 이런 말을 들을 때면 참 곤혹스럽다. 경제기사를 이해하기 쉽고 재미있게, 그러면서도 핵심을 정확하게 전달할 수 있도록 논리적으로 써보라고 기자들을 독려해보지만 "여전히 어렵다"고 하소연하는 독자들이 많다.

"어떻게 하면 경제 전문가가 아닌 일반 독자들도 경제신문을 쉽게 읽고 이해할 수 있을까?" 이는 경제신문사뿐 아니라 경제기자들 개개인의 영원한 숙제이기도 하다. 이 숙제를 푸는 과정의 하나로 한국경제신문 편집국은 《경제기사로 리딩하라》란 책을 내기로 했다. 1999년 국내 신문으론 처음으로 《한경 읽는 법》이란 신문 해설서를 낸 한경은 다시 한 번 새로운 버전의 신문 가이드북을 만들었다.

이 책은 크게 네 부문으로 구성했다. 첫 번째 장엔 각 분야의 프로들이 경제신문을 쉽고 재미있게 활용할 수 있는 그들만의 노하우를 귀띔해주는 인터뷰를 실었다. 이 인터뷰엔 한경을 오랫동안 사랑해온 신현만 커리어케어 회장과 오성진 현대증권 리서치센터장, 박연희 삼성전자 과장이 흔쾌히 응해주셨다. 이 자리를 빌려 다시 한 번 감사드린다. 두 번째 장에선 대학 신입생, 취업준비생, 직장인, 주부 등 경제신문 독자들의 개별적인 수요에 맞게 경제신문을 소화하고 활용하는 법을 제시했다. 자신의 처지나 목적에 따라 경제신문을 어느 면부터 어떻게 읽어야 하는지에 대한 가이드라인을 담았다. 세 번째 장에선 경제신문 지면을 집중 소개했다. 1면부터 요일별로 다채롭게 제작되는 별지 섹션 지면에 이르기까지 편집 의도와 방향, 주된 기사 내용, 활용 방법 등을 꼼꼼하게 소개했다. 마지막 장에선 경제신문을 좀 더 쉽게 소화하기 위해 독자들이 필수적으로 알아야 할 50대 포인트를 정리했다. 독자들이 경제신문을 읽으며 반복적으로 접하게 되는 경제 키워드나 이슈들 가운데 50개를 엄선해서 해설했다. 이 50개 포인트만 정확히 알아두면 경제신문에 나오는 웬만한 경제기사를 이해하는 데 큰 어려움이 없으리라 믿는다.

이 책은 경제신문에 대한 일종의 사용 설명서 또는 매뉴얼이다. 독자들이 경제신문을 읽고 이해하는 데 도움을 주기 위한 길라잡이 책이다. 그런 만큼 고교생도 읽을 수 있도록 쉽게 쓰려고 했다. 한경 기사 샘플을 활용하고, 경제용어를 친절하게 풀이해주는 코너를 마련한 것도 그 때문이다.

또 독자들은 잘 모르고 지나치지만, 눈여겨보고 나면 한경 읽는 재미가 배가되는 'Reading Enjoy Tip'도 중간 중간에 소개했다. 무엇보다 경제신문 독자들이 아무 때나 부담 없이 읽을 수 있는 책이 되도록 만들고자 했다.

《경제기사로 리딩하라》는 경제에 조금이라도 관심있는 모든 사람들을 위한 책이다. 그중에서도 '경제신문을 한번 구독해볼까' 고민 중인 학생, 취업준비생, 초년 직장인 등 예비 독자들에겐 필수 참고서라고 할 만하다. 경제신문을 구독하기 전에 반드시 일독을 권한다. 경제신문을 보기 시작한 지 3년이 안 된 초보 독자들이나 경제신문을 업무나 재테크에 활용하고 싶은 직장인, 주부 독자 등은 《경제기사로 리딩하라》를 통해 경제기사에 대한 이해도와 활용도를 크게 높일 수 있을 것이다. 또 경제신문을 오랫동안 구독해온 독자들도 이 책을 읽어본다면 새로운 경제신문 읽는 맛을 발견하는 계기가 될 것이라고 자신한다.

이 책의 출간엔 한경 편집국의 200여 명 기자들이 거의 다 참여했다. 각 부서에서 매일 제작하는 지면을 소개하고, 각자 맡은 분야에 해당하는 50대 포인트를 현장의 전문기자들이 직접 집필했다. 이런 글들을 취합하고 편집하는 데는 이학영 편집국 부국장과 차병석 정치부 차장, 이심기 경제부 차장, 장진모 산업부 차장, 박성완 증권부 차장, 조성근 건설부동산부 차장, 박해영 국제부 차장 등이 수고해줬다. 책의 시각적 이해도를 높여주는 다양한 그래픽 요소를 정교하게 편집해준 한경BP 편집부 식구들에게도 고맙다는 말을 전하고 싶다.

아무쪼록 이 책을 통해 경제신문 독자들이 경제신문을 더욱 친근하게 생각하고, "경제신문이 결코 어렵지 않구나"라고 말해준다면 더 이상 바랄 게 없을 것이다.

2012년 6월
한국경제신문 편집국장 고광철

INVESTMENT

CHAPTER

1

프로들이
전하는
경제기사
리딩 노하우

경제기사를 통해 인사이트(insight)를 길러라

"경제신문을 읽으면 우리 사회와 경제를 움직이는 사람들이 보입니다. 이 사람들을 보면 기업과 돈이 향하는 곳, '성공의 지름길'을 읽을 수 있습니다."

신현만 커리어케어 회장은 하루 일과를 경제신문 읽기로 시작하는 한경 애독자다. 10만여 명의 인재 풀을 보유한 헤드헌팅 업체를 이끄는 그에게 경제신문은 경제·산업 전반과 고객 시장 변화에 대한 궁금증을 풀어주는 고마운 사업 파트너다. 15년 넘게 종합지 경제부 기자로 취재현장을 뛰었던 그는 경제신문을 통해 사회 각층의 다양한 목소리를 확인하고, 경제를 보는 눈을 키울 수 있다고 강조한다. 신 회장은 "신흥시장의 움직임, 산업 트렌드의 변화, 특정 회사 최고경영자(CEO)의 경영스타일 등 모든 것을 알려주는 신문이 한경"이라며 "이직을 준비하는 직장인들, 취업준비생, 주부들에게 어려운 경제를 쉽게 설명해주는 친구가 될 것"이라고 말했다.

▶ 한경을 즐겨 읽게 된 계기가 있습니까

"헤드헌팅 회사에 있다 보니 정보 수집이 가장 중요한 업무가 됐습니다. 신문은 산업 관련 정보와 인재 트렌드를 읽을 수 있는 가장 좋은 정보 매체입니다. 특히 인물 기사가 많은 한경은 저에겐 매일 읽어야 하는 필독서나 다름없습니다. 정제되고 분석적인 기사가 처음에는 딱딱하게 느껴질 수 있지만, 쏟아지는 뉴스 속에서 꼭 알아야 할 뉴스를 선택해주는 편집 기능이 잘 작동하고 있는 신문입니다. 그래서 다른 신문보다 먼저 집게 됩니다."

▶ 가장 즐겨보는 지면은

"요즘 한경 주말판을 즐겨 읽습니다. 단순한 흥미 위주의 가벼운 기사가 아니라 바쁘게 사는 독자들에게 무엇인가 깊게 생각해볼 수 있는 인사이트(insight)를 줍니다. 평소에는 피플면의 인사란부터 읽기 시작합니다. 인사란은 단순한 이름의 나열이 아닙니다. 모든 기업활동의 결과는 사람으로 나타난다는 게 제 생각입니다. 인사란을 보면 그 조직이 어떤 방향으로 가고 있는지를 가늠할 수 있습니다."

▶▶ 이직 준비자들이 어떻게 경제신문을 활용할 수 있을까요

"요즘 이직자들 가운데는 30대 중반에 이미 서너 번의 이직 경험을 한 경우가 적지 않습니다. 이들의 대체적인 공통점은 이직하기 최소 3~6개월 전부터 경제신문을 읽는다는 겁니다. 산업면이나 정부 정책을 소개하는 면을 유심히 보면서 '이 분야 투자가 늘겠구나', '요즘 이 기업이 이런 신사업을 하네' 등의 정보를 얻는 거죠. 3개월 이상 자신이 관심을 가진 분야를 중심으로 신문을 꼼꼼히 읽다 보면 다른 사람들이 그저 읽고 지나치는 기사들을 이직 관련 정보로 재해석할 수 있을 겁니다."

▶▶ 취업준비생에게 추천하는 경제신문 읽는 법이 있다면

"인터넷, 소셜네트워크서비스(SNS) 등 각종 미디어 매체를 통해 취업 정보는 넘쳐나고 있습니다. 오히려 정보가 많아 구직자들이 혼란을 겪는 경우도 많더군요. 신문은 산업계의 트렌드를 읽을 수 있는 정보 창구입니다. 또 1회성 정보가 아닌 세상을 보는 안목을 길러줍니다. 신문을 읽으며 '세상 읽는 연습'을 한 사람과 그렇지 못한 사람 사이에는 큰 차이가 날 수밖에 없죠. 자녀의 진로 상담을 해주는 학부모들도 마찬가지입니다. 부모들의 조언이 설득력을 갖기 위해선 정제된 정보가 뒷받침돼야 합니다. 주부들이 더 열심히 경제신문을 읽어야 하는 이유입니다."

▶▶ 대학생들이 면접 준비에도 경제신문을 많이 이용합니다

"요즘 기업들의 면접에선 지식보다 지원자들의 경험을 물어봅니다. 대학 때의 봉사활동, 어학연수, 동아리활동 등이죠. 이를 통해 지원자의 관심사항이나 전체적인 성향을 평가합니다. 자신의 경험을 얼마나 잘 설명하느냐가 취업의 성공 여부를 가늠하는 기준이 된 겁니다. 신문은 독자들의 경험을 더 깊이 있고 가치 있는 것으로 만들어주는 역할을 합니다. 간접경험과 정보를 통해서죠. 예컨대 여행 안내서를 통해 우리가 여행에서 보고 겪는 일들이 더 가치 있게 되는 것과 마찬가지입니다. 신문은 우리의 작은 경험을 굉장한 사건으로 만들어줄 수 있습니다."

▶▶ 경제신문을 처음 읽는 독자에게 조언을 해준다면

"경제신문은 딱딱하고 재미가 없다는 선입견을 가진 사람들이 많은 것 같습니다. 경제기사에 좀 더 쉽게 적응하기 위해선 인물들의 인터뷰 기사부터 읽어보길 권합니다. 특정 지면을 읽어야 한다는 생각에 구애받지 말고 신문을 넘겨가며 관심 있는 사진이나 제목을 보고 눈길이 가는 기사부터 읽으면 경제신문과 친해지는 데 도움이 될 겁니다."

"하루에 하나씩 배운다"는 생각으로

증권사 애널리스트는 여느 직장인보다 하루를 일찍 시작한다. 보통 아침 7시 전에 출근해 밤사이 국제 금융시장 상황을 살펴보고 각자 맡은 분야에 대한 보고서를 작성, 7시 30분께 회의를 갖는다. 오성진 현대증권 리서치센터장은 1988년 대신증권에서 애널리스트로 근무하기 시작한 이래 24년간 이런 일상을 반복하고 있다. 시시각각 달라지는 주식시장에서 변화의 방향을 짚어내기 위해서는 남보다 부지런해야만 한다고 그는 말한다. 오 센터장이 지난 24년간 한결같이 유지한 습관이 하나 더 있다. 출근하자마자 책상 위에 놓인 경제신문을 읽는 일이다. 오 센터장은 "신입사원 시절부터 한경을 읽었다"며 "증시는 물론 산업·금융·부동산 등 경제 전반의 흐름을 한눈에 파악할 수 있는 정보의 보고"라고 말했다.

▶▶ 경제기사는 어렵다고 생각하는 독자들이 많습니다
경제기사에 보다 쉽게 접근할 수 있는 방법을 소개해주시죠

"하루에 하나씩 배운다는 생각으로 시작하는 것이 좋습니다. 예를 들어 환율기사를 읽다 보면 환율이 경제에 영향을 미치는 기본 원리를 서술한 대목이 나옵니다. 어려운 용어는 별도 공간에 설명을 해놓기도 하죠. 경제지식이 부족한 독자라면 그런 내용을 기억해두는 것이 좋습니다. 기본 원리와 용어를 알고 나면 다음번에 비슷한 기사를 읽을 때 더 쉽게 이해할 수 있겠죠."

▶ 경제기사 이해에 필요한 기본 원리는 어떤 것이 있습니까

"환율, 금리, 주가 등 주요 경제지표의 기본적인 관계를 알아야 합니다. 환율 하락(원화 강세)은 수출이 잘되거나 외국인 자금이 국내에 많이 들어온 결과입니다. 한국 경제 상황이 좋다는 의미입니다. 따라서 환율이 하락할 때는 주가가 오를 가능성이 높겠죠. 환율이 상승할 때는 반대로 생각하면 됩니다. 금리는 오를 때와 내릴 때 각각 다른 의미를 갖습니다. 정부나 통화당국이 경기부양을 위해 금리를 내리기 시작하는 초기 단계라면 주가는 떨어집니다. 하지만 절대금리 수준이 이미 낮은 상황에서 추가로 금리를 내린다면 주가가 반등할 가능성이 높습니다. 금리인상이 경기과열을 막기 위한 것이라면 주가는 일정 기간 상승하죠. 그러나 물가가 급등해 물가를 잡기 위해서 금리를 올릴 때는 주가가 하락하는 경우가 많습니다. 이 밖에 국제유가와 금 등 주요 원자재 가격에 대해서도 대략적인 수준과 추세 정도는 알고 있어야 경제 흐름을 이해할 수 있습니다."

▶ 어떤 기사부터 읽어야 될지 모르겠다는 독자들도 있습니다
신문을 어떤 방법으로 읽는 것이 좋을까요

"처음부터 끝까지 다 읽으면 좋겠지만, 현실적으로 쉽지 않은 일입니다. 신문을 읽는 목적에 따라 읽는 방법도 달라져야 한다고 생각합니다. 주식 투자자라면 1면, 국제면, 산업면, 중소기업면 등의 순서로 읽을 것을 권합니다. 1면에서 국내외 경제의 주요 이슈를 파악하고, 산업면과 중소기업면을 통해 개별 기업이 어떻게 움직이는지를 보는 것입니다. 증권면은 오히려 나중에 읽는 것이 좋습니다. 증권면은 당장 의사결정에 필요한 결론을 제시해주지만, 결론에 이르는 과정을 모르면 시장의 큰 흐름을 놓칠 수 있기 때문입니다."

▶ 24년 경력의 애널리스트로서 신문기사를 통해 새로운 산업의
흐름을 파악하고 유망 기업을 발굴하는 노하우가 있다면

"산업섹션, 그중에서도 특히 중소기업면에서 미래를 내다볼 수 있는 힌트를 많이 얻습니다. 신기술과 최신 유행에 대한 정보를 얻을 수 있기 때문이죠. 특히 어느 기업이 어떤 기술이나 제품을 새로 개발했다거나, 대규모 수주를 했다거나 하는 기사는 주식투자에 직결되는 정보입니다. 특히 신문에 자주 등장하는 단어에 주목해야 합니다. 언제부턴가 '스마트폰'이라는 단어가 신문에 하루도 빠지지 않고 등장하기 시작했죠. 어떤 단어가 신문에 자주 나온다는 것은 그것을 중심으로 새로운 산업과 트렌드가 형성되고 있다는 뜻입니다."

► 신문기사에 등장하는 다양한 표와 그래픽을 효과적으로 활용하는 방법은

"주요 기사의 표와 그래프는 스크랩할 필요가 있습니다. 표와 그래프는 기사의 핵심 내용을 축약해놓은 것이죠. 기사를 읽을 시간이 없을 때는 표와 그래프만 봐도 됩니다. 기획기사도 스크랩을 해두면 좋겠죠. 대부분의 신문기사는 하루만 지나도 정보로서 가치가 떨어지는 '구문'이 됩니다. 하지만 기획기사는 오랜 시간이 지나고 나서도 활용할 만한 가치가 있어요."

► 국제 뉴스와 국내 증시는 어떻게 연결시켜 이해하면 될까요

"국제 기사는 미국, 유럽, 중국을 중심으로 보면 됩니다. 미국 경제는 글로벌 경기를 결정하는 핵심 변수입니다. 미국의 각종 경제지표 중에서도 고용과 소비 관련 지표가 중요하죠. 미국 고용이 늘면 소비가 늘고, 소비가 늘면 한국의 수출도 증가합니다. 유럽은 국내 증시의 위험지표입니다. 100조 원의 유럽계 자금이 국내 증시에 들어와 있습니다. 유럽 경제가 어려워지면 이 자금이 빠져나가면서 주가가 떨어질 수 있죠. 유럽 주요국의 국채 금리나 신용부도스와프(CDS) 금리가 올라간다면 국내 증시의 위험도가 높아지는 것으로 이해하면 됩니다. 중국은 한국 수출의 27%를 차지하는 최대 수출 상대국입니다. 중국의 경제성장률이나 내수 소비에 따라 한국의 수출 경기가 달라지죠."

► 해외 금융시장 등 국제 뉴스를 실시간으로 확인할 수 있는 방법은

"한경닷컴 인터넷 뉴스를 활용해 국제 금융시장 상황을 실시간으로 파악할 수 있습니다. 한경닷컴은 국내 증시가 개장 중일 때는 물론 장 마감 뒤와 개장 전에도 투자자들이 활용할 수 있는 속보성 뉴스를 게재하죠. 애널리스트들은 국내 증시 개장 전에는 전날 미국과 유럽 증시 상황을 살펴보기 위해, 마감 뒤에는 아시아 시장을 파악하기 위해 한경닷컴을 이용합니다."

► 더욱 전문적인 정보를 필요로 하는 독자들은 한경을 어떻게 활용할 수 있을까요

"주요 이슈에 대한 기획기사는 빼놓지 말고 읽을 것을 권합니다. 다른 신문에서는 볼 수 없는 깊이 있는 분석을 접할 수 있죠. 매주 월요일에 나오는 '머니&인베스팅(Money&Investing)' 등 별도 섹션으로 나오는 지면도 풍부한 정보를 담고 있더군요. 자본시장 전문가들에게는 마켓인사이트(www.marketinsight.kr)가 훌륭한 동반자가 되고 있습니다. 증권업계 종사자는 물론 일반 투자자도 마켓인사이트를 통해 최신 자본시장 정보를 한발 빠르게 얻을 수 있습니다."

경제지식이 자신감을 키운다

"입사할 때 한국경제신문을 몇 년간 꼼꼼히 읽은 게 큰 도움이 됐습니다. 면접관들이 묻는 질문에 조리 있게 답할 수 있었죠."

대학생들이 꼽는 한국 최고의 직장이 삼성전자다. 삼성전자 경영지원실 커뮤니케이션팀에서 해외 홍보를 맡고 있는 박연희 과장(32)은 입사 성공 비결을 묻는 질문에 즉각 '한경'을 꼽았다. 그녀는 대학과 대학원에서 커뮤니케이션을 공부한 뒤 6년 전 입사했다. 박 과장은 경제신문과 종합지 등 두 종류 신문을 10년 전부터 꾸준히 구독하고 있다. 입사의 길을 열어 주었을 뿐 아니라 업무와 직장에서의 인간관계, 실생활에도 도움이 된다는 게 그의 설명이다. 해외 홍보를 더 열심히 해서 전문가가 되겠다는 박 과장은 "앞으로도 계속 경제신문을 끼고 살아야할 것 같다"며 웃었다.

▶▶ 경제신문을 읽으면서 어떤 게 가장 큰 도움이 됐나요

"경제지식에 관한 자신감을 가질 수 있었던 게 가장 컸어요. 6년 전 입사 면접 때 면접관들이 예상치 못한 질문을 하는 경우가 많았어요. 나는 미리 열심히 신문을 읽어 상식을 쌓아두었던 터라 당황하지 않고 자신 있게 말할 수 있었죠. 경제신문을 꾸준히 읽은 게 입사에 큰 도움이 됐습니다."

▶▶ 하는 일이 해외 홍보인데, 지금도 꾸준히 경제신문을 읽습니까

"물론입니다. 경제신문의 좋은 기사를 정독하면 해외 홍보 자료를 쓸 때도 많은 도움이 돼요. 신문기사는 일반적인 글과 달리 정리가 잘돼 있고, 구조가 논리적이어서 자주 읽어두면 컴팩트하고 논리적인 글을 쓸 수 있지요. 매일 한두 개씩 영문 홍보자료를 써야 하는 게 내 일인데, 아무리 바빠도 경제신문 읽는 건 필수입니다."

▶▶ 또래 친구들을 만나면 '만물박사'로 불린다고 하던데요

"매일 신문을 읽다 보니 어떤 얘기가 나와도 대부분 아는 것이어서 설명해주다 보면 친구들이 '별걸 다 안다' 며 놀라죠. 사실 요즘 제 또래 젊은 여성들은 세상사에 관심이 많지 않잖아요. 여러 가지 아는 게 많다 보니 인간관계의 폭도 쉽게 넓힐 수 있는 것 같아요. 근무하다 보면 직장 선·후배뿐 아니라 고객, 기자 등 다양한 사람들을 만나죠. 처음 만나면 얘기를 풀어가기가 어려운 경우가 많은데, 신문에서 읽은 여러 가지 세상 돌아가는 이야기를 하다 보면 의외로 쉽게 친해지더라고요."

▶▶ 요즘 젊은이들은 주로 뉴스를 온라인으로 접하는 경우가 많습니다
경제신문을 정독하는 것엔 이유가 있나요

"온라인에서 뉴스를 보는 것과 실제 종이신문에 난 기사를 정독하는 것은 하늘과 땅 차이라고 생각합니다. 기사 내용을 자기 것으로 만들려면 정리가 잘돼 있고 차분하게 읽을 수 있는 종이신문이 훨씬 좋아요. 온라인으로 읽은 뉴스는 휘발성이 강하죠. 그래서 집중하기가 쉽지 않고, 읽고 나서도 머리에 남지 않습니다."

▶▶ 경제신문에선 어떤 면을 즐겨 읽습니까

"예전에는 재밌는 기사, 관심 있는 기사만 골라봤습니다. 그러나 입사 이후엔 찾아보는 기사가 달라졌어요. 관심사가 바뀐 거죠. 특히 다른 신문보다 경제신문을 읽는 시간이 좀 더 길어졌습니다. 아무래도 일이 해외 홍보 쪽이다 보니 회사 소식에 가장 큰 관심이 가죠. 특히 경제신문은 삼성 관련 뉴스와 전자업계 소식을 가장 정확히 보도하기 때문에 하루라도 건너뛸 수가 없어요. 저는 업무를 위해 산업면을 가장 오래 봅니다. 개인적으론 세일 정보 등이 실리는 생활경제면 등도 유심히 보고요."

▶▶ 경제신문은 어렵다고 하는 독자가 많습니다
친숙해질 수 있었던 비결은 뭡니까

"처음 경제신문을 접할 때는 저도 조금 힘들었어요. 아무래도 입사 전에는 정보통신(IT) 용어 등 여러 가지 전문 용어가 익숙하지 않았던 탓이죠. 또 경제신문이 다루는 주제 자체가 일반 신문보다 전문적인데다 재밌는 기사보다는 팩트(fact) 위주의 딱딱한 기사가 많아 접근하기가 쉽지 않았던 게 사실이에요.

지금은 업무를 하다 보니 이해하기 어려운 건 많지 않습니다. 특히 인포그래픽 등 이해를 도와주는 각종 그래픽이 기사 중간 중간에 들어 있는데다 용어설명 등도 수시로 나오기 때문에 예전보다 이해하기가 한결 쉬워졌죠. 역시 경제신문과 친숙해지는 지름길은 꾸준히 읽는 길밖에 없는 것 같습니다."

▶▶ 아직 미혼인데 재테크는 어떻게 합니까
경제신문 기사를 활용해 돈을 번 경험이 있습니까

"경제신문은 업무뿐 아니라 실생활에도 매우 유용합니다. 전 패션 정보나 각종 상품의 세일 정보, 호텔 프로모션 패키지 등에 관심이 많아요. 그러다 보니 생활경제면 기사를 열심히 읽죠. 기사를 챙겨 읽다가 호텔들이 여름휴가 패키지 등을 내놓고 각종 프로모션을 할 때 일찌감치 예약해 돈을 아낀 적이 있습니다. 최근엔 증권면에도 시간을 할애하기 시작했어요. 집 장만을 위해 여윳돈을 주식에 조금씩 투자하기 시작했는데, 아무래도 초보라 아직은 힘들어요. 증권면을 열심히 보면서 공부해 주식투자에서도 성공하고 싶습니다."

경제신문
활용법

QUESTION

경제상식을 넓히기 위해 한경을 구독하기 시작한 대학생입니다.
최적의 활용법을 알고 싶습니다.

ANSWER

경제상식을 넓히기 위해 한경을 구독하기 시작했다면 탁월한 선택을 한 것입니다.
한경은 경제문제를 쉽게 풀어서 전달하는 기사를 가장 많이 싣고 있는 신문이기 때문이죠.

먼저 경제상식을 쌓을 목적이라면 하루에 30분 이상 꾸준히 읽기를 권합니다. 처음엔 익숙하지 않은 경제용어, 이해되지 않는 경제논리로 인해 대부분 기사가 어렵고 딱딱하게 느껴질 수도 있습니다. 하지만 매일 30분 이상 3개월 정도만 읽는다면 자연스럽게 경제 용어와 논리가 이해될 겁니다. 마치 모르는 단어와 까다로운 문법으로 이뤄진 영어책이라도 꾸준히 읽다 보면, 어느 순간 저절로 영문독해 실력이 느는 것과 마찬가지로 말이죠.

그렇다면 제한된 시간에 어떤 기사를 우선적으로 읽어야 할까요? 일단 1면의 머리기사와 3면의 메인기사(가장 큰 기사)는 꼭 읽기 바랍니다. 다른 신문도 그렇지만, 1면 머리기사와 3면 메인기사는 그날 신문의 가장 중요한 이슈를 다루게 마련이죠. 이들 기사만 빠트리지 않고 읽어도 경제의 큰 흐름을 따라갈 수 있을 겁니다.

1면 머리기사와 3면 메인기사를 읽었다면, 다음엔 관심 분야에 따라 관련 면을 찾아 읽으세요. 한경엔 경제, 금융, 정치, 국제, 산업, 증권, 부동산, 사회, 스포츠, 문화면이 준비돼 있습니다. 모든 면의 기사를 다 읽으려면 시간도 오래 걸리고 지루할 수도 있겠죠. 그럴 경우에는 관심 분야 1~2개를 정해 그 면을 집중 탐독하는 게 좋습니다.

대학생 독자가 꼭 읽어야 할 코너도 있습니다. 매일 2면 하단에 나오는 '한경 테샛(TESAT)' 문제 풀이입니다. 테샛은 한경이 국민들의 경제이해력을 높이기 위해 개발한 일종의 '경제 토플'입니다. 2010년 11월 정부로부터 경제 분야 최초의 '국가공인' 민간자격시험으로 인정받았죠. 매일 한 문제씩 문답풀이가 나오는 이 코너를 읽는다면 누구보다도 경제상식이 풍부해질 것입니다. 또 매주 월요일 한경과 한국은행의 경제전문가가 공동으로 기획 연재하는 '쉽게 배우는 테샛 경제' 면도 경제공부를 하기에 좋은 코너이고요.

마지막으로 경제상식에 대한 이해가 어느 정도 생겼다면 한경의 뒷면에 나오는 '오피니언' 면을 관심 갖고 읽기를 권합니다. 2개 면에 펼쳐지는 오피니언면엔 경제전문가와 한경 기자들의 칼럼 5~6개를 매일 싣습니다. 대부분 시사경제 문제에 대한 전문가들의 탁견을 읽을 수 있죠. 그동안 한경 읽기로 쌓은 경제상식과 이해도를 바탕으로 이들 칼럼을 소화할 수 있을 정도가 된다면, 당신은 이미 경제전문가가 됐다고 해도 지나친 말이 아닐 겁니다.

이런 방법론도 긴요하지만 더 중요한 건 실천이죠. 하루도 빼놓지 않고, 매일 한경을 30분 이상씩 정독하는 것. 자, 이제 매일 아침부터 한경을 들고 등굣길에 올라보세요.

QUESTION

취업준비생인데 한경을 어떻게 활용해야 할까요?

ANSWER

취업을 위해선 먼저 자신이 어떤 일을 하고 싶은지, 어떤 회사에 들어가고 싶은지를 정해야 합니다. 이를 위해선 우리나라에 어떤 직업과 어떤 업종이 있는지, 그와 관련된 주요 회사는 어디인지를 알아야 하겠죠.

이런 방향과 목표를 정하기 위해선 한경 산업섹션을 꾸준히 읽을 필요가 있습니다. 매일 4~5개면씩 펼쳐지는 한경 산업섹션(IT · 모바일, 중소기업, 생활경제면 등 포함)에는 다양한 업종의 수많은 기업기사가 등장합니다. 이런 기사를 꾸준히 체크하고 읽다 보면 앞으로 뜨는 업종과 지는 업종이 어떤 것인지, 뜨는 업종 중에선 어떤 기업이 대표 기업이고 유망한지 등에 대한 정보를 파악할 수 있겠죠.

이런 정보를 바탕으로 더욱 정확한 판단을 하려면 시야를 넓혀 글로벌 경제 흐름과 산업 트렌드를 읽을 수 있어야 합니다. 그러려면 국제면 기사도 관심을 갖고 봐야 합니다. 특히 글로벌 기업들의 동향을 한눈에 파악할 수 있는 해외산업면(매주 화 · 목요일자)을 중점적으로 보길 권합니다.

이렇게 자신이 원하는 업종과 회사를 선택했다면, 그 업종과 회사에 대해 좀 더 집중적으로 탐색하는 단계로 넘어가야 합니다. 이 단계에선 증권면 기사가 많은 참고가 될 겁니다. 취업을 희망하는 회사의 재무구조나 주가, 시장에서의 평판 등을 증권면 기사를 통해 직 · 간접적으로 확인할 수 있습니다. 물론 그 회사의 인터넷 홈페이지를 방문해 기본적인 정보를 확인하고, 그 다음 한경 기사를 통해 제3자 입장에서의 객관적인 정보를 파악한다면 더욱 정확한 판단을 내릴 수 있을 겁니다.

마지막으로 취업준비생이라면 한경의 2면 하단에 나오는 테샛 문제풀이 코너를 절대 건너뛰어선 안 됩니다. 테샛은 한경이 국민들의 경제이해력을 높이기 위해 개발한 일종의 '경제 토플'입니다. 국내 주요 기업들은 최근 입사시험에서 경제이해도를 중시하고 있고, 그 척도를 재는 대표적 시험으로 테샛을 채택하고 있습니다. 주요 대기업과 공기업, 금융회사 등이 테샛을 입사시험으로 잇따라 선택하고 있습니다.

취업 필수 과목으로 떠오른 테샛에서 고득점을 얻기 위해서는 매일 한 문제씩 문답풀이가 나오는 2면의 '테샛 코너'를 꼭 읽고 넘어가야 합니다. 매주 화요일에 게재되는 'JOB'면도 빠뜨리지 말고 읽기를 권합니다. 주요 대기업을 비롯해 대학생들이 선호하는 직장을 돌아가며 신입사원 채용 시스템과 특징, 면접 요령 등을 상세히 소개하는 지면입니다. 해당 기업 인사담당자가 말하는 '입사 준비 이렇게 하라', 빈약한 스펙을 딛고 입사에 성공한 신입사원의 합격 비결, 면접 때 받았던 질문과 답변 내용 등을 꼼꼼하게 전해줍니다.

QUESTION

직장인이 한경을 업무에 활용하려면
구체적으로 어떻게 해야 할까요?

ANSWER

한경을 통해 거시경제지표의 변화를 배우는 것을 중요시 해야 합니다. 주요 기사마다 표기된 용어풀이만 제대로 읽어봐도 최소한 직장 동료들로부터 '무식하다'는 소리를 듣는 일은 없을 겁니다.

　한경 2012년 2월 10일자 A1면을 보면 '포스코파워·특수강, 연내 상장 추진'이란 제목의 기사가 있습니다. 요지는 포스코그룹이 계열사인 포스코파워(현 포스코에너지)와 포스코 특수강의 기업공개(IPO)를 추진하고, 이미 상장한 계열사들의 일부 지분을 팔아 1조 원이 넘는 자금을 확보한다는 내용이죠. KB금융지주와 SK텔레콤 등 포스코가 투자 목적으로 갖고 있는 다른 기업들의 주식도 일부 매각할 것이란 계획도 담았습니다. 재무건전성을 대폭 강화하기 위한 조치들로, 한마디로 돈이 부족해 포스코가 현금 확보에 나섰다는 얘기죠.

　이 기사를 본 직장인들은 무엇을 생각해볼 수 있을까요? 먼저 자금이 풍부한 것으로 알려져온 포스코의 재무상태가 예전 같지 않다는 점을 알 수 있겠죠. 글로벌 경기침체로 불황에 시달리는 철강업체들의 어려움도 미뤄 짐작할 수 있을 것이고요. 주식투자를 하는 직장인이라면 포스코의 재무건전성 강화 방안을 더 구체적으로 살펴볼 필요가 있습니다. 포스코가 계열사를 상장하고 여유 지분을 판다는 것은 현금이 늘어나고 주가도 오를 가능성이 높다는 것을 뜻합니다. 반면 지분 매각 대상이 된 계열사들의 경우엔 주가가 내려갈 공산이 큽니다. KB금융지주와 SK텔레콤 역시 마찬가지로 포스코가 지분을 팔게 되면 시장에 매물 압박을 불러와 향후 해당 기업의 주가가 떨어질 가능성이 크고요.

　대부분 직장인은 아마 여기까지만 생각할 가능성이 큽니다. 하지만 포스코라는 국내 대표 기업이 재무건전성을 강화하고 나선 점에 주목할 필요가 있습니다. 다른 대기업들도 비슷한 방안을 고려할 가능성이 높기 때문이죠. 좀 더 스마트한 직장인이라면 산업계 전반의 사업 및 인력 구조조정 가능성까지 염두에 둘 수 있을 겁니다. 자신이 몸담은 회사의 재무건전성을 살펴보는 계기로 삼을 수도 있고요. 개별적인 팩트만 보는 게 아니라, 현재 상황과 향후 파급 효과까지 짐작해보는 습관을 기르는 게 중요하다는 얘깁니다. 한경은 국내외 경제 흐름이나 산업, 금융을 비롯해 경제에 큰 영향을 미치는 이슈와 관련한 기사를 앞쪽 지면에 다룹니다. 1~3면 기사는 그날 꼭 알고 있어야 할 주요 기사이기 때문에 꼼꼼하게 챙겨볼 필요가 있습니다. 이후엔 개별 기업의 활동을 소개하는 기사, 주식, 채권 등 투자와 관련된 내용이 나옵니다. 그러고는 부동산과 사회, 문화에 대한 기사로 이어지고요.

　중요한 점은 '세계경제→국내경제→산업 동향→기업 여건→개별 직장인의 삶'으로 이어지는 경제 흐름을 읽어내야 한다는 점입니다. 위의 기사로 예를 든다면 기사 하나를 읽고 '글로벌 경기침체→국내 수요 둔화→철강시황 악화→포스코의 재무구조 약화→시장 및 나에 대한 직·간접적 영향' 등을 종합적으로 체감할 수 있어야 하는 거죠. 1면부터 산업면, 증권면 등을 연계해볼 필요가 있다는 얘깁니다.

　경제면에 나오는 금리와 자금운용 기사를 보고 큰 그림을 그릴 수 있다면, 직장인 저마다 자기의 대출금 이자가 어떻게 변하고 어떻게 자산을 굴려야 할지 판단할 수 있을 겁니다.

TYPE D

한경을 구독하는 주부인데 재테크에 관심이 많습니다.

ANSWER

한경은 재테크 초보자들도 실전에 활용할 수 있는 유용한 정보를 매일 풍부하게 싣고 있습니다.
조금 더 높은 금리를 주는 은행 예금과 유망 주식종목, 발품을 판 부동산 정보가 가득하죠.

　전문가들은 재테크에 성공하려면 '타이밍'을 잘 잡아야 한다고 말합니다. 이런 점에서 재테크에 관심이 있다면 A1면 '한국경제' 제호 오른쪽에 배치되는 '마켓 인덱스(Market Index)'부터 유심히 살펴볼 필요가 있습니다. 여기선 전날의 코스피·코스닥 지수와 KEBI(종합국고채지수), 환율(원·달러)뿐 아니라 미국 다우지수, 일본 닛케이지수를 매일 일목요연하게 확인할 수 있습니다. 한눈에 전날의 국내외 금융시장 상황을 체크할 수 있는 유용한 코너죠.

　또 재테크를 잘하려면 경제의 큰 흐름은 물론 정부의 관련 정책을 꼼꼼히 챙겨야 합니다. 그러려면 1면과 종합면, 경제면 등 앞면에 배치되는 주요 기사들을 눈여겨보는 게 좋습니다. 정부의 세제개편 움직임이나 각종 소득공제 정책 등 재테크와 관련한 정책기사는 종합면 또는 경제면에 주로 실습니다. 예컨대 정부는 2008년 10월 20일부터 2009년 12월 31일까지 판매된 장기 주식형 펀드에 소득공제 혜택을 줬습니다. 분기별 300만 원 한도로, 가입기간 3년 이상 적립한 주식형 상품이 대상이었죠. 당시 한경 기사를 꼼꼼히 읽은 독자라면 펀드 수익뿐 아니라 '세(稅)테크'까지 덤으로 챙길 수 있었을 겁니다.

　좀 더 구체적인 재테크 노하우를 배울 수 있는 지면은 금융면입니다. 은행권의 예금·대출 금리 경쟁이나 신용카드 이용법, 보험료 조정 등의 매우 구체적인 정보를 제공합니다. 매주 금요일자 금융면은 금융회사 동향보다 순수 재테크에 초점을 맞춘 '재테크' 지면이므로 따로 챙겨놓을 필요가 있습니다. 금융회사들이 한 주간 내놓은 새로운 금융상품 중 소비자 입장에서 괜찮은 상품만을 골라 싣는 '금융 신상품' 코너도 금요일자에 나옵니다.

　주식에 투자할 생각이라면 증권면과 산업면을 꼭 읽어야 합니다. 증권면은 상장회사들의 주가 동향과 시장 분위기를 분석하는 지면입니다. 한경이 올해 출범시킨 고급 증권정보 사이트 '마켓인사이트'에 실린 기사도 많이 배치하고 있죠. 유가증권시장 동향표와 주식시세표로 개별 투자종목의 변화를 매일 확인할 수도 있습니다. 산업면엔 증시 흐름을 주도하는 대형 상장회사들의 경영 현황과 최고경영자(CEO)의 발언 등이 주로 나옵니다. 그날 실린 산업면 기사가 주가에 바로 반영되는 경우도 적지 않습니다. 부동산면은 생생한 주택·상가·토지의 투자 정보를 제공합니다. 전국 부동산 가격을 주도하는 서울과 수도권 정보가 가장 많은 편이죠. 경매와 같은 틈새 정보도 곁들입니다.

　정기적으로 발행되는 재테크 관련 섹션도 꼼꼼하게 읽어두면 큰 도움이 될 것입니다. '머니&인베스팅' 섹션은 매주 월요일 별도 섹션으로 발행합니다. 시중은행과 저축은행, 증권, 부동산 등 각종 재테크 정보를 망라합니다. 재테크 전문가의 인터뷰 기사나 이들이 직접 기고한 글도 다수 실리기 때문에 재테크의 교본으로 삼아도 좋을 정돕니다. 또 다른 재테크 섹션으로 'Better Life'가 있습니다. 매달 첫 번째 수요일에 별도 타블로이드판으로 발행합니다. '머니&인베스팅' 섹션이 투자에 초점을 맞춘데 비해, 'Better Life' 섹션은 생애 재무설계 쪽을 주로 다룹니다. 긴 호흡으로 재테크를 바라보는 독자라면 'Better Life' 섹션이 더 도움이 될 겁니다.

경제신문 꿰뚫어보기

* 신문의 얼굴인 1면

신문은 정보의 보고(寶庫)다. 매일 벌어지는 사건과 최신 이슈를 한눈에 살펴볼 수 있다. 그중에서도 '신문의 얼굴'에 해당하는 1면은 독자들이 가장 관심을 갖거나 알아야 할 내용이 실린다. 요즘은 인터넷이나 스마트폰으로 언제든 기사를 접할 수 있지만, 이런 뉴미디어에서 찾아보기 힘든 오프라인 지면의 장점은 '선택과 집중'이다. 이런 선택과 집중을 가장 상징적으로 보여주는 신문 지면이 1면이다.

READING ENJOY TIP

1면 오른쪽 상단에 있는 '마켓 인덱스'는 전날 금융시장의 핵심 정보가 요약돼 있다. 코스피 지수, 코스닥지수, 종합국고채 지수, 원·달러 환율, 일본 닛케이지수, 국제유가 정보가 그래픽과 함께 제공된다. 마켓 인덱스만 봐도 전날 금융시장이 어떻게 움직였는지 알 수 있다.

한국경제신문 취재기자들이 하루에 생산해내는 뉴스는 수백 건에 달한다. 인터넷이나 모바일 기기로 뉴스를 접할 때는 어떤 뉴스가 중요한지 판단하기 어렵다. 그러나 신문은 다르다. 중요한 기사일수록 눈에 띄게 앞에 크게 배치하는 게 신문의 특징이다.

1면에 실리는 기사는 보통 4~5개에 불과하다. 수백 건의 기사 중 가리고 가린 기사만 1면에 오르는 셈이다. 기사 선별은 신문사 내에서 편집국장과 '데스크'로 불리는 부장급 기자들의 몫이다. 이들은 경제·산업·정치·사회·문화 등 취재현장을 20년 이상 누빈 베테랑들이다. 뉴스를 보는 눈이 남 다르다.

1면 내에서도 기사의 중요도는 톱기사(왼쪽 상단 기사), 사이드 기사(오른쪽 상단 기사), 하단 기사 순이다. 최근 한경 1면 기사(2012년 3월 15일자)를 보자.

01 '美 IT 스마트 혁명, 나스닥 3000 탈환'이 톱기사로 실렸다. 기술주 중심의 나스닥지수가 11년 3개월 만에 3000선을 돌파했다는 소식이다. 특히 최근 기술주 상승은 탄탄한 실적이 뒷받침됐다는 점에서 2000년대 초 IT 버블(거품) 때와 다르다고 분석했다. 미국 증시 상승은 국내 증시에도 호재로 작용하는 만큼 주식 투자자라면 꼭 읽어야 할 기사다.

02 1면 오른쪽 상단은 미국 포드자동차가 자동차 값을 최대 525만 원 내린다는 뉴스다. 한·미 자유무역협정(FTA) 발효에 맞춰 한국 시장점유율을 높이기 위한 수입차 업계의 동향을 전했다. 자동차 구매를 생각하는 독자가 관심을 가질 만한 내용이다.

03 또 여수 엑스포 시설물 화재 소식과 원자바오 중국 총리의 정치개혁 주문, 금융당국의 은행 대출금리 현장 점검 등이 1면에 배치됐다.

04 세심한 독자라면 '마켓 인덱스' 위에 표시된 '판수'도 염두에 둬야 한다. 한국경제신문은 당일 오후 5시까지 발생한 뉴스로 가판(1판)을 제작한 뒤 야간에 발생한 뉴스를 지면에 반영하기 위해 판수를 늘려가며 계속 새로운 '버전'의 신문을 제작한다. 마지막 판은 서울 시내에 배달되는 5판이다.

✱ 재미와 트렌드의 2면

가장 필요하고 알아야 하는 정보를 1면에서 만났다면 그 다음엔 보다 중요한 사안에 대한 심층적 분석을 봐야 한다. 하지만 이렇게 연속적으로 중요하고 무거운 주제를 접하다 보면 어렵고 지루한 느낌이 들어 다소 신문 읽기가 꺼려질 수 있다. 그래서 한경의 2면은 '재미'와 '트렌드'에 초점을 맞췄다. 딱딱하게 느껴질 수 있는 1면과 3면 사이에 소프트한 코너들을 배치해 독자들의 부담을 덜어주기 위함이다.

READING ENJOY TIP

2면 왼쪽 상단에 게재되는 '경제와 문화의 가교 한경' 코너에는 QR코드가 실린다. QR코드는 바코드보다 많은 정보를 담을 수 있는 격자무늬의 2차원 코드. 스마트폰으로 QR코드를 찍으면 자동으로 한국경제신문 인터넷 웹사이트로 연결돼 이전에 실린 연재물을 모두 찾아볼 수 있다.

'재미'와 '트렌드'로 제작 방향을 잡은 2면에는 어떤 기사들이 실릴까? 보다 편안하게 독자들이 기사를 접할 수 있도록 배려를 아끼지 않았다. 2012년 3월 2일자 A2면 기사를 보자.

01 먼저 지면 왼쪽 위에 실리는 '경제와 문화의 가교 한경'이다. 월요일부터 토요일까지 요일별로 '이 아침의 시'(월), '그림이 있는 아침'(화), '음악이 흐르는 아침'(수), '사진이 있는 아침'(목), '이 아침의 풍경'(금), '이 아침의 인물'(토)로 주제를 바꿔가며 빡빡한 일상을 사는 독자들에게 여유를 던진다.

　이 코너는 한경의 고두현 문화부장(시인), 정석범 문화전문기자(미술사학박사), 신경훈 편집위원(사진전문기자)과 유형종 음악·무용칼럼니스트(무지크바움 대표) 등 각 분야의 전문가들이 집필한다. 원고지 3장 안팎의 짧은 글이지만 각 분야 전문가들의 식견을 접할 수 있다.

02 2면의 메인 톱기사인 '인사이드 스토리'는 주로 화제성 뉴스의 이면을 파고드는 기사로 채워진다. 사회적으로 관심을 끄는 인물이나 사건, 업계 동향 등이 단골 소재다. 표시된 '윤부근 삼성전자 사장 울릉도 촌놈 이야기'를 보자. 입시에 낙방하고 고등학교를 5년 다닌 남자, 의사를 꿈꾸다 떨어져 공대에 간 남자, 입사하자마자 기피 부서에 발령 난 남자, 끗발 있는 부서에서 인도네시아 신설법인으로 좌천된 남자, 동기 중 맨 마지막으로 승진하던 남자가 삼성전자 '넘버 3' 사장이 된 이야기를 읽어볼 수 있다.

　그동안 이 코너에 소개된 기사로는 '외환은행 인수자문 법무법인 진실게임' '간판도 없고 광고도 안 하는 데 거물들 줄 서는 美 시타라스 헬스클럽', '광동제약 샘물 1위 품었다… 최수부 회장 통큰 베팅' 등이 있다.

03 국가 공인 1호 경제이해력 테스트로 대학생들에게 선풍적 인기를 끌고 있는 테샛 문제풀이도 2면에 고정으로 게재된다.

* 심층 분석의 3면

필요한 정보를 단순히 전달하는 데 그치지 않고 보다 다각적이고 심층적인 보도가 필요한 경우가 있다. 독자들이 보다 깊은 정보를 원하기 때문이다. 한경은 이러한 부분을 3면에서 다룬다. 따라서 3면의 콘셉트는 '심층 분석'이다. 그날 발생한 뉴스 가운데 가장 중요하다고 판단되는 사건의 배경과 파장 및 향후 전망을 종합적으로 파헤쳐서 독자의 궁금증을 풀어주는 데 초점을 맞춘다.

READING ENJOY TIP

'1톱3박'. 한때 모든 신문들이 추종했던 고전전인 신문 만들기 방식이다. 1톱3박은 같은 주제로 '1면 톱'의 스트레이트(사실 전달) 기사와 '3면 박스'의 해설 기사로 펼쳐서 기사를 전개하는 것이다.

이는 소위 아젠다 세팅(agenda setting)으로 불리는 신문의 의제설정 기능을 가장 박진감 있게 구현하는 방식이다. 한경은 기사 판단에 따라 1면과 3면을 연관시키기도 하지만 '1톱3박'의 공식을 항상 따르지는 않는다. 1면에 스트레이트 기사가 없더라도 3면을 단일 사건에 대한 심층 분석 기사로 채우거나 서너 건의 중요한 기사로 채워 다양한 뉴스를 전달하기도 한다.

2012년 3월 14일자 A3면 기사를 보자. 한·미 자유무역협정(FTA)이 15일 0시를 기해 발효된다는 점을 부각시켰다.

① 톱기사의 제목을 '1만 원짜리 와인·체리·건포도 값 2000원 이상 내린다'고 뽑아 관세인하로 소비자들이 어떤 혜택을 볼 수 있는지를 상징적으로 보여주었다.

② 하단에는 "기업들이 한·미 FTA를 적극 활용하도록 지원하겠다"는 한덕수 한국무역협회 회장 인터뷰 기사를 실었다.

③ 별도 기사로 한·미 FTA의 활용을 위한 정부의 지원과 기업들의 준비가 아직은 제대로 이뤄지지 않고 있는 현실도 지적했다.

3면에 다뤄지는 주제는 경제 분야에 국한되지 않는다. 같은 달 21일자 A3면에는 4·11 총선 비례대표 후보들의 면면을 집중 분석했다. 여당인 새누리당과 야당인 민주통합당이 추천한 비례대표 후보들의 특징을 사진과 함께 실었다. 각 당의 총선 공략과 함께 이들을 추천한 배경과 이유도 다각적으로 분석했다.

3월 31일자 A3면에는 국내 최장수 기업인 두산그룹의 경영체제 변화를 집중 분석했다. 그룹 회장직을 형제들이 맡는 '형제경영'의 전통이 지속된다는 심층 분석을 가계도와 함께 실었다.

2면의 '인사이드 스토리'가 화제성 뉴스를 다룬다는 점에서 3면과 비슷하게 보이지만, 소재와 접근 방식에서는 차이가 크다. 재미와 트렌드를 주제로 가볍게 터치하는 2면과 달리 3면은 당일 발생한 사건 중에서 사회적 파장이 큰 뉴스를 무겁게 다룬다는 점에서 차별화된다. 신문이 갈수록 연성화되는 상황에서 일간지의 고유 영역을 고수한다는 차원에서 1면과 함께 신문의 또 다른 얼굴로 볼 수 있다.

＊정부의 움직임을 보여주는 경제면

경제면은 말 그대로 경제기사를 싣는 면이다. 사실 '경제'라는 말 자체가 무척 범위가 넓어서 다뤄야 할 내용이 많은 편이다. 하지만 산업이나 증권, 부동산 등은 별도의 면이 있기 때문에 경제면에서는 주로 정부가 발표하거나 추진하는 경제정책을 다룬다. 이러한 경제정책에 따라 국민생활도 영향을 받기 때문에 최근 독자들이 제일 먼저 보는 지면이기도 하다. 취업준비생들도 경제면을 제일 먼저 본다고 한다.

READING ENJOY TIP

당일 발생하거나 분석한 기사 가운데 중요한 순서대로 톱기사와 사이드 기사, 하단 기사, 단신 등을 배치한다. 공식 발표되는 단순한 사실(팩트)의 전달보다는 그 의미를 알려주는 분석 기사나 기자가 취재를 통해 새롭게 얻은 정보를 소개하는 기사가 더 비중 있게 다뤄진다.

① 정부가 발표하는 정책을 단순히 소개하는 데 그치지 않고 정책이 경제에 미치는 영향을 분석하고, 문제점과 부작용을 지적한다. 향후 정책이 나아가야 할 방향을 제시하기도 한다.

가령 부처 간 정책이 서로 충돌한다든지, 또는 현장을 외면하거나 실현 가능성이 낮은 '탁상공론' 식이라면 어떻게 이런 문제가 생겼는지 배경을 소개하고 전문가의 의견을 들어 비판한다.

② 2012년 1월 10일 '소값 정책 엇박자… 사육 수 줄이자면서 농가 비과세는 확대' 기사의 경우 농림수산식품부는 사육 소를 줄이려는 정책을 내놓는데, 기획재정부는 수를 늘리도록 유도하는 정책을 내놓고 있는 모순된 상황을 비판했다.

정부 부처가 여러 곳인 만큼 경제면에 실리는 기사 역시 무척 다양하다. 가장 많은 기사 소스를 제공하는 곳은 경제정책을 총괄하는 기획재정부다. 기획재정부의 주요 정책은 나라살림인 예산과 국민들이 내는 세금에 관한 것이다. 또 부처 간 정책 조정과 재정정책, 국제금융 등에 관한 정책들도 내놓는다.

지식경제부는 산업 전반에 관한 정책을 담당한다. 기업들이 잘 성장할 수 있게끔 각종 제도를 만드는 곳이다. 가령 원자력 발전소 수출을 위해 필요한 지원책을 내놓는 식이다. 보건복지부는 보건 및 의료에 관한 각종 제도와 지원책을 책임진다. 국민연금과 건강보험 관리 역시 복지부 업무이다. 농림수산식품부는 농어업과 관련된 정책들을 내놓고 집행한다. 구제역 대처에서부터 귀농과 귀촌 사업에 이르기까지 여러 정책들을 맡고 있다.

부 단위가 아니더라도 경제면에 많이 실리는 기사가 나오는 곳으로는 세금을 걷는 국세청과 자유무역협정(FTA)을 담당하는 외교통상부의 통상교섭본부, 기업 간 공정거래를 감독하는 공정거래위원회, 금리 등 통화정책을 책임지는 한국은행 등이 있다.

* 돈의 흐름이 보이는 **금융면**

그야말로 재테크의 시대다. 재테크에 관심 없는 사람은 거의 없을 것이다. 카드 하나, 예금 하나, 보험 하나 신중히 선택하는 것도 바로 이러한 점과 무관하지 않다. 재테크에 성공하기 위해서는 돈의 흐름을 잘 알아야 한다. 한경의 금융면에서는 재테크의 기본이 되는 돈의 흐름을 다룬다. 구체적으로 정부의 금융산업 정책과 은행·보험·카드 등 업종별 금융회사의 동향, 소비자를 위한 금융상품 정보로 구성된다.

READING ENJOY TIP

금융면 기사는 금리, 환율 등 기본적인 금융상식을 갖고 있어야 쉽게 따라잡을 수 있다. 금융 관련 기초 지식은 금융감독원이나 한국은행의 인터넷 사이트에서 금융교육 서비스를 이용하면 쉽게 이해할 수 있다. 모르는 용어가 있을 때는 한국경제신문 사이트인 한경닷컴의 경제용어사전(http://s.hankyung.com/dic/)을 이용하는 방법도 있다.

금융정책 기사는 금융회사의 경영 방향은 물론 일반 소비자들의 재테크 전략에도 큰 영향을 미친다. 정부가 카드사의 마케팅 경쟁에 제동을 건다는 기사가 나온다면 당장 소비자 입장에선 다양한 혜택이 줄어들 수 있다. 때문에 부가서비스가 많은 카드를 만들려면 서둘러야 한다는 판단이 나올 수 있다.

정부의 총부채상환비율(DTI) 조정이나 한국은행의 기준금리 전망, 가계부채 관련 대책 등에 대한 기사는 대출 및 상환 타이밍과 전략을 알려주는 길잡이다. 저축은행 구조조정, 제2금융권 가계대출 규제 강화 등의 기사는 금융상품 포트폴리오 구성에 유익한 정보가 될 수 있다.

01 업계 관련 기사는 금융회사에 다니거나 금융회사에 투자한 주주에게 유익한 정보다. 예컨대, 2012년 3월 5일자 금융면의 '떠나는 김승유, 신한금융 뛰어넘을 것'이라는 기사에는 "하나금융이 2년 내 신한금융을 따라잡겠다"는 구체적인 개별 회사의 전략 목표가 명시돼 있다. 이 기사가 나온 이후 하나금융의 주가는 3월 2일 3만 9000원에서 3월 19일 4만 3850원으로 올랐다. 반면 신한금융의 주가는 같은 기간 4만 3300원에서 4만 4900원으로 큰 변동이 없었다.

'금융가 In & Out' 코너는 금융회사 사이에서 벌어지는 재미있는 이야기를 담고 있다. 금융면은 매주 금요일 금융·재테크면으로 편집돼 소비자에게 유익한 '금융 신상품'과 '재테크 전략' 등을 담은 기사를 제공한다. 금융 신상품은 일주일 사이에 나온 눈여겨볼 만한 상품을 소개해준다. 중요한 금융 정보도 고정적으로 싣는다.

02 지면 오른쪽 하단에는 '외국환 환율'과 '주요 금리지표'가 있다. 22개국의 통화의 환율과 달러선물환 금리와 리보(런던 은행간 기준금리) 금리, 환가료율 등이 나와 있다. 해외 여행자나 해외 송금자, 수출·수입 업체 기업에 필수적인 정보다.

기업이나 개인이 발행한 어음이 부도 처리되면 당좌거래정지 명단이 금융면에 게재된다. 납품 거래를 하거나 계약 당사자가 이 명단에 뜨는지 꼭 챙겨볼 필요가 있다.

* 지구촌 시대, 국제면

바야흐로 지구촌 시대. 미국의 정세가 한반도에 영향을 미치고, 일본과 중국의 환경문제가 국내 식탁에 영향을 미친다. 이렇듯 해외 동향은 국내 소식 못지 않게 중요하다. 국제면은 해외에서 발생하는 뉴스를 종합해 싣는 지면이다. 주로 종합면과 경제면, 정치면 다음에 배치된다. 비교적 앞쪽에 자리 잡는 중요한 지면이다. 글로벌화가 급속도로 진행되면서 해외 뉴스의 비중이 점점 커지고 있는 추세를 반영한다.

READING ENJOY TIP

국제면을 읽으면서 놓칠 수 없는 재미가 바로 사진이다. 한경 국제면은 AP, 로이터, AFP, 신화통신 등 전 세계 주요 언론사들이 보내오는 수백 장의 사진 중에 그날 해외 이슈를 가장 집약적으로 보여주는 사진 한 장을 골라 국제면에 배치한다. 2011년 3월 11일 일본의 대지진 참사나 중동의 민주화 시위, 재정위기를 둘러싼 유럽 정상들의 긴박한 회의 장면 등이 국제면이나 1면 등을 장식했다. 수많은 사진을 검색하며 그날의 하이라이트가 될 만한 한 컷을 골라내는 작업은 국제부 업무 중 가장 고통스러우면서도 보람 있는 일이다.

A.12 2012년 3월 22일 목요일

국제 World & Biz

한국경제

'엔 캐리 트레이드' 가 돌아왔다

엔화가치 하락 – 신흥국과 금리차 매력
美·유럽 경기 아직 안정못해 투자는 신중히

멕시코 T-4경찰 다중에 사망자는 없다

미국은 부자증세 '버핏세' 시끌

'1년간 30억달러 더 걷어보겠다'
美 재정적자 0.5%도 못줄여

영국은 세금 깎아 경기 활성화

연내기준높이고 최고세율 인하
된 1년 세금으로 소비 늘리기

버냉키 "유로존 재정위기 완화"

100억달러짜리 질주
F1, 싱가포르 IPO 추진

01

美, 중국 태양광업체 보복 관세

02

국제면이 다루는 주제는 크게 주요 국가의 정책 방향과 변화, 국제 금융시장의 움직임, 글로벌 기업의 최신 동향, 원유 원자재 등 상품시장 움직임, 국제 경영계의 핫 이슈, 국제기구 소식 등이다. 전 세계 금융시장에 막강한 영향을 미치는 미국 중앙은행(Fed)의 정책 결정, 국가 간 무역 분쟁, 글로벌 기업 간의 인수 · 합병(M&A) 등은 자주 지면에 소개되는 메뉴들이다.

국제면은 한경이 지향하는 뉴스의 '글로벌 버전'이라고 이해하면 된다. 정치나 군사, 사회적 갈등에 초점을 맞추는 일반 종합지와 달리 국제 경제를 폭넓게 살펴보는 데에 도움이 되는 기사를 중점적으로 싣는다. 국제 정치 구도나 폭동과 같은 사회적 이슈도 물론 다루지만 한경 국제면은 경제적인 관점에서 달리 접근하는 것이 특징이다. 가령 중동 지역에서의 민주화 바람과 같은 주제를 다룰 때도 피상적인 현상만 전달하는 것이 아니라 바닥에 깔려 있는 근본 문제, 즉 경제발전과 농산물 가격 상승이 원인이 됐다는 점이나 기업들에 어떤 영향을 끼치는지 등을 조목조목 짚어주는 식이다.

01 국제면에는 미국, 중국, 일본 등에 주재하는 한경 특파원들이 발로 뛰면서 발굴해낸 현장감 넘치는 기사와 주요 외국 언론 보도를 분석 가공한 기사 등이 주로 실린다. 최근에는 인도, 브라질, 러시아 등 세계 경제에서 보폭을 넓히고 있는 신흥국의 경제 이슈도 중요하게 다루고 있다.

02 매일 제공하는 국제 상품 시세표도 한경 국제면에서 빠트릴 수 없는 포인트다. 두바이유를 비롯한 원유와 금 · 은 · 구리 · 아연 · 니켈 등 금속, 옥수수 · 설탕 · 커피 · 대두 등 농산물의 최신 국제 시세가 매일 업데이트된다. 상품 가격의 흐름만 면밀히 살펴도 글로벌 경기의 흐름을 쫓아갈 수 있다.

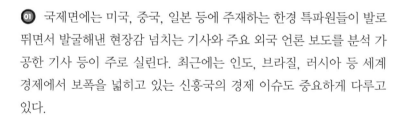

국제 상품 시세 [20일]

상품명	단위	시세	인도월	변동폭
금	달러/온스	1656.75	현물	-4.8
		1647.0	4월	-20.3
은	센트/온스	3183.4	5월	-112.1
동	센트/파운드	383.05	5월	-7.85
백금	달러/온스	1654.3	4월	-30.4
팔라듐	〃	697.05	6월	-10.55
전기동	〃	8437.00	현물	-138.00
		8409.00	6월	-137.00
납	〃	2042.50	현물	-52.50
		2064.00	6월	-37.50
아연	〃	2030.50	현물	-44.50
		2042.00	6월	-45.00
알루미늄	〃	2200.50	현물	-18.50
		2239.00	6월	-26.00
알루미늄 2차합금	〃	2090.00	현물	14.00
		2120.00	6월	20.00
니켈	〃	18770.00	현물	15.00
		18825.00	6월	-25.00
주석	〃	23170.00	현물	-455.00
		23250.00	6월	-400.00
소맥	달러/부셸	6.4250	5월	-0.0975
옥수수	〃	6.4750	5월	-0.1600
대두	〃	13.4500	5월	-0.2150
목재	달러/천보드	2.6440	5월	-0.0780
천연고무	CNY/톤	28030	5월	-160
면화	센트/파운드	87.90	5월	-1.18
설탕	〃	25.61	5월	-0.05
커피	〃	183.60	5월	0.10
WTI	달러/배럴	105.61	4월	-2.48
브렌트	〃	124.12	5월	-1.59
두바이	〃	122.95	현물	-1.35

✻ 글로벌 기업들의 소식, 해외산업면

이제 한국의 경제 상황은 국내 요인뿐 아니라 국외 요인에 의해서도 영향을 받고 있다. 그만큼 국내 경제 동향뿐 아니라 국제경제 동향을 잘 살펴봐야 한다는 뜻일 것이다. 이에 한경은 매주 화요일과 목요일에 국제면 다음에 해외산업면을 싣고 있다. 국제 기사 가운데 기업 뉴스에 특화한 지면이다. 주요 경제지 중에서 글로벌 기업들의 동향을 소개하는 별도 지면을 고정적으로 배치하는 곳은 한경이 유일하다.

READING ENJOY TIP

기업 소식에서 가장 핵심적인 것을 꼽으라면 최고경영자(CEO)와 관련된 것이다. 이건희 삼성 회장의 한마디가 국내 언론에서 중요하게 다뤄지듯이 전 세계를 무대로 활동하는 글로벌 기업 CEO의 근황은 단연 관심거리다. 때문에 해외산업면은 CEO와 같은 개별 인물 스토리를 비중 있게 소개한다. 애플이나 구글, 제너럴모터스(GM), JP모건체이스, 씨티그룹 등 대형사들의 CEO나 주요 임원들의 인물 얘기는 해외산업면에서 즐길 수 있는 재미 중 하나다.

해외산업면의 주요 타깃 독자층은 기업인들과 투자자들이다. 산업면에서 국내 기업들의 최신 기사를 접할 수 있다면 해외산업면은 전 세계에서 활동하는 주요 기업들의 소식을 한눈에 살펴볼 수 있다.

01 미국의 〈월스트리트저널〉이나 〈블룸버그통신〉, 영국의 〈파이낸셜타임스〉, 〈일본의 니혼게이자이신문〉 등 해외 주요 경제전문 언론들이 소개하는 기업기사 가운데 핵심적인 내용을 바탕으로 지면을 꾸민다. 따라서 기업인들은 해외산업면만 꼼꼼히 챙겨도 해당 산업별로 글로벌 경쟁사들이 어떻게 움직이고 있는지 파악할 수 있다. 주식 등 금융상품 투자자들도 해외산업면을 유용하게 활용할 수 있다. 글로벌 기업들이 새로운 사업에 진출하거나 관련 회사를 인수 · 합병(M&A)하는 등의 움직임은 국내 주가에도 직접적으로 영향을 끼치기 때문이다.

02 해외산업면은 특정 기업의 경영(매니지먼트)과 관련한 소식도 상당히 중요하게 다룬다. 가령 일본 자동차업체들이 대지진 충격 이후 어떤 방식으로 해외시장 진출을 추진하는지, 나쁜 실적으로 고생하던 기업이 어떤 과정을 거쳐 경쟁력을 되찾았는지 등 구체적인 사례를 소개하는 기사들이 대표적이다. 독자들은 해외 기업들의 경험을 간접적으로 접하면서 국내 기업에 시사하는 점이 무엇인지를 정리해볼 수 있다. 경제지가 갖는 전문성을 확인하고 그 혜택을 누릴 수 있는 지면이라고 할 수 있다.

해외산업면이 다루는 분야는 다양하다. 전기전자, 자동차, 철강, 조선 등 제조업 분야와 정보기술 산업, 글로벌 투자은행(IB) 등 금융업, 영화와 엔터테인먼트 등 미디어 산업 등을 골고루 소개한다. 한국의 주요 수출기업들과 경쟁 관계에 있는 글로벌 회사들의 동향은 더욱 중점적으로 다룬다. 단순히 외국 언론들이 중요하게 다룬다고 해서 수동적으로 소개하는 것이 아니라 한국 독자들에게 도움이 되는 정보를 적극적으로 발굴해 지면에 싣는다.

*기업 동향을 한눈에, 산업면

내가 산 주식이 오를 것인지, 장바구니 물가는 내릴 것인지, 좋은 물건을 싼 가격에 사려면 어디로 가야 할 것인지 궁금한 정보들이 참 많다. 이를 위해 한경은 산업섹션을 준비했다. 산업섹션은 통상 6개면으로 이뤄진다. 중후장대한 기사들을 다루다 보니 자칫 딱딱할 수 있어 △CEO 투데이 △뉴스 카페 △현장 리포트 등 세 가지 소프트한 코너도 하고 있다.

READING ENJOY TIP

산업면을 잘 보면 돈을 벌 수 있는 기회가 있다. 어떻게? 산업 및 기업 기사는 바로 주식 관련 기사다. 산업부가 다루는 기사는 대기업 관련 소식이고, 이들 대기업은 대부분 상장회사다. 게다가 산업부 기자들은 산업 현장과 개별 기업을 발로 뛰면서 취재하기 때문에 증권사 애널리스트보다 더 살아 있는 정보를 접할 기회가 많다. 그것을 기사로 쓴다. 증권사 애널리스트들이 한경 산업면 기사를 눈여겨보는 이유다.

실제 2011년 3월 유기발광다이오드(OLED) TV가 런던올림픽 전에 나온다는 뉴스가 한경 산업면에 등장하자, 증시에선 OLED 관련 장비주가 급등했다. 삼성전자가 액정표시장치(LCD) TV 패널을 모두 발광다이오드(LED)로 전환키로 했다는 뉴스엔 LED 관련주가 상승세를 탔다. 한경 산업면을 참고해 투자하면 돈을 벌기 훨씬 쉽다는 얘기다.

한국경제 　　산업 Company & Industry　　 A 13

삼성, OLED TV 속도전 "런던올림픽前 출시"

GM-푸조 동맹 - 글로벌 車시장 지각변동 예고

SK그룹 임직원 7만명 넘었다

현대차, 우크라이나서 '깜짝 질주'

LG이노텍, 25개 협력사와 '성과공유제'

강병중 넥센타이어 회장의 특명

"창녕공장 세계최대로 키워라"

첫번째 면은 산업섹션의 얼굴로 주요 업종과 대기업, 중소기업을 망라한 산업 관련 기사 중 그날 가장 중요한 뉴스가 배치된다. 그래서 이 면만 매일 읽어도 국내 산업의 흐름을 파악할 수 있다.

두 번째 면은 '기업&CEO' 면이다. 주로 대기업 소식을 전한다. 치열한 마케팅 활동, 신제품 등이 소개된다. 최고경영자(CEO)의 활동과 동정, 인사소식 등도 주요 뉴스다.

세 번째 지면은 정보통신(IT) 업종, 네 번째와 다섯 번째 면은 중소·벤처기업을 위한 지면이다. 과학 소식과 지방산업 뉴스도 일주일에 한 면씩 들어간다. 여섯 번째 면은 생활경제면이다. 신세계, 롯데 등 대형 유통업체 소식부터 상품 가격, 장바구니 물가까지 다양한 소식을 볼 수 있다.

01 산업섹션의 첫 번째, 두 번째 면엔 주로 대기업 뉴스가 등장한다. 우리나라 경제에서 대기업이 차지하는 비중을 고려해 앞쪽에 배치했다. 전자, 자동차, 기계, 조선, 철강, 정유, 항공 등 업종별 산업 트렌드와 시황(수급 현황 등에 따른 시장 상황) 등과 주요 대기업의 중·장기 경영전략과 경영실적, 마케팅 전략, 신제품·신기술·신사업 개발, 인수·합병(M&A), 구조조정 등이 주요 기사거리다.

02 대기업을 이끄는 CEO의 움직임과 인터뷰 등도 자주 볼 수 있다. 정몽구 현대자동차그룹 회장과 같은 각 그룹 총수와 총수 일가의 움직임, 최지성 삼성전자 부회장 같은 스타급 전문경영인의 동향은 큰 뉴스가 되는 경우가 많다.

03 대부분의 회사가 글로벌화 돼 있는 만큼 외신이 전하는 소식을 다루기도 한다.

04 뉴스 카페는 독자들의 흥미를 유발할 수 있는 말랑말랑한 소재를 요리하는 코너다. 삼성그룹이 직원 건강을 챙기기 위해 걷기 등 여러 가지 프로그램을 기획하고 있다는 얘기, 또는 최태원 SK그룹 회장이 SK하이닉스 출범식 날 이천공장에서 직원 200여 명과 일일이 맥주잔을 부딪친 뒤 1박했다는 뉴스 등이 좋은 예다. 현장 리포트는 기자들이 실제 산업현장 등을 방문해 생생한 소식을 전해주는 코너다.

✶ 스마트한 생활에 필요한 IT · 모바일면

지난해 정부는 소비자물가지수에 통신비를 포함시켰다. 그만큼 정보통신 기기가 우리의 실생활에 없어서는 안 될 필수재가 되었다는 뜻이다. 이에 발맞춰 한경도 IT · 모바일면을 마련해 첨단 IT산업 동향과 최신 모바일 트렌드를 전한다. 유 · 무선 통신 서비스, 휴대폰, 개인용 컴퓨터(PC), 프린터 및 PC 주변 기기, 디지털 카메라, 인터넷, 게임, 통신장비, 솔루션 등 방대한 분야를 커버한다.

READING ENJOY TIP

한경 IT · 모바일 분야의 기사를 보다가 궁금한 것이 있을 때는 어떻게 하는 게 좋을까? IT · 모바일 분야 최고의 기자들에게 직접 물어볼 수 있다. 김광현 IT 전문기자는 트위터에서 IT 분야 기자 중 가장 많은 팔로어를 거느린 파워 트위터러다. 트위터 아이디는 @kwang82.

많은 독자들이 관심을 갖는 통신요금 문제, 휴대폰 가격, 신기술 트렌드, 국내 주요 기업들의 인수합병(M&A) 이슈 등이 톱기사 자리를 차지하는 경우가 많다. 소비자들의 관점에서 기사를 쓰기 때문에 정보통신(IT)에 관심이 많은 독자들의 눈길을 끌 만한 기사가 많다.

01 예를 들어 최신 스마트폰을 구입할까 말까를 고민하는 소비자가 있다면 한경의 IT·모바일면을 통해 도움을 받을 수 있다. IT·모바일부 기자들이 신제품을 가장 먼저 입수해 직접 사용해본 생생한 체험기를 기사로 제공하기 때문이다. 정부의 개인정보보호 정책이 바뀌었는지, 내가 내는 초고속 인터넷 요금이 너무 비싼 것은 아닌지 등도 한경 IT·모바일면에서 확인할 수 있다.

IT·모바일면은 지면이 지나치게 기술이나 상품 위주로 흐르는 것을 막고 독자에게 읽는 즐거움을 선사하기 위해 특별 코너도 마련했다. 스마트 파워리더 릴레이 인터뷰, 스마트 톡톡, 집중 분석 등이 대표적이다.

02 '스마트 파워리더 릴레이 인터뷰'는 한국 IT산업을 이끄는 스마트 파워리더들의 입을 통해 IT의 발전 방향과 트렌드를 듣는 자리다. SK텔레콤, KT, 삼성SDS 등 IT 분야 대기업들의 최고경영자(CEO) 뿐 아니라 카카오, 코코네 등 벤처기업 사장들의 인터뷰도 실었다.

03 '스마트 톡톡'은 IT업계에서 벌어지는 다양한 일들을 가볍게 읽을 수 있도록 한 코너다. 벤처업계를 떠났던 인물이 오랜만에 복귀해 새로운 제품을 내놓는다거나 라이벌 관계인 회사들이 새로운 분야에서 경쟁할 때, 눈길을 끄는 이색 앱이 출시됐을 때 독자들이 이를 간편하고 재미있게 읽을 수 있도록 했다.

'집중 분석'은 김광현 IT전문기자가 현재 부각되고 있는 이슈를 집중적으로 분석하는 코너다. 삼성전자, 애플 등 글로벌 IT기업들이 신제품을 공개하거나, 정부의 새로운 정책이나 신규 법안 등이 논란을 불러일으킬 때 전문기자가 상세하게 해설해준다.

*인물 탐구와 경영의 실전, CEO & 매니지먼트

한경에서는 요일별로 다양한 기획기사도 볼 수 있다. 매주 수요일 연재되는 'CEO&매니지먼트'는 두 가지 유형의 기사로 이뤄진다. 기업경영 일선에서 뛰고 있는 최고경영자(CEO) 1명을 A~Z까지 철저히 파헤치는 '인물탐구'와 기업경영 실전사례를 담은 케이스 스터디(case study) 또는 새로운 경영 트렌드를 소개하는 '매니지먼트' 등이 번갈아가며 실린다.

야당 투사의 아들 "정치보다 장사가 적성"
승부사 기질로 '한국의 시계 판매왕' 올라

인물탐구 김윤호 우림FMG 사장

코닥이 망설일 때 … 사양사업 털어낸 IBM '승승장구'

"왜 안경은 온라인선 안팔지?" 新사업 발굴한 英글래시즈 다이렉트

READING ENJOY TIP

수요기획으로 게재되는 'CEO&매니지먼트'는 CEO의 모습을 일러스트로 그려 기사와 함께 싣는다. 인물의 개성을 포착해 가분수로 묘사하는 캐리커처를 보면 주인공이 어떤 일을 하는지, 어떤 업무 스타일을 갖고 있는지도 어렵지 않게 짐작할 수 있다. 이 일러스트는 CEO들 사이에서도 인기만점이다.

현대자동차 홍보실에서 일하는 현선영 차장. 그는 매주 수요일에 꼭 챙겨보는 기사가 있다. 한경의 '수요기획, CEO&매니지먼트'다. 현 차장은 "CEO들의 성공스토리를 생생하게 접할 수 있어서 좋다"고 한다.

동대문시장의 조그만 옷 가게로 시작해 국내 굴지의 패션기업으로 일군 기업가. 대기업의 철모르는 사원에서 사장까지 오른 샐러리맨 신화의 주인공들…. 이들이 어떤 역경을 겪고, 어떻게 위기를 극복해 오늘에 이른지에 대해 풀어놓는 이야기는 '당찬 꿈'을 갖고 있는 현 차장에게 아주 좋은 마음의 보약이다.

현 차장은 "CEO 인물탐구 기사를 읽다 보면 사장들은 뭔가 다르다는 생각을 하게 된다"며 "직장에서 중간 간부인 과장, 차장들이 참고할 게 참 많다"고 말했다.

01 인물탐구 기사는 해당 기업을 출입하는 기자들이 직접 CEO를 인터뷰한 내용을 바탕으로 이야기를 풀어간다. 출생에서부터 지금에 이르기까지 등장인물들의 드라마틱한 삶을 농축하는 형식으로 풀어갈 때도 있고, 좌절을 딛고 성공하게 된 '나만의 노하우'를 소개하는 경우도 있다.

02 또 케이스 스터디를 다루는 매니지먼트는 한경 기자, 경영학 교수 및 연구소의 연구원, 해외전문가 등이 돌아가면서 기사를 쓴다. 하단 박스 기사인 'IMG와 함께 하는 경영노트'는 기업 임원을 교육시키는 전문기관인 세계경영연구원(IMG)의 교수와 연구원들이 직접 작성하는 '경영 이야기'다. 경영학을 배우는 대학(원)생들뿐 아니라 직장인, 대기업·중소기업 임원 등 다양한 독자층에게 인기를 끌고 있는 코너다.

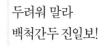

연초는 기업에선 흥분의 시기다. 인사철, 정확히는 승진철이어서다. 곳곳에서 의자의 주인이 연쇄적으로 바뀌며 새로운 에너지가 넘친다. '어떤 변화가 있을까'하는 기대와 걱정이 뒤섞여있다.

03 '권영설의 Hi! CEO'는 한국경제신문의 경영컨설팅교육기관인 한경아카데미원의 권영설 원장이 쓰는 고정 칼럼이다. 매회 특정 주제를 놓고 다양한 사례와 실전 컨설팅 경험을 잘 버무려 경영학에 문외한인 독자들도 쉽게 이해할 수 있도록 도와준다. 권 원장은 한국경제신문 산업부 기자를 거쳐 미국 펜실베이니아대 와튼스쿨에서 경영학 석사(MBA) 학위를 취득했다. 권 원장은 김위찬 프랑스 인시아드 경영대학원 교수와 함께 국내에 '블루오션' 전략을 소개한 주인공으로도 잘 알려져 있다.

* 직장생활의 A to Z, 金과장 & 李대리

'金과장&李대리'는 2008년 말부터 매주 화요일에 연재되는 장수 기획물이다. 직장에서 일어나는 다양한 에피소드들을 삽화와 함께 리얼하게 엮어내고 있다. 직장인들의 관심과 애환, 동료와 상사 등과의 관계에서 발생하는 흥미진진한 실제 주변 사례들은 모두 '金과장&李대리'의 소재가 된다. 한경TV에서는 시트콤으로 제작하기도 했으며, 단행본으로 출간되기도 했다.

READING ENJOY TIP

'金과장&李대리' 팀이 출범한 지도 3년이 훌쩍 넘었다. 참신한 아이템을 발굴하기 위해 담당 기자들을 1~2년 단위로 바꾸고 있다. 여러분 주변에 즐비한 눈꼴사나운 상사나 알미운 후배, 회사의 불합리한 처사나 부당한 업무 지시까지, 모든 것이 '金과장&李대리'의 주제가 될 수 있다. 이렇게 재밌는 소재가 있는데 왜 '金과장&李대리'에서는 다루지 않을까 싶은 이야기거리들이 있다면 제보해달라. 실명이 부담스럽다면 익명도 괜찮다.

'金과장&李대리' 팀을 이끄는 윤성민 차장(smyoon@hankyung.com), 고경봉 기자(kgb@hankyung.com) 노경목 기자(autonomy@hankyung.com)의 이메일은 늘 열려 있다.

체육대회 과자따먹기·출근부에 도장 꾹~ "이거 다 어디갔어?"

"내일 박 부장 확 한번 받아버리고 사표 쓴다"며 호기를 부리지만 정작 다음 날이 되면 공손히 결재서류를 내미는 김 과장, 그리고 소심한 보복으로 쓰린 속을 달래고 있는 이 대리의 이야기다. 때로는 유용한 정보도 되고, 속 쓰렸던 사연들을 속 시원하게 쏟아내 많은 김 과장, 이 대리들이 간접적으로 스트레스를 해소하는 수단이 되어준다.

'장난이 아닌' 요즘 신입사원들 길들이기나 달라진 회식, 술자리 문화 등 직장에서의 세대 차이와 시대의 변화를 읽을 수 있는 기사들도 다룬다. "집에서도 뒷걸음질해요"라는 비서실 이 대리를 비롯해 직업병을 겪는 직장인들의 사연은 공감대를 높였다. 최근엔 '저 인간 머릿속에는 뭐가 들었을까' 라는 제목으로 직급과 성별, 나이에 따른 직장인들의 뇌구조를 해부해 관심을 끌었다.

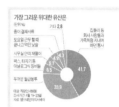

미래의 위대한 유산 1순위 '등산'

직장인들이 가장 그리워하는 과거 직장생활의 향수는 '등산과 같이 동료들과 가족처럼 지낼 수 있는 행사' 인 것으로 나타났다.

시장조사업체 엠브레인(지식베이)가 직장인 489명을 대상으로 지난 19~23일 실시한 설문조사 결과 응답자의 41.7%가 이처럼 답했다. 이어 △두꺼운 월급봉투(33.9%) △퍼스, 타자기 등 아날로그식 장비들(6.5%) △사무실 안의 재떨이(5.7%) △토요일 근무할 때 끝나고 먹던 낮술(4.9%) △종이 결재서류(4.3%) 등의 순이었다. 반면 이 중에서 사무실 내 재떨이는 직장인 10명 중 6명이 없어서 좋았다고 여기는 과거 잔재도도 흡했다.

사건이 발생하는 장소는 회사 내지만 정치나 사회 이슈도 직장 내로 끌어왔다. 총선, 대선 등 정치 이슈들이 즐비한 2012년을 맞아 직장 내에서 벌어지는 정치 갈등을 담았고, 애플의 스티브 잡스가 세상을 떠났을 때는 잡스가 자신에게 미친 영향들을 직장인들에게 들어봤다.

01 기사를 뒷받침하는 기사로 시장조사업체인 엠브레인, 이지서베이와 함께 직장인들을 대상으로 매주 주제에 맞는 설문조사를 하고 있다.

'金과장&李대리' 는 한국경제TV가 시트콤으로 제작해 2011년 한국케이블TV방송협회로부터 최우수 케이블TV 드라마에 선정되기도 했다. '金과장&李대리' 가 출발한 지 3년이 훌쩍 지났지만 직장 속 이야기 거리는 여전히 무궁무진하다.

* 알짜 정보를 만나는 증권면

주식은 어느새 우리 생활에 깊숙이 자리 잡은 재테크 수단이다. 주식 관련 정보에 대한 수요는 갈수록 높아지고 있다. 한경의 증권면은 주식의 직·간접 투자정보와 투자전략을 제시하는 기사들로 채워진다. 최근 들어 증권면에 실리는 주제는 보다 폭넓어지고 전문화, 세분화되는 추세다. 주가에 영향을 미치는 국내외 경제 이벤트와 변수들이 많아진데다 독자들의 '눈높이'도 높아졌기 때문이다.

READING ENJOY TIP

증권면에는 다양한 그래픽과 표 등이 사용된다. 이들 비주얼 요소들은 그 자체로도 많은 정보를 담고 있는 또 하나의 기사다. 기사의 절반은 비주얼 요소라고 할 정도로 기자들은 그래픽에 쓸 관련 통계나 자료를 찾는 데 상당한 품을 들인다. 증권면 톱기사의 그래픽은 기사의 핵심 내용과 편집자의 상상력 및 예술적 감각이 결합해 탄생하는 알짜 요약정보다.

예전에는 상장기업들의 실적을 포함한 재무정보와 시황기사가 주로 실렸다. 하지만 단순히 시황을 중계방송하고, 기업실적을 전달하는 기사는 더 이상 한경을 읽는 투자자들에게 도움이 되지 않는다. 수많은 온라인 매체와 증권사들이 실시간으로 비슷한 정보를 쏟아내고 있기 때문이다.

따라서 한경의 증권면은 중·장기 투자전략을 제시하는 시황기사와 개별 상장종목의 실적은 물론, 각종 재무정보를 분석해 전달하는 다양한 정보로 차별화하고 있다.

01 증권면의 시황성 기사는 각종 글로벌 경제현상과 변수를 점검하고, 국내 증시에 미칠 영향 등을 다각도로 조명해준다. 투자자들은 시황 분석 기사를 통해 주식을 보유할지, 현금 비중을 늘려갈지 등 투자 결정에 참고할 수 있다. 또한 업종, 종목별로 보유하면 좋을 기업 등 포트폴리오 전략도 제시한다.

종목기사는 실적을 포함해 기업 재무정보에 관한 내용이 많다. 재무정보라도 단순히 실적의 좋고 나쁨을 전달하는 게 아니라, 업황에 따른 실적 변화 등 입체적인 정보를 전달한다. 회사채 발행과 같은 자금조달 계획 등도 주식 투자자에게는 돈이 되는 정보다.

02 이 밖에 기업경영권을 둘러싼 주주 간의 갈등처럼 주가에 영향을 미칠 만한 스토리도 다룬다. 한경 증권면은 특히 회사채 발행, 기업공개(IPO), 인수·합병(M&A) 등 투자은행(IB) 정보에 큰 강점을 갖고 있다. 2012년 출범한 증권부 IB팀은 각종 국내외 IB 정보와 관련 기사들을 유료사이트인 '마켓인사이트'와 지면에 소개하고 있다.

증권면은 요일별로 다양한 기사를 선보인다. 매주 월요일에는 '한상춘 위원의 국제경제 읽기'와 뉴욕과 베이징 특파원이 전하는 미국과 중국 증시의 주간 전망이 고정적으로 실린다. 또 매주 목요일에는 증권부 기자들이 투자자들의 궁금증을 풀어주기 위해 상장회사 최고경영자(CEO)나 최고재무책임자(CFO)를 인터뷰해 작성하는 '투자자가 CEO에게 묻는다'는 코너를 만날 수 있다. 이 밖에 '스톡&토크(stock&talk)'란 '문패'가 달린 기사는 시황이나 종목 기사로 다룰 수 없는 다양한 주식시장 정보를 재미있고 읽기 쉽게 전달해 인기가 높다.

* 누구나 주목하는 부동산면

한경의 부동산면은 하루 1~2개면이 편성된다. 〈월스트리트저널〉, 〈니혼게이자이신문〉, 〈파이낸셜타임즈〉 등 세계적인 경제신문엔 부동산면이 별도로 없다. 한경이 부동산면을 별도로 두는 것은 한국인의 삶에서 부동산이 차지하는 비중이 큰 까닭이다. 우리나라 가계의 전체 자산에서 부동산이 차지하는 비율이 76%라고 한다. 그만큼 중요하게 다뤄야 하는 정보다.

READING ENJOY TIP

신문기사에는 부동산 전문가들의 말이 많이 인용된다. 신문에 언급되는 전문가는 어떤 사람들일까? 불과 10년 전만 해도 신문에 등장하는 전문가는 대부분 직원 2~3명을 둔 컨설팅 업자였다. 부동산을 투기 수단으로만 생각하던 시절이다 보니 이 분야를 이론적으로 깊이 있게 연구한 전문가가 드물었던 까닭이다. 2000년대 들어선 금융회사 PB, 부동산 정보업체 대표, 분양대행업체 대표, 경제연구소 박사 등이 새롭게 전문가 그룹으로 부상했다. 부동산 석·박사 학위를 가졌거나 전문지식을 가진 이들이 많았다. 부동산이 중요한 투자 수단으로 인식되면서 제대로 이론공부를 한 이들이 늘어났다. 물론 이때도 일부 언론은 여전히 컨설팅 업체 사장을 신문에 자주 인용했다. 이들이 밑바닥 돌아가는 실무에 밝았던 까닭이다.

최근 들어선 전문가들의 수준이 더욱 높아졌다. 대학교수, 외국계 투자회사 임원 등도 신문에 자주 등장하고 있다.

우리 가계의 자산 구성에서 부동산이 차지하는 비중은 80%에 육박하는데다 주식과 함께 중요한 재테크 수단으로 취급받고 있다. 내 집 마련을 일생일대의 목표로 생각하는 이들도 많다. 적어도 국내에선 부동산 정보가 독자들이 아주 필요로 하는 뉴스임에 틀림없다. 이런 이유 때문에 부동산면은 다양한 재테크 정보를 담고 있다.

01 전국에서 새로 분양되는 아파트나 지역별 가격 동향, **02** 부동산 가격 전망, 기관투자가나 기업의 매매 동향, 특정지역 개발 재료, **03** 경매 시장 흐름 등을 많이 취급한다. 또 부동산 대책, 신도시 건설 등 정부나 지방자치단체에서 발표하는 각종 부동산 정책도 자주 등장하는 메뉴다.

심층적인 정보를 제공하기 위한 분석기사도 있다. '현장 레이더' 란 코너를 통해선 특정 지역의 부동산 시장 움직임을 자세히 다룬다. '부동산 프리즘' 이란 소박스 기사는 부동산 시장에 새롭게 형성되는 트렌드나 겉으로 드러난 현상의 이면을 소개하는 코너다. 현장 레이더와 부동산 프리즘은 고정물은 아니다. 뉴스가 발생했을 때 수시로 편성한다.

04 고정 코너로는 '매물마당' 이 있다. 매주 월·화·목요일에 실리는 이 코너에선 실제 부동산 매물 정보를 제공한다. 외부에서 의뢰가 들어온 매물을 모아서 신문에 제공한다. '이번 주 분양 캘린더' 란 코너에서는 한 주간의 분양물량을 소개한다. 모델하우스 방문이나 청약을 미리 계획할 수 있도록 일주일을 시작하는 월요일에 고정적으로 편성한다.

부동산 시세 정보도 제공한다. 매주 월요일 발행되는 별지 섹션 '머니&인베스팅' 에 주요 지역의 부동산 값 변동 상황을 1.5개 면에 걸쳐 싣는다. 이 정보의 원 데이타는 부동산 정보업체인 '부동산114' 가 제공하는 자료다.

살아 있는 부동산 정보를 제공하기 위해 '한경 베스트 공인' 도 운영 중이다. 전국에서 한경 베스트 공인에 가입된 중개업소는 3000개가 넘는다. 이들은 실시간으로 현장에서 발생하는 정보를 기자들에게 제공한다. 한경 베스트 공인 가입자와 함께 정기적으로 특정 지역의 부동산 시장 흐름을 짚는 포럼도 개최한다. 포럼에서 나온 생생한 정보는 신문지면을 통해 소개한다.

＊경제신문의 사랑방, 피플면

피플면은 정치·경제·사회·문화 등 각계각층에 속한 '사람'에 관한 기사를 다룬다. 정치·경제·산업· 증권면 등이 새로운 사실을 전달하는 내용이나 뉴스의 흐름을 쫓는 트렌드 기사에 초점을 맞추는데 비해, 피플면은 '인간적인 냄새'가 나는, 인물에 관한 뉴스를 대상으로 한다. 따라서 피플면은 '사랑방'처럼 꾸며진다. 이웃들의 세상 살아가는 이야기를 때로는 웃음으로, 때로는 진한 감동으로 전하는 지면이다.

‘사람의 향기’를 전하는 지면이기에 기사를 판단하는 잣대도 일반 뉴스면과 다르다. 일반 뉴스면이 사실 전달과 분석에 중점을 두는 것과 달리 피플면은 해당 인물의 인지도와 극적인 스토리 등을 중시한다. 기사에서 다루는 내용이 우리에게 얼마나 친숙한 것인지를 기준으로 삼는다는 뜻이다. 그런 점에서 최고경영자(CEO)들의 미담 기사는 좋은 소재가된다. 여기에 더불어 살아가는 보통 사람들의 따뜻한 이야기도 버무려놓은 게 피플면이다.

① 가령 성공한 사람들의 인생 뒤안길을 짚어보거나 어렵게 자수성가한 사람들의 선행, **②** 또는 낯선 분야에 도전하는 사람들의 이야기는 피플면의 좋은 소재거리가 된다.

　독자의 가슴을 뭉클하게 하는 각종 미담, 새로운 기록을 담고 있는 화제성 소식, 입가에 웃음을 자아내게 하는 이웃 이야기, 장애를 극복하거나 쉽게 이루지 못할 일을 해낸 성공담, 부호들이 살아가는 뒷이야기 또는 재테크 일화 등 감동과 호기심을 자아내게 하는 이야기들이 담긴다.

　최홍 ING자산운용 대표가 51세의 나이로 ‘제6회 쿨가이 선발대회(멋진 몸매를 지닌 남성을 뽑는 대회)’에서 20~30대의 젊은이들을 누르고 1위를 차지한 기사가 좋은 사례다. 성공한 기업인이 끊임없는 자기관리를 통해 ‘중년 몸짱’ 신드롬의 주인공이 됐다는 점에서 누구에게든 부러움의 대상이 되기 때문이다.

　피플면에서는 또 인터뷰 기사를 중요하게 다룬다. 인터뷰 대상은 일반적인 뉴스 가치 기준에 따라 선정되지만, 한경은 기업인을 상대적으로 많이 다룬다. 같은 사람을 인터뷰해도 지면 성격에 따라 강조점이 달라지는데, 피플면에서는 업계 동향이나 경영 실적 등은 되도록 피한다. 대신 그 사람이 어떤 일을 이루기까지 겪은 어려움이나 노력, 귀감이 될 만한 가치관 등에 중점을 둔다.

* 시대를 읽는 오피니언면

오피니언면은 국내외에서 발생하는 주요 이슈를 전문가의 시각을 통해 심층 분석하고 진단하는 면이다. 이를 통해 현재 쟁점이 되고 있는 이슈가 무엇인지 파악하고 배울 수 있다. 독자들이 찾아 읽기 쉽도록 신문의 맨 뒤쪽에 배치한다. 최근 신문이 속보성과 함께 심도 있는 분석과 전문가 진단을 중시하는 쪽으로 바뀜에 따라 비중이 갈수록 커지고 있다.

오피니언면의 성격은 크게 의제 설정(agenda setting)과 정의 (definition) 기능으로 나눠보면 이해하기 쉽다. 매일 어떤 주제의 칼럼이 실렸는지를 꾸준히 살펴보면 우리 사회에서 쟁점이 되는 이슈가 무엇인지를 파악할 수 있다. 칼럼 내용을 통해 미처 몰랐던 사회 이슈에 대한 논리를 배울 수도 있다. 만일 견해가 다르다면 좀 더 비판적인 논거를 얻을 수도 있다. 그런 점에서 오피니언면은 좀 더 주의 깊고 꼼꼼하게 읽어야 할 필요가 있다.

한경 오피니언면은 경제신문 특성에 맞게 경제칼럼을 중심으로 하면서도 정치, 사회, 문화 등 다방면의 이슈를 다뤄 뉴스면에서 미처 담지 못한 부분을 보완한다.

01 오피니언면의 핵심 칼럼은 단연 '사설'이다. 오랜 취재경험을 통해 깊이와 통찰력을 갖춘 논설위원들이 집필하는 사설은 "사설 읽는 맛에 한경을 본다"는 말이 나돌 정도로 한경에서 인기 높은 코너다.

02 '다산 칼럼' 역시 강만수 산은금융지주 회장이 야인 시절 "한경 다산칼럼을 쓰는 보람으로 어려움을 견뎌냈다"고 말할 정도로 전통과 권위를 자랑하는 칼럼이다. 분야별 전문가 20명 이내로 구성되며 강만수 회장을 비롯해 나성린 18대 국회의원, 김중수 한국은행 총재, 전광우 국민연금관리공단 이사장, 윤창현 금융연구원장 등 수많은 논객을 배출한 코너이기도 하다.

03 각 분야 전문가 300여 명으로 구성된 필진이 집필하는 '시론' 또한 예리한 분석을 통해 그때그때 이슈가 되는 주제를 다뤄 뉴스면에서 다루지 못한 부분까지 커버하고 있다. 여기에 전문가 그룹 20여 명으로 구성된 '객원 논설위원'들이 가세해 칼럼의 깊이를 더해주고 있다.

'정규재 칼럼'을 비롯해 '이학영의 뉴스 프리즘', '안현실의 산업정책 읽기', '권영설의 경영 업그레이드' 등 기명칼럼도 한경 오피니언의 자랑이다. 일선기자들이 쓰는 '취재수첩'에는 현장의 뒷얘기가 기자의 비판적인 시각과 함께 담겨진다.

＊ 주말판 위크엔드

토요일자 한경의 주말에디션 '위크엔드(Weekend)'는 한 주 내내 쏟아지는 뉴스에 지쳤을 독자들을 위한 배려다. 날마다 발생하는 경제·정치·사회 등의 속보성 기사에서 잠시 벗어나, 세상사는 이야기와 문화가 녹아 있는 기사를 통해 지친 마음을 쉬고 정신의 재충전을 할 수 있도록 꾸몄다. 주말엔 반복되는 일상에서 벗어나듯이 신문 또한 주말엔 색다르게 만나고 색다르게 즐겨보자.

화제의 인물들과 맛있는 음식을 함께 먹으며 이야기를 나누는 '한경과 맛있는 만남'을 비롯해 '경찰팀 리포트' '특파원 리포트' '스토리&스토리' '인문학 산책' '그림 속의 선율' '스타일&센스' '방송&엔터테인먼트' 등 재미있는 읽을거리로 주말을 넉넉하게 한다.

01 주말에디션의 커버 스토리 '한경과 맛있는 만남'은 각계의 오피니언 리더들과 부담 없이 만나는 자리다. 통상적인 인터뷰는 딱딱한 사무실에서 공식적인 내용만 다루게 된다. 따라서 인터뷰어(interviewer)도, 인터뷰이(interviewee)도 긴장하게 마련이다. 그러나 밥상 앞에 마주 앉으면 이야기가 달라진다. 개인적인 이야기가 자연스럽게 오가고, 저녁이라면 반주를 곁들이며 기업 최고경영자(CEO)와 정부 고위인사, 기관·단체장, 유명 인사들의 인간적인 면모와 고뇌, 삶의 이야기를 들을 수 있다. 구자열 LS전선 회장은 '맛있는 만남'에서 맥주 한 병을 맥주잔 네 잔에 정확히 나눠 담는 '풀빵 폭탄주'를 돌리며 자신의 식성과 취미, '사이클 CEO'가 된 사연 등을 들려줬다. 방송인 이경규 씨는 "스트레스는 어느 직업이나 다 있지만 알려진 사람으로 살아가는 건 참 힘들다"며 연예인의 고충을 털어놓기도 했다.

02 주말에디션의 두 번째면 '뉴스인사이드'의 메인은 젊은 경찰기자들이 전하는 심층 기획기사다. 인터넷에 넘쳐나는 해킹 프로그램, 인력난·예산부족·몰이해의 3중고에 시달리는 국립과학수사연구소, 상담원 1명이 1000명을 상담해야 하는 청소년상담센터의 문제점 등을 촘촘하고 깊게 파헤친다. 기본급이 다른 공무원에 비해 턱없이 적다며 현직 파출소장이 헌법소원을 낸 것을 계기로 경찰의 봉급체계도 살폈다.

634m 도쿄 스카이트리 … '일본경제 희망탑'

세계 최고 전파탑 … 다음달 22일 개장

'부르즈 칼리파' 828m
북한산 최고봉과 비슷

세계최고 고층탑이닷

생산 혁명 '도요타' vs 기술의 '혼다' … 장인정신이 車왕국 만들다

세기의 라이벌 도요다 기이치로 - 혼다 소이치로

TOYOTA HONDA

당신도 혹시 만성피로증후군?

푹 잔 것 같은데 피곤하고 …
퇴근한 뒤엔 아무 것도 하기 싫고

초기치료
하지정맥
생생칼럼

스위스의 가치,
그 이상을 보여주마

03 '특파원리포트'에선 뉴욕, 워싱턴, 도쿄, 베이징 등의 한경 특파원들이 글로벌 트렌드를 들려준다. 기름 값과 도난 걱정 없이 빨간 자전거가 도심을 씽씽 달리는 미국 워싱턴의 '자전거 함께 타기 프로그램', 뉴요커를 사로잡은 한인 셰프들의 군침 도는 '한식 개론', 동일본 대지진 이후 1년 동안 일본 기업들이 겪은 체질 변화, 수수료를 떼는 이유만 3000여 개에 달해 서민의 등골을 휘게 한다는 중국 은행들의 실태 등 지구촌 곳곳의 생생한 이야기가 눈길을 모은다.

04 '스토리&스토리'는 '세기의 라이벌'과 '2030 기자의 아날로그 이야기' 두 개의 이야기로 구성된다. '세기의 라이벌'에선 IBM 제국의 황제 토머스 왓슨과 실리콘밸리의 우상 데이비드 팩커드, 철강왕 카네기와 석유왕 록펠러, 햄버거 제국 맥도널드와 버거킹의 창업자 레이먼드 앨버트 크록과 제임스 휘트먼 맥라모어, 팝의 디바 휘트니 휴스턴과 머라이어 캐리 등 일세를 풍미한 라이벌들의 흥미진진한 삶을 비교하며 들려준다.

05 '생생헬스' 면에선 한주일간 열심히 일한 당신이 건강을 점검해볼 수 있다. 국내 주요 병·의원들과 공동으로 기획 제작하는 의료상담 코너인 '건강 궁금증, 무엇이든 물어보세요'가 메인 기사다. 병원에 가자니 아리송하고, 그냥 넘어가려니 뭔가 찜찜한 경우를 누구나 경험한다. 이런 증세나 병에 관한 궁금증을 관련 전문의의 도움말을 통해 심층 진단하는 코너가 '건강 궁금증, 무엇이든 물어보세요'다. 또 국내 내로라하는 명의(名醫)들의 생생한 건강칼럼과 최신 시술법도 소개된다. 평소 생활 속에서 예방할 수 있는 건강관리 요령도 실린다.

06 '스타일&센스'에선 옷과 신발, 가방, 액세서리 등의 최신 스타일과 정보, 센스 있게 코디하는 법 등을 알려주고, '방송&엔터테인먼트'에선 방송, 영화계, 연예계의 화제성 기사와 투자성공 사례, 새 영화 이야기 등을 들려준다.

✱ 부자되는 머니＆인베스팅

재테크는 어떻게 해야 할지, 창업은 또 어떻게 해야 할지…. 투자와 먹고 사는 일은 우리 삶에서 떼려야 뗄 수 없다. 그만큼 일상생활에 도움이 되는 경제 정보가 필요하다. 이러한 독자 요구에 맞춰서 한경은 매주 월요일에 별지로 '머니＆인베스팅'을 발행한다. 머니＆인베스팅은 증권부와 금융부, 건설부동산부, 생활경제부의 전문기자들이 공동으로 주식, 펀드, 보험, 부동산, 창업 등에 관련된 유용한 정보들을 모아서 소개한다.

READING ENJOY TIP

'머니＆인베스팅' 섹션에는 독자들이 지면과 연계해 참여할 수 있는 코너가 있다. 대표적인 것이 '한경 자영업 희망 콜센터'(02-360-4004)다. 예비 창업자나 자영업주가 전화를 걸어 상담을 하면 '한경 자영업 지원단' 소속 컨설턴트들이 현장을 직접 방문해 애로사항 등을 들은 뒤 다각도로 해법을 제시해 준다. 무료로 이용할 수 있다.

또 주식투자에 관심 있는 독자들이라면 지면에 등장하는 한국경제TV 와우넷 전문가들의 증시 전망이나 종목 분석을 꼼꼼히 읽어본 후 한국경제TV 시청이나 한경TV 와우넷 유료 회원 가입 등을 통해 보다 상세한 정보를 얻을 수도 있다.

주식 및 펀드 투자, 예금 보험 등 금융상품 가입, 부동산 투자, 창업 노하우 등 보다 직접적인 '재테크 정보'를 원하는 독자들의 욕구가 점점 커지고 있다. 이에 부응해 한경이 대표적인 재테크 섹션으로 제작하고 있는 것이 '머니&인베스팅'이다.

B1(커버)~B3면은 한경의 자회사인 증권전문방송 한국경제TV와 공동 기획하는 주식투자 관련 내용들로 꾸며진다.

01 커버 스토리와 B3면 톱기사는 증시에서 이슈가 되는 주제들을 골라서 관련 투자전략과 유망 종목들을 소개하는 내용으로 꾸며진다. 증권부 기자들이 한국경제TV가 운영하는 증권포털사이트 '와우넷'(www.wownet.co.kr)에서 활동 중인 전문가들과 증권사 애널리스트들의 견해 등을 취재해 기사를 작성한다.

02 B2, B3면에는 와우넷 전문가들이 직접 쓰는 칼럼과 주간 추천종목 등이 실린다. 주식투자에 관심 있는 투자자들이 유망 업종이나 종목에 대한 정보 등을 얻을 수 있다.

B4면 머니 플러스(Money Plus)는 금융이나 부동산 관련 전문가들로부터 재테크 관련 시장 전망과 투자 등을 인터뷰 형식으로 듣는 '고수에게 듣는다'와 '풍수로 보는 부동산' 칼럼이 게재된다. B5면 '더 리치(The Rich)'는 '돈맥'을 찾는 데 발 빠르고 알려진 강남 부자들의 재테크 트렌드를 알아보는 '강남 부자는 지금'이란 고정 코너가 실린다. 주로 거액 자산가들을 고객으로 확보하고 있는 강남 지역 금융회사 프라이빗뱅커(PB)들을 취재해 생생한 사례 중심으로 기사를 작성한다. 실명을 밝히진 않지만 이 코너에 등장한 최 모씨, 김 모씨 등등은 모두 실제 인물이다. 목돈을 굴리는 데 관심 있는 부자들은 물론, 일반 투자자들도 재테크의 흐름을 파악해 투자에 활용할 수 있다.

03 B7면 파이낸셜 테크(Financial Tech)에는 금융부 기자들이 매주 은행, 보험사, 신용카드사, 상호저축은행, 캐피털사들이 내놓는 각종 신상품을 소개하고 이들 상품의 특징, 장·단점 등을 꼼꼼히 비교 분석하는 기사를 작성해 싣는다. 이를 통해 소비자가 자신에게 가장 맞는 상품을 선택하고 이를 제대로 활용하기 위한 방법을 제시한다. 금융상품뿐 아니라 금융회사의 다양한 서비스도 알려준다.

04 B8면 '스몰 비즈(Small Biz) 성공 자영업 길라잡이'에선 한국경제신문사가 운영하는 '자영업 희망 콜센터'를 통해 자영업을 하는 독자들의 고충과 상담내용을 접수, 해법을 제시한다. 창업 전문가들이 직접 점포를 방문해 문제점 등을 파악하고 제시하는 해법을 강창동 유통전문기자가 핵심 내용 위주로 정리해 소개한다. 자영업을 하면서 비슷한 문제점으로 고민하고 있는 독자들에게 실질적 도움이 된다는 평가를 받고 있다.

B10~B11면 '펀드&펀(Fund&Fun)'에는 펀드와 주식종목 관련 기사들이 실린다. 그 주간에 공모주 청약이 이뤄지는 종목들이 있으면 공모 일정을 비롯해 해당 기업에 대한 상세한 정보를 실어 공모주 투자에 관심 있는 독자들에게 유용한 정보를 제공한다. 공모주 청약이 없을 땐 '한경블루칩' 종목들에 대한 소개기사를 싣는다. 한경블루칩이란 한경이 기업설명활동(IR)을 지원하는 우량기업들을 말한다.

05 B13~15면 부동산(Real Estate)에선 분양 관련 기사와 한경 베스트 공인중개사가 소개하는 지역정보, 주간 부동산 시황과 '한경 매물마당' 등이 정기적으로 실린다. 이 밖에 '금융상품 금리'(B7) '주간 펀드 수익률'(B11)과 '아파트 시세 및 분양권 정보'(B14~15) 등도 일목요연하게 정리된 표에서 찾아볼 수 있다.

한마디로 '재테크'에 관심 있는 독자라면 월요일 아침마다 놓치지 않고 챙겨봐야 할 '섹션'이 바로 '머니&인베스팅'이다.

*더욱 깊이 있는 경제 정보, 베터 라이프

재테크 분야의 양대 축이라고 할 수 있는 금융과 증권을 주제로 번갈아 가며 매달 두 차례 발행하는 별도 섹션이다. 독자들이 일목요연하게 읽을 수 있고, 오랫동안 보관할 수 있도록 타블로이드판 형태로 발간한다. 2010년 4월 14일에 첫선을 보였다. 지난해 4월까지는 건강 분야를 다루기도 했지만 지금은 금융과 증권 두 분야의 정보만 집중적으로 제공한다.

우선 금융 분야는 '생애 재무설계'라는 큰 주제를 바탕으로 독자에게 행복한 은퇴생활을 준비하는 데 도움을 줄 만한 정보를 제공하는 데 초점을 맞추고 있다. 매달 첫 번째 수요일 16페이지 분량으로 발간된다.

생애 재무설계는 단순한 재테크 노하우를 알려주는 것과는 다르다. 재테크 서적들에서 흔히 찾아볼 수 있는 '종잣돈 1억 원 만들기' '100억 원 만드는 법' 등은 돈을 버는 것 자체가 목적이다. 반면 생애 재무설계는 먼저 돈을 어디에 쓰려고 하는지를 정한 뒤 거기에 맞게 돈을 모으는 것이다. '내 집 마련'이나 '은퇴자금 모으기' 등 목표를 먼저 정한 뒤, 그 목표를 이루기 위해 합리적인 계획을 세우는 게 특징이다.

투자기간에서도 커다란 차이가 있다. 재테크는 기본적으로 단기인 경우가 많다. 반면 생애 재무설계에서는 인생의 중대한 이벤트인 결혼, 출산, 자녀 교육, 은퇴 등이 주요 재무 목표가 된다.

재테크는 주로 돈을 굴리기 위한 수단으로 활용되므로 어느 정도 여유가 있는 사람들이 대상이다. 이에 비해 생애 재무설계는 여유자금이 있는 사람은 물론 부채가 많거나 지출 관리를 잘하지 못하는 사람에게도 요긴한 정보가 될 수 있다.

Better Life는 생애 재무설계는 왜 필요한지, 재무설계를 하기 위해서는 무엇을 따져봐야 할지, 실제 재무설계는 어떻게 짜야 할지를 모색하는 섹션이다. 연령대에 따라 재무설계를 어떻게 해야 할지도 구체적인 사례를 통해 찾아본다. 은퇴 후에 대비해 사둘 만한 부동산은 무엇인지, 금융시장 상황에 따라 포트폴리오는 어떻게 조정해야 할지도 소개한다. 이 밖에 세금 절약하는 비법, 상속과 증여의 모든 것, 대출 잘 받는 방법 등 체계적인 재무설계에 필요한 다양한 내용 등을 담는다. 금융 소비자가 관심을 가질 만한 은행·보험·카드 상품도 알려준다.

READING ENJOY TIP

'Better Life'는 오래 두고 여러 번 반복해서 읽을 수 있는 섹션이다. 일간지의 유효기간이 말 그대로 하루에 불과한 반면 생애 재무설계를 주제로 한 'Better Life'는 오랫동안 보관해두고 꺼내서 볼 수 있다. 각 연령대에 맞는 자산설계 노하우를 매번 색다른 주제를 갖고 접근하는 만큼 유효기간이 일반 잡지보다 길다. 한번 읽고 버리기보다는 책장 한 켠에 두고 시간날 때 읽어보는 것도 좋다. 타블로이드 판으로 제작해 보관하기도 쉽다.

월급 절반 저축… 생활비는 전용 CMA통장에
비과稅 장기 저축성보험은 2~3개 나눠 가입을

3월은 새 출발의 시기다. 학교 졸업과 함께 새 직장을 구한 사람이 많다. 따뜻한 봄을 맞아 결혼이 몰리는 철도 이맘때다.

새내기 직장인이나 신혼부부들은 무엇보다 촘촘한 재테크 계획을 짤 필요가 있다. 세심하게 관리하지 않으면 돈을 모으기가 무척 어렵다. 수입은 제한돼 있는 데 반해 쓸 곳은 많기 때문이다. 첫발을 잘 내디뎌야 노후에 편하다는 게 재테크 전문가들의 공통적인 조언이다.

성의재무설계를 따르면 도움

새내기 직장인·신혼부부 재테크 가이드

- 인생 전체의 단 및 장기 재무목표를 확정하라
- 수입의 절반 이상을 저축한다는 마음가짐
- 투자 원칙을 정기적으로 점검하고 재정 점검
- 매월 적금 펀드 등 집중투자 주거래은행 만들어
- 각종 소득공제 혜택 되는 재테크가 사용
- 시중은행보다 금리 높은 신용조합 등 관심
- 비과세 장기 저축성보험의 미술때 종장운동품
- CMA등 생활비 관리통장을 별도로 만들어라
- 노후준비 저축상품 만들어 일찍이대
- 매달 일정액을 적립식 펀드에 넣어 증기 투자

국민연금·퇴직연금에 3가지 개인연금 더해
'지상 5층' 포트폴리오 미리 쌓으세요

'100세 시대'라는 말이 유행이다. 유엔이 2009년 3월을 '세계인과 고령화' 리포트는 평균수명이 80세를 넘는 국가가 2000년에는 6개국뿐이었지만 2020년에 31개국에 이를 것이라고 예상하며 이름 '호모 헌드레드 시대'라고 이름 붙였다.

은퇴생활비 자금계산 (단위:만원)

나이	은퇴시작 예상시기	투자기간/시행	부양준비 시행	부양준비 기간(년)	부양준비 기간 달성액	합계액	목표 부양액	매달 투자액
30세	35년	2400	85세	10년	123,411	31,991	155,402	1,124	94
35세	30년	2400	85세	10년	106,456	27,596	134,051	1,419	118
40세	25년	2400	85세	10년	91,830	23,804	115,634	1,828	152
45세	20년	2400	85세	10년	79,213	20,534	99,747	2,443	203
50세	15년	2400	85세	10년	68,330	17,713	86,042	3,424	285
55세	10년	2400	85세	10년	58,942	15,279	74,221	5,372	448
60세	5년	2400	85세	10년	50,844	13,180	64,024	11,133	928

김효열 교보생명 부산노블리에센터장
khy4902@hanmail.net

조혜승 기자 road@hankyung.com

증권 분야의 Better Life는 매달 둘째 주 수요일에 나온다. '투자성공의 길잡이' 역할을 하는 데 초점이 맞춰져 있다. 주식과 채권 등 전통적인 투자방법은 물론 선물·옵션 등 파생상품, 원자재 투자까지 다양한 투자수단에 대한 세세한 정보를 알려준다.

금융감독원과 한국거래소, 금융투자협회의 전자공시, 홈 트레이딩 시스템(HTS), 모바일 거래, 스마트폰 애플리케이션, 트위터 등에서 투자정보를 빠르게 얻고 그것을 효율적으로 활용할 수 있는 방법을 담는다.

최근 노후준비를 위한 필수 수단으로 자리 잡은 퇴직연금도 다룬다. 퇴직연금이 기존 퇴직금 제도와 어떻게 다른지, 어떤 유형이 있고 은행·보험사·증권사·자산운용사들은 어떤 상품과 서비스를 내놓고 있는지 등을 총망라한다.

시중자금의 흐름이나 투자환경의 변화에 맞춰 투자 비중을 조절해야 하는 포트폴리오 리모델링도 소개한다. 증권사의 진화한 자산관리 상품과 서비스도 빼놓지 않는다. 장기·적립식 투자 상품도 알려준다. 앞으로의 주가전망과 변수, 유망업종에 대한 전망과 추천종목 등도 짚어준다.

간접 투자 상품의 양대 축인 펀드와 랩도 상세하게 비교한다. 두 상품의 특징과 투자 목적에 따라 어느 상품을 고르는 게 유리한지 전문가들의 의견을 소개하고 다양한 펀드와 랩의 종류 및 수수료 체계, 증권사들이 추천하는 대표상품도 알려준다.

*비즈니스의 포인트, 비즈 인사이트

수많은 기업 중 옥석을 가려내 투자하는 일은 참으로 쉽지 않다. 사람을 많이 만나다 보면 자연스레 감별법을 터득할 수 있을 텐데 기업은 그렇지 못하다. 생명체가 아니다 보니 만져볼 수도 없고 대화도 할 수 없다. 그렇다고 어느 누가 특정 기업에 대해 속 시원한 설명을 해주지도 않는다. 한경이 매주 발간하는 '비즈 인사이트(BIZ Insight)'는 독자들의 이러한 답답함을 해소해주는 것을 목적으로 하고 있다.

투자의 기본은 기업분석이지만, 투자자들에게 마음에 드는 기업분석 보고서는 많지 않다. 그런 면에서 비즈 인사이트는 기업을 보는 안목을 길러주는 길라잡이가 되기를 추구한다.

딱딱한 경제·경영학 이론서가 아니라 살아 있는 교과서로 인식될 수 있도록 노력하고 있다. 매주 특정 기업을 집중적으로 분석하고 글로벌 경제·경영 이슈를 다양한 각도로 조명한다. 경제부, 금융부, 산업부, 증권부, 건설부동산부, 생활경제부, 중기과학부 등 기업을 상대하는 모든 부서의 기자들이 기업분석을 위한 과외강사로 총출동한다.

01 사람을 볼 때 전체적인 인상이 중요하듯이 이 섹션의 1면은 기업의 총체적인 상황을 보여주는 데 집중한다. 특정 기업의 과거와 현재를 보여주고 미래를 전망한다. 그러면서 시간과 공간을 초월하는 핵심 키워드를 찾는 데 주력한다.

치열한 경쟁 속에 기업이 살아남은 비결을 스토리텔링 기법으로 전한다. 위기를 어떻게 극복했느냐를 보여주는 것도 핵심 사항이다. 기업의 흥망성쇠를 담담히 전하면서 독자들에게 시사점을 던져주고자 한다.

02 2면은 글로벌 이슈를 다루는 면이다. 한국경제신문과 독점 제휴한 미국의 〈월스트리트저널〉의 일주일치 칼럼 중 가장 빼어나다고 판단되는 칼럼의 전문을 게재한다.

메인 기사 옆에는 세계경영연구원이 글로벌 기업들의 주요 경영 정보 등을 브리핑해준다. 글로벌 이슈를 한 면에 걸쳐 전해주는 이유는 특정 기업을 보면서 세계경제 흐름을 놓치지 않도록 하기 위해서다. 나무뿐 아니라 숲을 볼 수 있도록 하려는 배려다.

❸ 3면은 최근 경영 이슈를 집중적으로 조명한다. 역시 글로벌 기업을 대상으로 한다. 특정 기업에 국한하지 않고 세계적 기업들에서 공통적으로 발견되는 현상을 살펴보고 시사점을 도출하는 데 주력하고 있다.

삼성경제연구소 연구원들은 매주 돌아가면서 경영학 이슈를 정리해준다. 예를 들어 여성 최고경영자(CEO)를 배출하지 못한 기업들의 공통점이 무엇인지 분석한다.

❹ 4면은 1면의 연장선이다. 1면의 해설 박스 기사라고 할 수 있다. 그 주 비즈 인사이트의 주인공인 해당 기업을 해부하는 코너다. 사람을 채용할 때 가장 중요한 게 평판조회다. 기업을 분석할 때도 마찬가지다. 해당 기업을 외부에서는 어떻게 보느냐가 그 기업의 미래를 판가름하는 핵심 기준이라고 할 수 있다. 증권사 애널리스트들이 해당 기업을 어떻게 보고 있는지는 이래서 중요하다. 가능하면 긍정적 전망을 하는 애널리스트와 부정적 평가를 내리는 전문가들을 동시에 소개하려 한다.

❺ 5면은 1면에 소개된 기업의 CEO와 허심탄회한 대화를 나누는 곳이다. 기업을 알려면 CEO를 만나보는 게 가장 확실한 길이다. CEO들은 이곳에서 직원들에게 하고 싶은 말도 던진다. 나아가 외부에 이런저런 화두를 내놓는다.

❻ 6면은 성공 스토리를 담은 곳이다. 'Best Practice' 라는 코너는 세계적으로 창업이나 투자에서 성공한 이야기를 담담하게 묘사한다. 또 'Hi CEO 교실'은 경영자들에게 일반 직원들의 모습을 보여주는 코너다.

7면은 전문가들이 신문지상을 통해 강연하는 곳이다. 가령 블루오션 전략의 재해석이나 소셜네트워크서비스(SNS) 마케팅 전략 등에 대해 친절하게 설명해준다.

한경 비즈 인사이트는 기업의 모든 것, A to Z를 전해주고 기업의 옥석을 가려내는 노하우를 안내해주는 지침서 역할을 한다.

*더 똑똑해지는 스마트 & 모바일

스마트&모바일 섹션은 격주마다 한 번씩 정보기술(IT)의 최신 트렌드와 신제품, 새로운 서비스를 소개하는 지면이다. 빠르게 변화하는 IT산업의 흐름 속에서 가장 '뜨고 있는' 것이 무엇인지 친절하게 설명해준다. 또 휴대폰, 태블릿, 노트북, 디지털 카메라 등 소비자들이 직접 실생활에서 사용하고 있는 기기들에 대해 상세한 평가를 싣는다.

01 1면에서는 현재 가장 주목해야 할 IT 트렌드나 제품에 대해서 집중적으로 소개한다. 1면 주제는 모바일 메신저·스마트TV·근접통신(NFC) 기술을 이용한 각종 서비스 등이다. 스마트&모바일 섹션을 책임지고 있는 편집국 IT·모바일부 기자들은 2주에 한 번 꼴로 모여서 편집회의를 하는데, 가장 핵심은 1면 주제를 무엇으로 할 것인지다.

기준은 두 가지다. 현재 독자 입장에서 가장 필요한 정보가 무엇인지가 첫 번째 기준이다. 두 번째 기준은 실제 제품을 사용하고 구매하는 데 어느 정도 도움이 되는가이다. IT에 대해 잘 모르는 초심자들도 쉽고 재미있게 읽을 수 있도록 쓰는 것이 원칙이다.

1면에 소개되는 새로운 제품이나 서비스의 경우 대개 추가적인 설명이 필요하다. **02** 보통 2~3면은 여기에 덧붙여 세세한 정보를 전달하는 기사들로 꾸민다. 더 심도 있게 내용을 전달해야 하는 경우 4~5면까지 거의 대부분의 지면을 할애하는 경우도 있다.

나머지 지면은 상황에 따라 유동적으로 구성된다. 대개 △이동통신 서비스 △스마트폰 등 모바일 기기 △PC·프린터·디지털 카메라 등 IT기기 △인터넷과 SNS △게임 등 다섯 가지 분야로 나눠 분야마다 최신 제품과 서비스를 선별해 소개한다. 지면 사정 때문에 본지 지면에서는 제대로 소개하지 못하는 제품과 서비스가 재미있고 친근하게 소개된다. 스마트폰, 태블릿PC 등 모바일 기기의 경우 본지 지면에서는 중요한 몇 개 제품만 간략하게 소개되지만, '스마트&모바일'에서는 각 휴대폰 업체별로 주요한 제품을 거의 대부분 소개한다. 게임들도 최근 출시된 게임 가운데 가장 인기를 모으고 있는 것을 소개하고, 게임업계의 트렌드를 심도 있게 취재해 게재하고 있다.

스마트&모바일 섹션은 IT업계의 트렌드가 무엇인지 알려주는 나침반 역할을 맡고 있기도 하다. 시장에서 각광받고 있는 제품이나 서비스를 한데 묶어 소개하니 당연한 측면도 있지만, 담당 기자들도 이를 위해 치열한 고민을 계속하고 있다. 화제가 되고 있는 기업을 탐방하고, 주요한 인물을 인터뷰해 이들의 목소리를 생생하게 들려주는 기사를 종종 싣는 것은 그런 고민의 산물이다. 국내에 본격화되지는 않았지만 미국, 유럽 등 해외에서 널리 확산되는 서비스들도 소개한다.

READING ENJOY TIP

'광파리의 IT 이야기'는 스마트&모바일이 내세우는 간판 콘텐츠 가운데 하나다. 업계와 독자들에게 널리 알려져 있는 김광현 IT 전문기자가 직접 나서서 최신 IT 트렌드를 소개하는 코너다. 김 전문기자는 '광파리'라는 별명으로 블로그, 트위터, 페이스북 등 SNS에서도 폭넓은 고정 독자와 팬을 확보하고 있다. 여기에는 20년 넘게 관련 업계를 출입했던 전문기자의 내공이 그대로 담겨 있다. 초심자들도 편하게 읽을 수 있을 정도로 다듬어진 문체 사이로 알찬 IT 정보들이 녹아 들어가 있다는 평가를 받는다.

한경닷컴과 한경앱 100% 즐기기

한국경제신문 기사는 온라인 미디어인 '한경닷컴'(www.hankyung.com)을 통해서도 읽을 수 있다. 한경닷컴은 한국경제신문에 올라오는 모든 기사를 실시간으로 업데이트해 온라인에서 보여준다. 증권·금융, 산업, 부동산, 국제, 정치, 사회 등 다양한 기사를 최신순, 중요순으로 정리해 제공한다. 독자들이 직접 검색창에서 읽고 싶은 기사를 찾아볼 수도 있다.

한경 논설위원과 각계 각층 전문가들의 사설 및 칼럼도 한경닷컴에서 볼 수 있다. 경제교실인 'S한경'에서는 한경에 실린 주요경제 기사에 대한 해설과 용어설명을 볼 수 있다. 한경이 개발한 경제이해력 시험인 '테샛'의 샘플문제를 풀어볼 수도 있다. 한경닷컴에서는 또 외환, 주식, 채권을 분석하는 통합외환관리 시스템 '한경 머니'와 국내 대표 펀드매니저들의 매매내역 중계 서비스 '한경 타워즈', 세계 최고의 주식전문 콘텐츠인 '한경 밸류에이션' 등 특화된 정보도 볼 수 있다.

기자들이 취재현장에서 얻은 진솔하고 재미있는 이야기는 블로그 코너에서 제공한다. 김광현 기자의 '광파리의 글로벌 IT 이야기', 김동욱 기자의 '역사책 읽기', 임도원 기자의 '검찰과 법 이야기' 등이 독자들의 사랑을 받고 있다.

모바일 시대에 발맞춰 스마트폰, 태블릿PC에서도 한국경제신문을 읽을 수 있다. 2010년 국내 언론사 최초로 아이폰·아이패드용 '한국경제 애플리케이션(앱)'이 나왔고, 갤럭시폰·갤럭시탭 등으로 앱을 확대했다. 최근 4세대(G) 롱텀에볼루션(LTE) 통신망의 보급에 따라 국내 최초로 LTE 태블릿PC에서도 한경 앱을 선보였다. 독자들은 앱을 다운로드 받아 언제 어디서나 한국경제신문에 실린 기사와 실시간 속보를 보며 빠르게 변하는 경제 흐름을 놓치지 않을 수 있다. 신문 지면을 그대로 볼 수도 있고, 손가락으로 확대해서 읽을 수도 있다. 관심 분야의 키워드를 지정해두면 맞춤형 기사를 볼 수 있다.

CHAPTER

4

경제기사
50대 포인트

＊금리를 알면 경제가 보인다

금리는 원금에 대한 이자의 비율을 뜻하는 것으로, 경제에서 돈의 흐름을 좌우하는 결정적 변수다. 일반적으로 돈은 금리가 낮은 곳에서 높은 곳으로 흘러가기 때문이다. 예를 들어 A은행은 연 6%의 이자를 주고, B은행은 연 5%의 이자를 준다고 해보자. 그렇다면 돈은 어디로 흘러갈까? 당연히 금리가 높은 A은행에 몰린다. 따라서 금리가 오르느냐 내리느냐에 따라서 돈이 몰리는 곳도 달라진다.

김중수 "마일드 리세션까지는 안간다"
〈완만한경기침체〉

韓銀, 기준금리 동결
시장의 인하기대 '일축'
"내년 인플레 우려 적어"

한국은행이 기준금리를 6개월 연속 동결(연 3.25%)했다. 김중수 한은 총재(사진)는 8일 금리 결정 후 가진 기자회견에서 "우리는 마일드 리세션(완만한 경기 침체)까지는 안 갈 것"이라고 말했다. 시장 일각의 금리 인하 기대를 일축했다.

◆금리 정상화 원칙 불변

김 총재는 이날 기준금리 동결에 대해 "만장일치였다"고 밝혔다. 6명의 금융통화위원 중 누구도 금리 인상이나 인하를 주장하지 않았다는 얘기다. 유럽 재정위기 등 대외 불안이 이어지고 있어 섣불리 금리를 움직일 수 없다는 기존 동결 논리가 그대로 유지됐다. 국내 경기 하강 위험이 커지고 있지만 물가 수준이 여전히 높다는 점도 고려됐다.

금리 정상화 기조에 대해서도 김 총재는 "아직 큰 변화가 없다"고 말했다. 대외 불안만 가라앉으면 금리 인상을 재추진하겠다는 의미다. 김 총재는 "마리오 드라기 유럽중앙은행(ECB) 총재가 연말쯤 유럽 경제의 마일드 리세션 진입을 예상했

지만 우리는 그렇게까지는 안 갈 것"이라고 자신했다.

◆악화된 실물경제 전망

한은의 국내외 경기 진단은 한 달 전보다 악화됐다. 한은이 이날 배포한 '통화정책방향' 자료를 보면 세계 경제 평가는 지난달 '선진국 부진, 신흥시장국 호조'에서 이달에는 '선진국 부진, 신흥시장국 성장세 다소 약화'로 바뀌었다. 수출 의존도가 높은 한국이 기댈 언덕이 줄어들고 있다는 경보이다.

국내 경제 전망도 '장기 추세 수준의 성장'에서 '장기 추세 수준의 성장세에서 크

게 벗어나지 않을 것'으로 달라졌다. 한 달 전에는 잠재성장률 수준의 성장이 가능하다고 봤지만 지금은 그보다 낮을 것이라고 시사한 셈이다. 특히 내수 경기에 대한 우려는 '주춤했다'에서 '소비가 전월과 비슷한 수준에 머물고 설비투자가 큰 폭으로 감소했다'로 구체화됐다.

물가 우려는 '높은 수준에서 등락'에서 '하락 속도는 완만'으로 다소 완화됐다. 김 총재도 "내년에는 인플레이션 기대심리에 대한 압력이 올해보다 작을 것"이라고 말했다.

김 총재는 또 '한은이 미국 중앙은행(Fed)처럼 양적완화 정책에 나서는 게 가능한가'라는 기자들의 질문에 "(한은법 개정으로 설립 목적에 추가된) 금융안정을 위해 필요하다면 할 수 있다"고 밝혔다. 이어 "주요 20개국(G20)이 유럽 지원을 위해 국제통화기금(IMF) 재원 확충에 합의할 경우 한국도 참여하고 기여하는 것

이 당연하다"고 덧붙였다.

◆채권금리 급반등

시장에서는 당분간 금리 동결 기조가 유지될 것으로 예상했다. 서철수 대우증권 채권운용부 차장은 "시장에선 내년 상반기쯤 한은의 금리 인하가 가능할 것으로 기대하고 있는데 김 총재의 발언에서 그런 조짐을 발견하지 못했다"며 "장 초반 하락세를 보였던 채권금리가 기자회견 이후 급반등했다"고 말했다. 이날 3년 만기 국채금리는 0.02%포인트 오른 연 3.35%에 마감했다.

하지만 시장의 금리 인하 기대는 여전하다. 박종연 우리투자증권 채권 애널리스트는 "한은의 국내외 경기 인식이 악화하고 있는 만큼 김 총재의 금리 정상화 발언은 결과적으로 블러핑(허세)이 될 것"이라며 "이르면 내년 2분기, 늦어도 3분기 초쯤 한은이 금리를 인하할 것"이라고 내다봤다.

주용석기자 hohoboy@hankyung.com

한국은행의 경제인식 변화

	11월	→	12월
세계경제	선진국 부진, 신흥국 호조		선진국 부진, 신흥국 성장세 약화
국내경제	내수 주춤, 장가추세 수준의 성장세 이어갈 전망		설비투자 큰 폭 감소, 장기추세 수준의 성장세에서 크게 벗어나지 않을 전망
물가	높은 수준에서 등락		물가 하락 속도 완만
금리결정	동결(만장일치)		동결(만장일치)

금리는 시장금리와 정책금리로 나뉜다. 시장금리는 말 그대로 시장에서 결정되는 금리다. 채권시장의 국고채 금리나 회사채 금리, 은행의 예금금리와 대출금리 등이 포함된다. 이들 금리는 자금시장에서 돈의 수요와 공급 원칙에 따라 결정된다. 돈의 수요가 공급보다 많으면 금리가 오르고, 반대의 경우 금리가 내려간다. 정책금리는 정부나 중앙은행이 정하는 금리다. 미국 중앙은행(Fed)의 정책금리는 세계 경제 전반에 막강한 영향력을 갖는다. 국내에선 한국은행이 결정하는 ★기준금리가 대표적인 정책금리로 꼽힌다. 한은은 매달 한 차례 금융통화위원회를 열고 국내외 경제 상황과 물가

등을 종합적으로 고려해 기준금리를 결정한다. 이를 통해 시장금리는 물론, 국내 경제 전반에 영향을 미친다.

　예컨대 경기가 급격히 나빠진다면 한은은 기준금리를 인하해 경기를 부양할 수 있다. 기준금리가 내려가면 시장금리도 따라서 떨어진다. 이에 따라 가계와 기업이 돈을 빌려 투자하기 쉬워진다. 경기회복에 유리한 여건이 조성되는 것이다.

　반대로 경기가 과열되고 물가가 급등하면 한은은 기준금리를 올린다. 기준금리가 인상되면 시장금리도 따라서 오르고, 가계와 기업은 돈을 빌리는 데 신중해진다. 이자 부담이 커지기 때문에 과거에 빌린 돈도 되도록 서둘러 갚게 된다. 시중에 도는 돈이 줄어들기 때문에 경기도 가라앉고 물가도 안정된다.

　경기하락과 물가불안이 겹칠 때는 기준금리를 움직이지 않고 그대로 두기도 한다. 이 경우 시장금리도 큰 변화가 없다. 기준금리와 시장금리가 항상 같은 방향으로만 움직이는 것은 아니다. 반대로 움직일 때도 적지 않다. 이 같은 현상이 지속되면 기준금리를 통해 시장금리와 경제에 영향을 미치는 통화정책이 무력화될 수 있다.

　2000년대 중반 앨런 그린스펀 Fed 의장 시절이 그랬다. 당시 그린스펀 의장은 물가를 잡기 위해 정책금리를 올렸다. 하지만 시장금리는 오히려 떨어지는 기현상이 벌어졌다.

　그린스펀은 이유를 알 수 없어 곤혹스러워했다. 미국의 금융가인 월스트리트에선 이 현상을 '그린스펀의 수수께끼(Greenspan's conundrum)'라고 불렀다. 중국 등 아시아 국가들이 막대한 외환보유액을 바탕으로 미국 국채를 사들였다는 사실이 나중에 밝혀지면서 수수께끼가 풀렸다. 한국에서도 여러 가지 이유로 기준금리와 시장금리가 반대로 움직이는 일이 종종 벌어진다.

KEY WORD ★ 기준금리

한국은행이 금융통화위원회를 열어 결정하는 기준금리는 만기 일주일짜리 환매조건부채권(RP)의 금리다. RP는 한국은행이 나중에 되사는 조건으로 내다파는 채권이다. 시중 유동성(돈의 양)을 조절하기 위해 금융회사를 상대로 RP를 사고판다. 시중에 돈이 넘치면 RP를 팔아 돈을 흡수하고, 반대로 시중에 돈이 부족하면 RP를 매입해 돈을 푸는 식이다. 이처럼 한은이 RP를 사고팔 때 적용하는 금리가 기준금리다.

＊ 경제성장률과 GDP

경제신문을 읽다 보면 '경제성장률'과 '국내총생산(GDP)', '국민총생산(GNP)' 등의 용어를 자주 접할 수 있다. 도대체 이들이 무엇이기에 그리도 자주 언급되는 것일까? 그리고 왜 꼭 같이 언급되는 것일까? 한국은행은 경제성장률과 GDP를 분기 및 연 단위로 전망치, 속보치, 잠정치, 확정치 4단계로 나누어 발표하곤 한다. 그만큼 경제에 있어서 중요한 지표라는 뜻이다. 이들의 정확한 개념을 알아보도록 하자.

'성장' 사라진 MB노믹스 … 5년 평균 성장률 3.26% 그칠 듯

MB정부가 사실상 임기 마지막 해인 내년 경제운용 전략을 보수적으로 잡았다. '정부의 경제운용 방안은 단순한 경제 전망이 아니며 정부가 달성하려는 목표 개념이 들어간 것이라는 이유로 한국은행이나 한국개발연구원(KDI) 등이 내놓은 전망치보다 낮은 목표치를 제시했던 것과는 다른 모습이다.

◆대외악재에 좌초된 MB노믹스
성장을 기초로 한 MB노믹스의 대표공약인 '747(7% 성장, 4만달러 소득, 7대 강국 도약)은 사실상 폐기됐다. 박재완 기획재정부 장관은 내년 경제전망을 마독에 비유하면서 "두 급을 년 후에 후일을 도모하겠다"고 말했다. 재정부 내부에서는 3%대 성장률 전망치를 내놓기까지 격론이 벌어졌다. 정부의 성장 전망치에는 '달성하겠다'는 정책 의지가 담기는 만큼 민간경제연구소는 물론 한은보다 0.3~0.4%포인트 높게 설정하는 게 일반적이다.

올해 성장률이 당초 목표보다 1.2%포인트 낮은 3.8%로 예상되는 상황에서 내년에도 성장률이 3.7%에 그칠 경우 MB정부 5년 연평균 성장률은 3.26%에 머물게 된다. 글로벌 위기라는 대외악재 속에서 선방했다는 평가도 나오지만 결과적으로 보du 공약했던 7%의 절반에도 못 미치는 성적표를 내놓게 되는 셈이다.

박재완 장관은 이에 대해 "시장의 신뢰가 우선이고 국민과 솔직하게 소통하는 것이 중요하다고 생각했다"고 설명했다.

전문가들은 그러나 정부 전망에도 지푸

물 건너간 '747공약'
민간研보다 GDP전망 낮아
글로벌 경기 불황 직격탄

정책 우선 순위는 '안정'
상반기 60% 재정 투입
2013년 균형재정 미지수

이 있다고 지적했다. 산은경제연구소 관계자는 "3.7% 수준이면 잠재성장률에 근접하는 것으로 대외악재 속에서 선방했다는 평가를 받을 수 있겠지만 실제로는 이보다 낮을 것으로 본다"고 말했다. 경상수지 흑자폭도 160억달러 수준으로 전망했다.

◆성장보다는 안정
정부는 내년 성장보다는 위기 관리를 통한 안정에 정책대응의 우선순위를 두기로 했다. 특히 내년 하반기부터 경기가 개선되는 '상저하고(上低下高)'의 흐름을 보일 것으로 예상하고 상반기에 60% 안팎의 재정을 투입하는 조기대응에 정책 역량을 집중한다는 방침이다. 내년 11~12월에 쓰지 않거나 내년으로 넘기는 예산을 최소화해 50조원가량의 재정을 푸는 경기부양책을 동원하고 있다.

오석태 SC제일은행 수석이코노미스트는 "정부가 무리하게 성장을 밀어붙일 경

우 부작용이 생길 수 있다는 판단을 내린 것으로 보인다"고 말했다.

하지만 정부가 너무 안전운행을 하려는 것 아니냐는 지적도 제기되고 있다. 2008년 글로벌 금융위기가 닥쳤을 때 시행한 '4대강 사업'처럼 눈에 띄는 것이 없다. 서비스산업 선진화 방안 역시 투자개방형 의료법인(영리병원) 도입이라는 핵심이 빠졌다.

김윤기 대신경제연구소 대표는 "무리한 경기부양이 해답은 아니지만 성장 잠재력을 지속적으로 확충하는 데도 소홀해서는 안 된다"고 말했다.

◆균형재정 달성 가능할까
경기가 급속도로 악화되면서 정부가 계획한 대로 2013년 균형재정을 달성할 수 있을지도 미지수다. 지난 9월 he예산안을 짤 때 가정했던 내년도 성장률은 4.5%다. 통상 성장률이 1%포인트 떨어지면 세수는 2조원가량 줄어든다. 당장 세수에 구멍이 날 가능성이 충분하다.

정부는 그러나 세수는 성장률 외에 고용과 환율 금리 등 여러 변수의 영향을 종합적으로 받기 때문에 큰 문제가 없을 것이라는 입장이다. 올해 성장률도 4.5%에서 3.8%로 하향됐지만 세수는 오히려 5조원 이상 늘어날 것으로 보고 있다.

강명봉 세종대 석좌 교수는 "집권 마지막 해라고 경기부양에 정부가 경제 운용의 두 도권을 잃어버리면 곤란하다"며 "내년 경제가 더 우려되는 것은 이 때문"이라고 지적했다.

이심기/서욱진기자 sglee@hankyung.com

고개 숙인 대통령 이명박 대통령이 12일 오전 서울 여의도 중소기업중앙회에서 열린 2012년 경제정책방향 보고회에서 고개를 숙인 채 보고 자료를 들여다보고 있다.
/김병언 기자 misaeon@hankyung.com

거시경제 지표 전망

	실질GDP 성장률	민간소비 증가율	설비투자 증가율	취업자 증가수	소비자물가 상승률	경상수지 흑자
2011년	3.8	2.5	4.3	40만	4.0	250억
2012년	3.7	3.1	3.3	28만	3.2	160억

20 11년 12월 13일자 한경의 '성장 사라진 MB노믹스… 5년 평균 성장률 3.26% 그칠 듯' 이란 기사를 보면 경제성장률에 대한 용어설명이 따로 나와 있지 않다. 경제기사에서 자주 등장하는 용어나 개념은 미리 알아놓는 것이 좋다.

경제성장률은 한 나라의 경제 규모가 일정 기간(보통 1년) 동안 얼마나 커졌는지를 보여주는 개념이다. 일반적으로 사용하는 경제성장률은 '실질' 경제성장률이다. 대비되는 말은 '명목' 경제성장률이다. 두 개념의 차이는 물가를 감안했는지 여부다. 즉 명목 경제성장률에서 물가상승률을 뺀 것이 실질 경제성장률이다. 예를 들어 어느 해의 명목 성장률이 15%, 실질 성장률이 10%였다고 하면 그 해의 물가상

승률은 5%라는 뜻이다. 물가가 올라서 경제 규모가 커진 것은 진정한 의미의 성장이라고 볼 수 없다. 때문에 실질 성장률이 진정한 의미의 경제성장률로 간주된다.

그렇다면 경제 규모가 커졌는지 여부를 어떻게 따질 수 있을까. 이 기준이 되는 것이 GDP(Gross Domestic Product)다. GDP는 한 나라의 영역 내에서 가계 · 기업 · 정부 등의 경제 주체가 생산활동에 참여해 창출한 부가가치, 또는 최종 생산물을 시장가격으로 평가한 합계다. 그 나라 사람이든 외국인이든 상관없이 국경 내에서 이루어진 생산활동을 모두 포함한다. 쉽게 말하면 한 나라 안에서 만들어진 상품과 서비스의 가치를 모두 합한 것이다.

GDP와 비슷한 개념으로 자국 사람의 총생산을 나타내는 GNP가 있다. GNP는 한 나라 안이라는 지역보다 국적을 중시한 것이다. 그러나 기업 등의 해외 진출이 늘어나면서 GNP를 정확하게 산정하기가 어려워졌다. 이 때문에 우리나라는 1994년부터 경제성장률의 측정지표를 GNP 증가율에서 GDP 증가율로 바꿨다.

통계청이 사용하는 산업생산이라는 개념은 보통 광공업 생산을 가리킨다. 여기서 광공업은 제조업이나 광업, 전기 · 가스업 등을 합한 것이며, 관광 · 운송 등 서비스업은 제외된다. 광공업에는 한국의 대표 수출상품인 자동차와 반도체가 포함되기 때문에 산업생산으로 간주하는 것이다. 산업생산의 증감 여부는 실물 경제의 흐름을 나타낸다.

KEY WORD ★ 국민총소득(GNI)

국내총생산(GDP), 국민총생산(GNP)과 함께 한 나라의 경제력을 보여주는 지표로 GNI(Gross Notional Income)가 있다. 국내총소득에 해외에서 벌어들인 소득(실질무역 손익)을 합해 계산한다. 한 나라의 경제력을 정확히 측정하기 위해서는 국내 기업이 해외에서 생산한 제품을 판매해 벌어들인 소득도 포함시켜야 한다는 점을 반영한 것이다. 이전에는 국민소득을 측정하는 지표로 GNP를 많이 사용했지만, 세계화가 진행되면서 GDP가 대신하게 됐다. GNI는 GDP와 GNP가 반영하지 못하는, 교역조건의 변화에 따른 실질무역 손익을 포함시키고 있어 국민의 소득 수준을 현실과 가장 근접하게 보여주는 지표로 평가받는다.

*소비자 물가 vs 장바구니 물가

요새 주변에서 많이 듣는 말 중 하나가 "물가가 많이 올라서 살 게 없다"는 것이다. 특히 주부들에게 물가 변동은 큰 관심사다. 소비자물가지수는 소비자가 자주 구입하는 재화와 서비스의 가격 변화를 지수화한 것으로 영어로는 CPI(Consumer Price Index)라고 한다. 일상적 소비생활에 필요한 상품과 서비스의 가격 변동을 측정하기 위해 만들어졌으며, 통계청에서 매달 발표한다.

1월 물가 3%대로 낮아졌지만…

기름값·공공요금 상승
신선식품값은 큰 폭 하락

1월 소비자물가가 석 달 만에 3%대로 떨어졌다. 하지만 전월 대비로는 물가가 오른 데다 공공요금이 인상될 예정이어서 물가가 안정됐다고 평가하기엔 거리가 멀었다.

통계청이 1일 발표한 '1월 소비자물가동향'에 따르면 지난달 소비자물가는 1년 전보다 3.4% 올랐다. 지난해 1월(3.4%) 이후 1년 만에 최저치로 떨어졌다. 물가는 지난해 8월 4.7%로 정점을 찍은 뒤 9~10월 3%대로 주춤했다가 11~12월 다시 4%대를 넘겼다.

신선식품 가격 하락이 12월 물가 안정되는 데 기여했다. 배추(-68.3%) 파(-58.9%) 무(-44.1%) 등 신선채소류 가격이 1년 만에 40~60% 급락했다. 마늘(-16.7%) 국산 소고기(-7.9%) 등도 큰 폭으

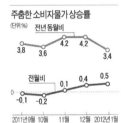

주춤한 소비자물가상승률
(단위%) 전년동월비
3.8 3.6 4.2 4.2 3.4
전월비
-0.1 -0.2 0.1 0.4 0.5
2011년9월 10월 11월 12월 2012년1월
자료:통계청

로 떨어졌다.

그러나 미국의 이란 제재로 국제유가가 고공행진을 이어가면서 공업제품은 지난해보다 4.3% 올랐다. 등유(41.1%) 경유(11.0%) 휘발유(6.9%) 등 석유류가 일제히 뛰었다.

서비스 품목에서도 지역난방비(11.2%) 도시가스(9.7%) 등 공공요금이 큰 폭으로 올랐다. 전세도 5.9% 상승했다.

농산물과 석유류를 제외한 근원물가지수는 11개월째 3%대를 기록했다. 전월 대비로는 소비자물가가 0.5% 올랐다. 지난해 11월 0.1%, 12월 0.4%에 이어 3개월째 상승세다.

앞으로 물가 여건은 더 나빠질 것으로 전망됐다. 서울시의 교통요금 인상 등이 예정돼 있고 국제유가도 고공행진을 지속하고 있기 때문이다.

양동희 통계청 물가동향과장은 "서울시가 (버스비와 지하철비를) 150원 인상하면 물가가 전월 대비 0.07~0.08%포인트 오르는 효과가 있다"며 "이 정도 상승폭은 물가에 상당한 영향"이라고 설명했다.

기획재정부 관계자도 "앞으로 국제유가 상승과 유럽 재정위기 확산에 따른 국제금융시장 불안이 물가에 부담을 줄 것으로 예상된다"며 "수가인상에 따른 의료서비스와 학원비 등 개인서비스 요금 인상도 불안 요인"이라고 전망했다.

서보미 기자 bmseo@hankyung.com

통계청은 서울, 부산 등 전국 37개 도시에서 481개 상품과 서비스의 가격을 월 1~3회 조사한다. 각 품목의 가격에 중요도를 반영한 가중치를 곱해 개별지수를 만든 뒤 종합해 소비자물가지수를 산출한다. 소비자물가지수는 절대적인 수치는 아니다. 기준 시점의 물가수준을 100으로 정한 뒤 특정 시점의 물가가 그에 비해 얼마나 오르고 내렸는가를 상대적으로 표시한 것이다. 기준 시점은 5년마다 바뀐다. 현재는 2010년이 기준이다. 예컨대 2012년 2월의 소비자물가지수는 106.1인데, 이는 기준시점인 2010년보다 물가수준이 6.1% 높아졌다는 의미다.

뉴스에선 소비자물가지수를 대개 전년 같은 달과 비교해 쓴다. 2012년 2월의 소비자물가 상승률은 3.1%라는 식이다. 이는 2월 소비자물가지수(106.1)가 1년 전인 2011년 2월 소비자물가지수(102.9)보다 3.1% 올랐다는 뜻이다.

통계청이 이런 과정을 거쳐 공식 발표한 소비자물가지수는 소비자가 현실에서 생활하면서 느끼는 주관적인 물가수준인 이른바 '체감물가' 또는 '피부물가'와는 차이가 있다. 정부가 조사하는 품목과 소비자 개개인이 주로 구입하는 품목과 구입 빈도수가 모두 다르기 때문이다.

소비자들의 '착각'도 영향을 미친다. 일부 가격이 급등한 품목을 갖고 전체 물가 상승으로 인식하거나, 소득 증가에 따른 자연스러운 소비지출 확대를 물가상승으로 오해할 수도 있다.

통계청은 지수물가와 체감물가 간의 격차를 메우기 위해 1997년부터 생활물가지수를 별도로 조사해 발표하고 있다. 소비자들의 일상생활에서 지출 비중이 높은 쌀, 배추, 소주 등 생활필수품 142개 품목을 대상으로 조사하는데, 소비자물가지수의 보조지표라고 할 수 있다. 주부들이 장을 볼 때 주로 구매하는 품목으로 구성돼 있어 '장바구니물가'라고도 불린다. 생선, 채소 등 주부들이 자주 구입하는 품목 51개를 골라 산출하는 ★신선식품지수도 체감물가를 보다 제대로 반영하기 위해 만든 지표다.

통계청은 5년마다 지수를 개편하는 등 지수물가를 체감물가에 최대한 가깝게 만들기 위해 노력하고 있다. 최신 소비 패턴을 반영해 특정 품목을 조사 대상에서 빼거나 추가한다. 최근 개편에선 정보통신(IT) 기술 발전에 따라 스마트폰 이용료, 휴대용 멀티미디어 기기 가격도 새로 반영했다. 반면 캠코더, 전자사전 등 많이 팔리지 않는 품목은 조사 대상에서 빠졌다.

▶ 경 제

▶ 국 제

▶ 산 업

▶ 증 권

▶ 부동산

KEY WORD ★ 신선식품지수

어류, 채소, 과일 등 기상 조건이나 계절에 따라 가격 변동이 큰 51개 제품으로 작성한 물가지수다. 주부들이 자주 구입하는 품목이기 때문에 체감물가를 보여주는 지표로 쓰인다. 반대로 계절이나 기상 조건에 따라 가격 변동이 큰 품목들을 제외하고 일반적인 소비 흐름을 들여다보고 싶을 때에는 '신선식품 제외지수'를 활용하기도 한다.

＊ 수출이냐 물가냐, 환율 딜레마

경제 뉴스에서도 환율은 매우 비중이 큰 이슈다. 환율이 오르고 내릴 때마다 국내 경제도 영향을 받기 때문이다. 환율은 한 나라의 통화를 외국 통화로 바꿀 때 적용되는 교환비율로, 외국환시세 또는 외환시세라고 한다. 우리나라에서는 원·달러 환율이 가장 많이 쓰이는데, 미국 돈 1달러당 원화 값을 의미한다. 원·달러 환율이 1000원이라면, 1000원을 1달러로 바꿀 수 있다는 의미다.

환율 하락 딜레마 ⋯ 경상 흑자냐, 물가 안정이냐

고민 깊어지는 외환 당국

1115원50전 ⋯ 연중 최저
더 떨어지면 수출 타격
시장 방어땐 물가불안 우려

올들어 가파르게 떨어지는 원·달러 환율

1165.00 (원/달러) 1163.60 (1월9일)
1145.00
1125.00
1115.60 (2월9일)   1115.50 (3월2일)
1105.00
2012년 1월   2월   3월

2일 과천정부청사에서 기획재정부 국제금융정책국 관계자들이 긴급 회의를 열었다. 원·달러 환율 하락이 문제였다. '환율이 떨어지면 기업들의 수출경쟁력이 떨어져 경상수지 적자를 낼 것'이라는 우려와 '환율이 내려가는 것이 석유류 등 수입제품 가격을 떨어뜨려 물가를 안정시킬 것'이라는 논리가 맞붙었다. 이날 회의는 뚜렷한 결론 없이 끝났다.

◆예상보다 빠른 환율 하락
이날 서울 외환시장에서 원·달러 환율은 직전 거래일(2월29일)보다 3원30전 내린 1115원50전에 마감했다. 사흘 연속 하락해 연중 최저치로 떨어졌다.

지난 1월9일 기록한 연중 최고점(1163원60전)과 비교하면 약 2개월 만에 50원(4.1%) 가까이 내렸다. 장중 한때 달러당 1111원80전까지 밀려 1100원대가 조만간 무너질 것이란 관측도 나오고 있다.

환율 하락 기조는 추세로 이어질 가능성이 높다. 국제 금융시장이 조금씩이나마 안정되고 있다는 점에서다. 홍승모 신한은행 금융공학센터 차장은 "한국 경제의 펀더멘털(기초여건)을 감안할 때 최근 원화 강세는 자연스런 현상"이라며 "국제 금융시장 불안이 완화되고 위험자산 선호현상이 커지면서 원화도

강세 기조를 이어갈 것"이라고 내다봤다.
외국인 자금 유입도 원화 강세 요인이다. 외국인은 올 들어 국내 주식시장에서 10조원가량을 순매수했다. 채권시장에서도 3조2000억원가량을 순투자(순매수-만기회수액)했다.
원화의 위상도 높아졌다. HSBC는 최근 한국이 3000억달러가 넘는 외환보유액을 갖고 있는 데다 단기외채 비중도 낮아지는 추세라는 점 등을 근거로 원화를 아시아 주요 통화 중 톱픽(최선호통화)으로 꼽았다. 골드만삭스 JP모건 HSBC 등은 연말 원·달러 환율을 1040~1070원으로 예상했다.

◆수출 어쩌나
환율 하락을 바라보는 외환당국의 심정은 편치 않다. 환율이 급락하면 수출 경쟁력이 타격받을 수 있기 때문이다. 작년만 해도 수출은 큰 문제가 아니었다. 수출 증가율이 전년 대비 20%대에 달한 덕분이다.
하지만 올해는 사정이 다르다. 지난 1월 수출은 전년 동기 대비 7% 감소했다. 그 영향으로 1월 무역수지는 20억3300만달러 적자를 기록했다. 경상수지도 23개월 만에 적

자로 전환했다. 다행히 2월에는 수출이 회복되고 무역수지가 21억9800만달러 흑자로 돌아섰지만 안심하기는 이르다.
정부와 한국은행은 최근 열린 정례 거시정책협의회에서 "올해 수출 여건이 크게 개선되기는 힘들 것"이라고 진단했다. 한은은 올해 수출증가율이 전년 대비 5% 정도에 그칠 것으로 보고 있다.

◆고유가 부담 해소에 도움
하지만 정부는 환율 하락을 직극적으로 막을 처지가 아니다. 연일 사상 최고치를 경신하고 있는 기름값의 부담이 크기 때문이다. 한은의 경제분석 모델을 보면 국제유가가 10% 오르면 소비자물가 상승률은 0.2%포인트 오르고, 그 영향으로 경제성장률은 0.2%포인트 떨어진다.
외환당국이 이 같은 이유로 외환당국의 시장개입 가능성을 낮게 보고 있다. 외환딜러인 김성순 기업은행 차장은 "경상수지와 물가 모두 부담이 되는 상황에서 외환당국이 어느 한쪽에 초점을 맞춰 일방적으로 정책을 펴기는 힘들 것"이라고 말했다.

주용석/서욱진 기자 hohoboy@hankyung.com

원·달러 환율과 원화 가치는 반대로 움직인다. 예컨대 원·달러 환율이 1000원에서 1100원으로 올랐다면 원화 가치는 떨어진 것이다. 과거에는 1달러를 얻기 위해 1000원을 주면 됐는데 이제는 1100원을 줘야하기 때문에 원화 가치가 10% 떨어진 셈이다. 반대로 원·달러 환율이 1000원에서 900원으로 떨어지면 원화 가치는 올라간 것이다.

원·달러 환율은 기본적으로 시장의 수요와 공급에 따라 결정된다. 한국이 수출로 달러를 많이 벌어들여서 ★외환시장에 달러 공급이 늘어나면 달러 가치는 떨어진다. 원화 가치는 상대적으로 올라간다. 당연히 환율은 떨어진다. 반대로 한국의 수출이 줄고, 무역적자가 발생해서 외환시장에서 달러가 부족

해지면 반대 현상이 나타난다. 달러를 구하기 어렵게 되므로 달러 가치가 오르고 상대적으로 원화 가치는 떨어진다. 즉 환율은 오른다.

하지만 환율을 시장에만 온전히 맡겨두는 나라는 없다고 봐야 한다. 환율이 급격하게 오르거나 내리면 각국은 외환시장에 개입해 환율을 안정시킨다. 보통은 눈에 띄지 않게 개입하지만 때로는 공개적으로 '환율방어'를 선언하기도 한다. 국내에서도 정부와 한국은행이 '미세조정(smoothing operation)'이란 이름으로 외환시장에 개입해 환율에 영향을 준다.

외환당국이 환율에 민감한 이유는 경제에 미치는 영향이 광범위하기 때문이다. 환율이 오르면 보통 수출업자가 혜택을 본다. 원·달러 환율이 달러당 1000원에서 1100원으로 오른 경우를 생각해보자. 수출업자는 해외에서 1달러짜리 제품을 팔 경우 과거에는 1000원을 손에 쥐었지만, 이제는 1100원을 받게 된다. 똑같은 물건을 팔았는데 100원을 더 벌게 되니 수익성이 좋아진다. 이익이 늘어나는 만큼 해외에서 달러로 표시되는 제품 가격을 낮춰 시장을 확대할 수도 있다. 한국은 수출 의존도가 높기 때문에 환율이 오르면 수출이 늘고 경상수지가 개선되는 게 일반적이다. 반면 수입업자는 손해를 입는다. 똑같은 1달러짜리 제품을 수입하는데 예전에는 1000원이 들어갔지만, 이제는 1100원을 줘야 하므로 그만큼 불리해진다.

환율 상승은 국내 물가에 부정적인 영향을 미친다. 한국은 원유 등 원자재 대부분을 해외에서 수입하는데, 환율이 오르면 수입물가가 오르고 이것이 시차를 두고 소비자물가에 영향을 미치기 때문이다.

외환당국은 이처럼 종종 '경상수지냐, 물가냐'를 놓고 진퇴양난의 고민에 빠진다. 특히 환율이 한 방향으로 급격하게 쏠리면 딜레마가 커진다. 외환당국이 환율을 안정적으로 유지하기 위해 애쓰는 이유다.

 KEY WORD ★ 외환시장

서로 다른 통화를 사고파는 시장이다. 국내 외환시장에선 은행의 외환딜러(외환거래 전문가)들이 원화와 미국 달러화를 사고판다. 이에 따라 원·달러 환율이 결정된다. 미국 달러화 외에 유로화나 엔화를 사고파는 시장은 개설돼 있지 않다. 원화와 유로화의 교환비율, 원화와 엔화의 교환비율 등은 국제 외환시장에서 거래되는 달러·유로화 환율이나 엔화·달러 환율 등을 고려해 간접적으로 결정된다.

* 고용 통계 바로 보기

통계청에서는 매달 중순 월별 고용 동향을 발표한다. 전달의 고용 상황을 나타내는 통계자료를 내놓는 것이다. 고용동향은 경제활동인구와 비경제활동인구의 차이, 실업률과 고용률의 산출방식을 알아야 이해하기 쉽다. 특히 실업률과 고용률이 반비례하지 않는 이유, 통계상 실업효과, 체감실업률이 차이나는 원인 등을 파악하면 더 수월하게 고용관련 기사를 읽을 수 있을 것이다.

설문방식 바꾸니 잠재실업률 4배로 '껑충'

KDI, 청년1200명 조사…실업률 4%서 5.4%로
노동 현실에 맞게 고용통계 개선책 서둘러야

통계청이 공식 발표하는 실업률 통계가 실제 고용 상황을 제대로 반영하지 못하고 있다는 비판이 근거가 있는 것으로 나타났다. 실업률 통계를 작성할 때 활용하는 설문 방식의 일부만 바꿔도 실업률 수치가 오르고, 잠재실업률은 4배 이상으로 급등했다. 한국의 노동시장 현실에 맞게 고용통계를 개선해야 한다는 목소리가 높아지고 있다.

◆현실과 동떨어진 고용통계 왜?
국책연구기관인 한국개발연구원(KDI)은 '설문구조에 따른 실업 측정치의 비교-청년층을 중심으로'라는 제목의 보고서를 26일 발표했다. 사람들이 체감하는 고용통계와 통계청이 발표하는 공식 수치 간에 큰 차이가 있는 이유를 알아보기 위해서다.

통계청이 발표한 지난 9월 한국의 실업률은 3.0%였다. 미국 독일 프랑스 등 선진국 실업률의 절반 수준이다. 15세 이상 29세 미만 청년실업률도 한국은 6.3%였다. 선진국의 두 자릿수 청년실업률보다 고

용 사정이 훨씬 좋다. 하지만 한국 대학생들이 실제로 느끼는 체감 취업률은 50% 가채 안된다. 대부분 젊은이들이 취업하기가 어렵다고 아우성친다. 그 이유가 무엇이냐는 것이 이번 조사의 핵심 내용이다. KDI는 서울지역 20대 청년 1200명을 대상으로 표본조사를 실시했다.

◆까다로운 한국의 실업 통계
통계청이 집계하는 실업자의 공식 정의는 △지난주 1시간 이상 일을 하지 않고 △지난 4주 동안 적극적인 구직활동을 하지 않았고 △지난주 일이 제시됐다면 할 수 있었을 것이라는 3가지 요건을 충족해야 한다. 여기에 해당하지 않으면 '비경제활동인구'로 분류돼 실업자를 계산할 때 빠진다.

예컨대 고시학원이나 직업훈련기관에 다니면서 혼자 취업 준비를 한 사람은 실업자가 아니다. 이력서를 내거나 면접을 보는 등 '적극적으로' 구직활동을 하지 않았다는 이유다. 이 숫자만 지난해 62만5000명에 달한다. 20대 청년층 실업자 31

만2000명의 두 배가 넘는다. 반면 미국과 일본은 일시 해고자나 취업 예정자 모두 구직활동 요건에 관계없이 실업자로 분류하고 있다.

잠재실업률은 '취업을 원하고 즉시 취업이 가능'하지만 '구직활동을 적극적으로 하지 않았다'는 이유로 비경제활동인구로 간주돼 공식 실업률에 포함되지 않는 사람들의 비율이다. 취업 의사는 있지만 일거리를 찾을 수 없거나 자격이 부족해 구직활동을 하지 못하고 있는 구직 단념자가 대표적인 잠재실업자다. 지난달 기준 구직 단념자 숫자만 20만3000명에 달한다. 이들도 실업 통계에서는 빠진다.

◆조사 방식만 바꿔도 실업률 '껑충'
KDI는 통계청이 작성하는 고용통계 설

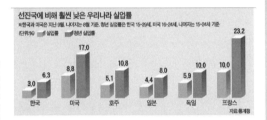

선진국에 비해 훨씬 낮은 우리나라 실업률
※한국과 미국은 지난 9월, 나머지는 8월 기준. 청년 실업률은 한국 15-29세, 미국 16-24세, 나머지는 15-24세 기준
(단위:%) 실업률 청년 실업률

한국	미국	호주	일본	독일	프랑스
3.0 / 6.3	8.8 / 17.0	5.1 / 10.8	4.4 / 8.0	5.9 / 10.0	10.0 / 23.2

자료:통계청

문의 내용을 일부 바꿨다. 취업활동을 지난 주로 한정하지 않고, 취업 희망 여부를 먼저 확인했다. 즉시 취업이 가능한지를 묻는 방법으로 설문을 바꿨다.

청년 1200명을 대상으로 기존 방식을 적용해 산출한 실업률은 4.0%였으나 새로운 방식으로 조사한 실업률은 5.4%로 뛰었다. 잠재실업률은 비경제활동인구가 줄면서 4.8%에서 21.2%로 4배 이상 차이를 보였다.

황수경 KDI 연구위원은 "잠재실업자는 경제상황에 따라 언제든지 실업자로 전락할 가능성이 큰 만큼 이들에 대해서도 그 규모와 동향을 파악해 적절한 대응책을 강구해야 한다"고 말했다.

이심기 기자 sglee@hankyung.com

통계청 고용 통계의 가장 큰 문제점은 현실을 제대로 반영하지 못한다는 것이다. 청년층 등이 심각한 취업난에 시달리고 있지만, 통계에서는 제대로 나타나지 않는다는 것이다.

고용 통계를 정확히 해석하기 위해서는 개념부터 명확히 알아둘 필요가 있다.

가장 많이 쓰이는 실업률은 말 그대로 '실업의 정도'를 나타낸다. 하지만 실업률을 산정하는 방식은 그리 단순하지 않다. 실업률은 경제활동인구 가운데 실업자가 차지하는 비율이다. 일단 경제활동인구

라는 개념부터 이해해야 한다.

경제활동인구는 15세 이상의 인구 가운데 조사대상 기간 동안 실제로 수입이 있는 일을 한 ★취업자와, 일을 하지는 않았지만 구직활동을 한 실업자를 말한다. 반대로 비(非)경제활동인구는 일할 능력이나 의사가 없는 경우로 전업주부나 학생, 군인 등이 해당된다. 즉 '실업률=실업자/(취업자+실업자)' 라고 할 수 있다. 여기에 실업률의 맹점이 있다. 가령 여러 번 취업이 되지 않아 일자리 구하는 것 자체를 포기한 '백수' 는 상식적으로는 누가 봐도 실업자다. 하지만 고용 통계에서는 실업자로 간주되지 않는다. 구직활동을 하지 않았다는 이유로 인해 비경제활동인구로 간주되기 때문이다.

실업률에 비해 고용률은 좀 더 정확한 실태를 보여준다고 할 수 있다. 고용률은 15세 이상 인구 가운데 취업자가 차지하는 비율이다. 즉 청년 고용률이 40%라고 하면, 전체 청년 인구 가운데 40%가 취업 상태라는 말이 된다. 나머지 60%는 취업을 못한 상태로 볼 수 있다.

고용률이 실업률보다 정확한 정보를 주기는 하지만, 아직까지는 실업률이 더 익숙하게 쓰인다. 때문에 실업률 통계를 바꿔야 한다는 목소리가 높다. 옆에 보이는 '설문방식 바꾸니 잠재실업률 4배로 껑충' 이란 기사도 국책연구기관인 한국개발연구원(KDI)이 실업률 통계를 개편할 필요가 있다고 지적한 것이다. 정부는 실업 통계를 좀 더 현실성 있게 바꾸기 위한 작업을 추진하고 있다.

KEY WORD ★ 취업자

일자리를 갖고 있는 사람을 말한다. 실업률을 계산할 때 필요한 취업자의 기준은 정해져 있다. 통계청이 정한 취업자의 조건은 조사를 실시한 주간(週間)에 수입을 목적으로 한 시간 이상 일한 사람, 가족이 운영하는 농장 등 사업체에서 18시간 이상 일한 가족 구성원, 직업이나 사업체를 갖고 있지만 일시적인 병이나 사고 등으로 일하지 못한 일시 휴직자를 가리킨다.

* 세금, 숫자로 포장된 경제정책

2012년 2월 11일자 한경 1면의 '지난해 세금 192조… 5조 원 더 걷었다'라는 기사에는 다양한 세금들이 등장한다. 세금의 세계는 선뜻 이해하기가 쉽지 않다. 용어도 까다롭지만 정확한 개념을 이해하기란 더욱 어렵다. 월급쟁이들이 매년 1월 되풀이하는 소득공제용 연말정산을 어렵게 느끼는 것만 봐도 그렇다. 세금의 종류도 많지만, 세금이 결정되는 과정이 기술적이고 전문적이기 때문이다.

지난해 세금 192조 … 5조원 더 걷었다

기업실적 호조로 법인세 20% 급증
세무조사 강화도 세수 증가에 기여

지난해 국세가 정부가 당초 전망했던 것보다 5조원가량 더 걷혔다. 기업들의 실적도 좋았지만 세무조사가 강화된 것도 한 요인으로 분석된다.

기획재정부가 10일 발표한 '2011년 국세징수 실적'에 따르면 지난해 국세수입은 192조4000억원으로 1년 전(177조7000억원)보다 8.3%(14조7000억원) 증가했다. 이는 지난해 예산을 짜면서 계획한 국세수입(187조6000억원)보다 2.5%(4조8000억원) 많이 징수된 규모다.

법인세의 증가폭이 가장 컸다. 지난해 법인세는 전년보다 7조6000억원(20.4%) 급증한 44조9000억원이 걷혔다. 정부의 예상보다도 3조6000억원이나 많았다. 2010년 기업들의 실적 호조로 수입 신고분이 증가한 데다 법인예금·채권발행액 증가 등으로 원천징수분도 늘어났기 때

지난해 세목별 징수 실적 (단위:조원, %)			
구분	2010년 실적	2011년 실적	증감률
법인세	37.3	44.9	20.4
소득세	37.5	42.3	12.9
부가가치세	49.1	51.9	5.7
교통세	13.9	11.6	-17.4
상속증여세	3.1	3.3	8.3
관세	10.7	11.0	3.0

자료:기획재정부

문이다. 여기에 국세청이 지난해 세무검증을 강화한 것도 세수 증가에 기여한 것으로 풀이된다.

2010년 빠른 경기 회복으로 취업자 수가 증가하고 자영업자들의 소득도 늘어난 덕분에 소득세 수입도 예상보다 좋았다. 소득세 징수액은 42조3000억원으로 전년보다 4조8000억원(12.9%) 증가했다. 예상치를 2조3000억원 넘는 규모다. 이 밖에 △부가가치세(51조9000억원) △상속증여세(3조3000억원) △관세(11조원) 등도 예상보다 많이 걷혔다.

재정부 관계자는 "2010년도 경기가 호조를 보이면서 법인세와 소득세 등 대부분 세수가 예산보다 많이 걷혔다"며 "하지만 지난해에는 정부의 전망치보다도 경제성장률이 낮았기 때문에 올해 징수액은 불투명하다"고 말했다.

서보미기자 bmseo@hankyung.com

세금은 크게 중앙정부에 내는 국세와 지방자치단체에 내는 지방세로 나뉜다. 국세는 다시 내국세와 관세로 구분된다. 내국세는 나라 안에서 이뤄지는 거래에 부과되고, 관세는 나라 밖에서 수입하는 물품에 매겨진다. 한국의 내국세는 소득세, 법인세 등 13가지가 있다. 따라서 관세를 포함한 한국의 국세는 총 14가지다. 지방세는 취득세, 주민세, 재산세, 자동차세 등 16가지가 있다.

★세금은 부과하는 방식에 따라 직접세와 간접세로도 나뉜다. 직접세는 세금을 낼 의무가 있는 사람과 실제 세금을 내는 사람이 같은 것을 가리킨다. 세금을 내야 할 사람이 직접 낸다고 해서 직접세라고 부른다. 간접세는 세금을 낼 의무가 있는 사람과 실제 내는 사람이 다른 경우다. 세금을 내야 할 사람이 간접적으로 낸다는 의미가 담겨 있다.

직접세에는 소득세, 법인세, 상속세, 증여세 등이 있다. 간접세에는 물건이나 서비스를 살 때 부담하는 부가가치세와 특별소비세, 주세 등이 포함된다.

소득세는 개인이 벌어들인 돈에서 들어간 비용을 뺀 금액에 대해 부과한다. 기업이 벌어들인 소득에 대해 내는 세금을 법인세라고 부른다. 음료수나 과자 같은 물건을 살 때, 또는 영화 관람과 같은 서비스를 제공받을 때 그 가격에 포함해서 내는 세금은 부가가치세다. 돌아가신 부모 등으로부터 재산을 물려받을 때 내는 세금은 상속세, 살아계신 부모나 친척 등으로부터 거액의 재산이나 선물을 받을 때 내는 세금은 증여세다. 특별소비세는 특정한 물품 구매와 특정한 장소에 입장하는 행위 등에 대해 부과하는 세금이다. 사치성이 높은 물품이나 특정 장소에 부과하기 때문에 세율이 높은 편이다. 또 부동산 등을 보유하는 데 매기는 재산세를 비롯해 부동산 등을 팔아서 차익을 남겼을 때 내는 양도소득세 등 부동산과 관련된 세금들도 있다.

정부는 이런 세금을 통해 투자나 소비를 늘리거나 줄이게끔 유도하고, 부동산 가격을 조절하기도 한다. 세금을 기본적으로 나라살림의 밑천으로 쓰지만, 그걸 경제정책의 수단으로 이용하기도 한다는 얘기다.

KEY WORD ★ 세금

조세라고도 한다. 국가 또는 지방자치단체가 일반 국민과 기업 등으로부터 강제적으로 징수한다. 국가는 세금을 갖고 치안이나 국방 등 공공의 업무를 수행한다. 중앙정부와 지방자치단체가 정책이나 복지 등을 위해 사용하는 예산의 대부분은 국민들이 내는 세금으로 채워진다. 모든 국민은 소득을 올리면 세금을 낼 의무가 있다. 그래서 '소득 있는 곳에 세금이 있다'는 말이 있다. 이런 세금의 종목과 세율은 반드시 법률로 정하도록 돼 있다. 국민들의 대의기관인 국회를 통과해야 한다. 국가가 국민의 동의 없이 함부로 세금을 걷지 못하도록 하기 위한 안전장치다.

*헷갈리는 수지 4형제

'수지(收支)'란 수입과 지출을 아울러 이르는 말이다. 우리가 흔히 '수지를 맞추다'라고 쓰는 표현을 떠올려보면 이해가 쉬울 것이다. 한 나라가 대외거래를 통해 얻은 수입과 지출은 그 나라의 국제거래수지, 즉 국제수지를 일컫는다. 가계에서 수입과 지출을 기록하기 위해 가계부를 작성하듯이, 국가도 외국과 여러 형태의 거래에서 발생하는 수입과 지출을 기록하고 정리해둔다. 이것을 국제수지표라고 한다.

경상수지 14년째 흑자…작년 276억5000만弗

지난해 경상수지가 276억5000만달러 흑자를 기록하며 14년째 흑자 기조를 유지했다.

한국은행이 30일 내놓은 '2011년 12월 및 연간 국제수지 동향(잠정)'을 보면 작년 경상수지 흑자 규모는 2010년보다 17억4000만달러 줄어든 276억5000만달러를 기록했다. 작년 12월 중 경상수지는 수출 호조 등에 힘입어 39억6000만달러 흑자를 나타내면서 22개월 연속 흑자를 이어갔다.

경상수지가 큰 폭으로 흑자를 보인 것은 수출 호조 덕분이다. 상품수지는 석유제품·철강제품·승용차·화공품·기계류 등의 수출 호조로 321억달러 흑자를 나타냈다. 연간 수출과 수입 규모는 각각 5537억4000만달러, 5216억4000만달러로 역대 최고를 기록했다.

서비스수지는 적자 규모가 2010년 86억3000만달러에서 지난해에는 43억8000만달러로 줄었다. 여행수지 적자 규모가 2010년 84억2000만달러에서 작년 71억6000만달러로 축소된 데다 지식재산권 사용료 등 기타서비스 적자가 95억1000만달러(2010년)에서 64억8000만달러(2011년)로 줄어든 데 따른 것이다.

김일규 기자 black0419@hankyung.com

국제수지표는 중앙은행인 한국은행이 월별로 작성해 1년 단위로 종합한다. 국제수지가 흑자라는 것은 대상 기간 중 나라 안으로 들어온 외화가 나라 밖으로 나간 외화보다 많았음을 뜻한다. 적자는 반대의 경우를 의미한다.

국제수지는 크게 경상수지와 ★자본수지로 나뉜다. 경상수지란 상품이나 서비스를 외국과 매매하는 거래, 곧 경상거래로 벌어들인 수지다. 경상수지는 상품수지, 서비스수지, 소득수지, 경상이전수지로 구성된다.

상품수지는 상품을 수출해 번 돈에서 상품을 수입하면서 외국에 준 돈의 차액을 나타낸다. 상품수지는 과거에 무역수지로 불리기도 했지만, 한국은행 통계에서 무역수지란 용어는 사라졌다. 지식경제부와 관세청에서 발표하는 무역수지는 한은의 상품수지와 다소 차이가 있다. 상품수지는 상품의 소유권이 이전돼야 수출입으로 간주하지만, 무역수지는 통관(관세선 통과) 기준으로 수출입을 계산한다.

다음으로 서비스수지는 운수 · 여행 · 통신 · 보험 · 특허권 등의 각종 서비스 거래를 통해 벌어들인 외화와 지급한 외화 간의 차이를 말한다.

소득수지는 거주자와 비거주자 사이에 오고 간 노동과 투자의 대가를 기록한 것이다. 우리 기업이 해외투자에서 얻은 이자와 외국에 진 빚에서 생기는 이자의 차액, 해외에서 일하는 우리 근로자가 국내로 송금한 금액과 우리나라에서 일하는 외국인 근로자가 자기 나라로 보낸 금액의 차이 등이 여기에 포함된다.

경상이전수지는 기부금, 무상원조 등 국내 거주자와 비거주자 사이에 아무런 반대급부 없이 주고받은 외화의 유출입 차이다.

일반적으로 국제수지라고 할 때는 자본수지를 제외한 경상수지만을 의미하기도 한다. 경상수지에 포함된 재화와 서비스의 수출입이 국민소득, 고용 등에 큰 영향을 미치기 때문이다. 경상수지 흑자가 나면 국내 생산이 증가했음을 뜻한다. 투자가 늘어나고 일자리도 확대되는 선순환을 가져온다.

🖱 KEY WORD ★ 자본수지

경상수지와 함께 국제수지를 구성하는 한 축이다. 자본거래의 결과로 유입된 외화와 유출된 외화의 차이다. 투자수지와 기타자본수지로 나뉜다. 투자수지는 외국인이 국내에 투자한 돈과 내국인이 외국에 투자한 돈의 차이, 기타자본수지는 해외 이주비와 같은 자본이전과 특허권 · 상표권과 같은 비생산 · 비금융 자산의 대외거래를 기록한 것을 말한다.

☀ 세계는 FTA 전쟁 중

자유무역협정, 통상 FTA(Free Trade Agreement)로 지칭되는 개념은 더 이상 우리에게 낯설지 않다. 미국을 시작으로 유럽연합(EU), 아세안(ASEAN), 칠레 등 8개 지역과 FTA가 발효 중이기 때문이다. FTA란 말 그대로 서로 시장을 개방해 자유롭게 무역하자는 것이다. 협정을 맺은 두 나라(지역)는 상대 나라에서 생산된 상품을 수입할 때 부과되는 관세를 다른 나라보다 낮게 물리거나 아예 매기지 않는 혜택을 준다.

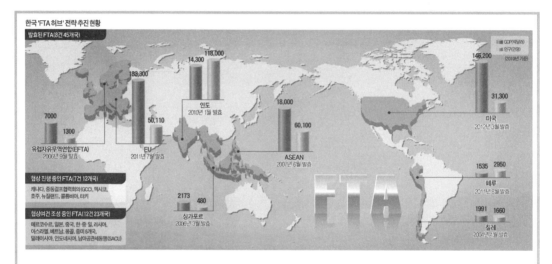

한국 'FTA 허브' 전략 추진 현황

빗장 풀린 무역장벽 … 확대되는 '무관세 실크로드'

한·미 자유무역협정(FTA)이 15일 발효됨에 따라 한국은 '글로벌 FTA 허브'에 성큼 다가서게 됐다.

한국은 2003년 2월 칠레와 처음 FTA를 체결한 이후 싱가포르 유럽자유무역연합(EFTA) 동남아국가연합(ASEAN) 인도 미국 페루 등 8건의 FTA를 발효시켰다. 국가 기준으로는 45개국에 달하고 인구는 26억5420만명, 국내총생산(GDP)은 37조3326억달러에 달해 세계 인구의 39.7%, 세계 GDP의 61%에 해당하는 규모다.

◆FTA 교역 비중 46% 넘어

한국이 FTA를 통해 맺은 무관세 무역동맹은 미주·유럽·아시아 등 3개 대륙을 아우르고 선진국·개발도상국·브릭스(BRICs)를 연결하는 광범위한 벨로 짜여져 있다. 한국의 FTA 교역 비중은 세계 최대 경제권인 미국과의 FTA가 발효되는 15일부터 46.2%로 높아져 경쟁국인 중국(19.2%), 일본(16.5%)을 앞서게 된다. 현재 정부 간 협상이 진행 중인 7건 12개국의 FTA가 추가로 모두 타결되면 그 비중은 58.8%로 높아진다.

한국의 9번째 FTA 파트너로 가시권에 들어온 국가는 터키다. 정부는 지난 10일 터키와 서비스·투자, 정부조달 분야를 제외한 상품 분야 협상을 타결했다. 양국은

45개국과 FTA·교역비중 46%
전세계 인구 40%가 동맹권

칠레·싱가포르 등
기존 FTA 효과도 탄력

세계는 지금 FTA 전쟁
中·日 등 한국 견제 나서

내년 초 협정 발효를 목표로 하고 있다. 합의하지 못한 서비스·투자, 정부조달 분야 협상은 FTA 발효 후 1년 이내에 마무리하기로 합의했다. 터키는 7400만명에 달하는 인구와 최근 연평균 8% 이상의 경제성장을 하는 등 시장잠재력이 높은 편이다. 콜롬비아와의 FTA도 올해 타결될 전망이다. 외교통상부 관계자는 "콜롬비아는 인구 5000만명의 큰 시장을 갖고 있고 농산물들 민감 품목도 적어 내년 중 협상이 마무리될 수 있을 것으로 기대하고 있다"고 말했다.

명진호 무역협회 국제무역연구원 연구위원은 "도하개발아젠다(DDA) 협상 등 관세 장벽을 낮추려는 다자간 무역협상이 부진해 세계 각국이 양자 협상인 FTA를 통해 수출경쟁력 강화에 나서고 있다"며 "미국 중국 등 거대 경제권과의 추가 FTA를 서둘러 무관세 경제영토를 넓혀야 한다"고 강조했다.

◆이미 체결한 FTA 효과도 커져

이미 체결한 FTA의 경제적 효과도 꾸준히 증가하고 있다. 한국이 2004년 4월 처음 발효한 한·칠레 FTA에 입각한 한국산 자동차의 칠레 시장 점유율은 2007년 이후 일본을 제치고 1위를 기록하고 있다. 칠레로 수출된 한국산 자동차는 2010년 총 11

만2000대로 발효 이전 대비 5배가량 증가했다. 시장점유율도 18.8%에서 39%로 2배 이상 높아졌다. 전체 교역량도 2004년 18억5200만달러에서 2010년 71억6800만달러로 3.9배 증가했다.

대표적 무역국가인 싱가포르와의 FTA 체결은 우리 측의 일방적인 관세혜택으로 오히려 무역수지가 악화될 것이란 지적이 제기됐지만 결과는 정반대로 나타났다. 한국의 2010년 싱가포르와의 교역에서 거둔 무역수지 흑자는 79억달러로 한·싱가포르 FTA 발효 이전 연도인 2005년(23억달러)에 비해 3배 이상 급증했다.

외교부 관계자는 "FTA 체결 전과 비교해 교역량이 2배 이상 늘어나면서 무역수지 흑자 규모도 커졌다"며 "상품 교역 이외에 금융 물류 서비스 분야의 양국 간 투자가 늘어나는 부수적인 효과도 나타났다"고 밝혔다. 2007년 6월 발효된 한·아세안 FTA로 대(對)아세안 교역량은 연평균 12% 증가, 아세안은 2010년 중국에 이은 제2의 교역 파트너로 부상했다.

◆한국 견제 나선 중·일

세계 각국은 무관세 경제영토 확대를 위해 FTA 체결에 적극 나서고 있다. 1947년 관세 및 무역에 관한 일반협정(GATT) 체제 출범 이후 작년 말까지 보고된 지역무역협

정은 313건에 달한다. 최근에는 양자간 무역협정을 넘어 지역통합형 FTA(경제블록) 논의도 활발하게 진행 중이다. 한·중·일 3국은 작년 12월 동북아 지역의 경제블록인 한·중·일 FTA 체결을 위한 산·관·학 공동연구를 마치고 오는 5월 3국 정상회의에 공동연구 보고서를 보고할 예정이다.

러시아를 중심으로 한 CIS(독립국가연합)는 작년 8월 이미 8개국 간 FTA가 체결됐고 2015년까지 유라시아경제공동체 창설을 추진 중이다.

한국에 FTA 선수를 빼앗긴 일본은 작년 11월 환태평양경제동반자협정(TPP) 참여를 선언하고 미국과의 무역동맹 체결에 뒤늦게 나서고 있다. 일본은 EU와의 FTA 체결을 위한 협의도 진행 중이다. 인접국과의 FTA를 성장 동력으로 키워오는 중국은 아세안 대만과 FTA를 맺은 데 이어 한국과의 FTA 체결에 적극 나서고 있다. 중국과 일본이 FTA 우등생인 한국을 견제하기 위해 주요 교역국들과 동시다발적인 FTA 협상에 나서고 있다는 것이다.

외교부 관계자는 "호주 등 현재 추진 중인 FTA 협상은 조속히 마무리하고 TPP 등 전 세계가 넘보이고 있는 지역경제 통합에도 적극 대응해 나갈 것"이라고 말했다.

이정호 기자 dolph@hankyung.com

FTA가 체결되면 두 나라(지역) 간 교역은 늘어나고, 소비자들은 보다 질 좋은 제품을 싼값에 살 수 있게 된다. 관세가 사라지는 만큼 가격경쟁력도 커져 기업들은 다른 나라의 경쟁 업체에 비해 유리한 조건으로 제품을 수출할 수 있다. FTA는 공산품의 관세를 내리거나 없애는 데 국한되지 않는다. 상품 분야뿐 아니라 서비스, 투자, 노동, 문화 등 다양한 분야의 시장개방을 확대하기 위한 내용도 담고 있어 두 나라(지역) 간 투자 및 교류가 활발해지는 효과도 기대할 수 있다.

세계시장에서 보호무역의 틀을 깨고 자유무역을 확산시킨 계기는 세계무역기구(WTO)와 북미자유무역지대(NAFTA)의 출범이었다. WTO는 150여 개 국가들이 가입해 각국 간 관세·비관세 장벽을 허무는 것을 목표로 삼고 있다. WTO 출범 바로 전해인 1994년 출범한 NAFTA는 세계 FTA 전쟁을 촉발시킨 계기가 됐다. 미국, 캐나다, 멕시코 등 북미 3국이 거대 무관세 시장으로 통합(경제블록)되면서 자유무역과 FTA에 대한 관심이 자연스럽게 높아졌다.

WTO 주도 아래 세계 대다수 국가가 참여하는 교역자유화 협상은 각국의 이해관계가 달라 지지부진하다. 2001년 협상이 시작돼 아직까지도 타결이 요원한 ★도하개발아젠다(DDA) 협상이 단적인 사례다. 다자간 협상인 DDA가 별다른 성과 없이 제자리걸음을 하는 가운데, 서로 이해관계가 맞아 떨어지는 나라끼리 짝을 지어 시장개방을 하는 FTA는 2000년대 들어 급속히 확산되고 있다. 2011년 말 현재 WTO에 보고된 세계 FTA 발효 건수는 313건에 달한다. 이 가운데 70.3%인 220건이 2000년 이후 발효됐다. FTA 체결이 급증하면서 전 세계 교역에서 FTA가 차지하는 비중도 지속적으로 증가해 2011년 말 기준으로 48%를 기록했다. WTO에 통보되지 않은 FTA까지 감안하면 실제 세계 FTA 교역 비중은 절반인 50%를 넘었을 것이란 게 전문가들의 분석이다.

> **KEY WORD ★ 도하개발아젠다(Doha Development Agenda, DDA) 협상**
>
> 우루과이라운드(UR) 협상에 이어 제2차 세계대전 이후 아홉 번째 열린 다자간 무역협상. 2001년 11월 카타르 수도 도하에서 개최된 제4차 WTO 각료회의에서 출범했다. '개발'이라는 이름이 붙은 것은 앞선 협상들과 달리 개도국의 개발에 중점을 둬야 한다는 주장을 반영했기 때문이다. 출범 당시에는 2005년 이전에 협상을 일괄타결 방식으로 종료할 계획이었다. 하지만 농산물에 대한 수입국과 수출국 간 대립, 공산품 시장 개방에 대한 선진국과 개도국 간 대립 등으로 아직까지 협상이 계속되고 있다.

＊외환보유액 쌓기의 득실

한 국가에 외화가 부족해서 닥친 위기를 '외환위기'라고 한다. 외국에서 빌린 돈을 갚아야 하는데, 갚을 외화가 없어 닥치는 위기다. 1997년 국내의 외환위기가 바로 그랬다. 그래서 국가도 외화 비상금이 필요하게 되었다. 이를 외환보유액이라고 한다. 개인도 급박한 일이 생길 때를 대비해서 비상금을 갖고 있듯이 국가도 전쟁이나 경제위기, 대외충격에 따른 외화 부족에 대비해 외환보유액을 쌓고 있다.

외환보유액 3000억달러 '턱걸이' 무리한 시장개입 '실탄' 부족 우려

외환보유액 사용 여부 논란

정부가 위기시 대외 준비자산으로 쓸 수 있는 외환보유액이 지난달 88억달러 감소했다. 3000억달러 선은 유지했지만 유럽 위기로 국제 금융시장이 불안해지고 있어 외환보유액 사용 여부를 둘러싼 논란이 커지고 있다.

한국은행은 지난 9월 말 외환보유액이 3033억8000만달러로 8월 말보다 88억1000만달러 줄었다고 5일 발표했다. 한 달 감소액으로는 2008년 11월(117억5000만달러) 이후 2년10개월 만의 최대치다. 한국의 국가별 외환보유액 순위는 7위(7월 말)에서 8위(8월 말)로 한 계단 미끄러졌다.

한은은 "유로화와 파운드화 가치가 미국 달러화 대비 약세를 보이면서 이들 통화 자산의 달러 환산액이 줄었기 때문"이라고 설명했다. 그러나 시장에서는 정부의 '환율 방어 후유증'도 영향을 미친 것으로 보고 있다. 정부는 지난달 원·달러 환율이 1200원에 육박하자 시장 개입을 선언하고 달러를 대규모로 풀어 환율을 끌어내렸다. 한 외환딜러는 "대외 여건이 여전히 불안하다"며 "정부가 시장에 무리하게 개입하면 정작 필요할 때 '달러 부족'에 시달릴 수 있다"고 우려했다.

금융당국이 은행들에 외화 조달을 독려하면서 '외환보유액 조기 활용론'도 커지고 있다. 이명박 정부 초대 기획재정부 장관을 지낸 강만수 산은금융지주 회장은 지난 4일 국회 국정감사에서 "국내 은행들이 너도나도 달러를 빌리러 (해외로) 나가다 보니 오히려 우리에게 더 큰 문제가 있는 것 아니냐는 의구심을 사고 있다"며 "현재 외환보유액 3000억달러 중 500억~600억달러만 활용하면 외화 차입 문제는 생기지 않을 것"이라고 강조했다. 해외 차입 대신 외환보유액을 쓰는 게 낫다는 논리다.

어윤대 KB금융지주 회장도 지난달 29일 "(정부가) 외환보유액을 신용도가 더 낮은 외국계 은행에만 예금해 국민의 돈을 외국에 빌려주는 상황"이라고 꼬집었다.

주용석/이심기 기자 hohoboy@hankyung.com

KEY WORD

★ **IMF포지션과 특별인출권(SDR)**

모두 국제통화기금(IMF)으로부터 회원국이 조건없이 인출할 수 있는 한도액이 IMF포지션이다.

SDR(Special Drawing Rights)은 IMF가 달러의 유동성 부족에 대비하기 위해 만든 가상의 국제준비통화로, 실제 거래에서 결제통화로 사용되지는 않는다. 반면 IMF포지션은 실제 거래에 사용되는 통화로 인출할 수 있는 권리를 말한다.

IMF 회원국들은 IMF 지분(쿼터)의 25%를 금으로, 75%는 자국 통화로 각각 납입한 뒤 금으로 출자한 몫에 해당하는 외화를 인출할 수 있었다.

1976년 1월 IMF 협정이 개정되면서 25%의 금 납입 조항이 폐지되고, 그 부분을 달러 등 국제통화나 SDR로 납입하게 됐다.

국내 외환보유액은 중앙은행인 한국은행이 관리한다. 2012년 2월 말 기준 외환보유액은 3158억 달러로 세계 7위 규모다. 외환보유액의 90%가량은 미국 국채 등 유가증권에 투자돼 있다. 나머지는 예치금, ★IMF포지션, SDR, 금으로 구성된다.

외환보유액은 국가신용등급 유지에 절대적으로 중요한 역할을 한다. 외환보유액이 부족하면 국가신인도가 떨어지는 것은 물론, 최악의 경우 국가부도 위기에 빠질 수 있다. 1997년 말 외환위기가 대표적이다. 당시 우리나라의 외환보유액은 89억 달러에 불과했다. 국내 은행과 기업들은 외채상환과 대외결제에 쓸 외화가 부족해 어려움을 겪었다. 이럴 때 국가가 구원투수로 나서 달러를 빌려줘야 하지만, 그럴 여력이 없었다. 결국 IMF에서 200억 달러가량을 빌려온 뒤에야 간신히 위기를 넘겼다. 이후 우리나라는 외환보유액을 꾸준히 늘렸다. 2008년 글로벌 금융위기가 터졌을 때 한국이 '제2의 외환위기'를 겪지 않은 것은 당시 2000억 달러가 넘는 외환보유액 덕분이었다.

외환보유액 증감은 국제수지와 밀접한 관련이 있다. 기업들이 수출로 벌어들이는 달러가 늘고, 외국인 투자자금이 유입되면 외환시장에 달러가 풍부해진다. 이때 정부와 한국은행이 외환시장에서 달러를 사들여 외환보유액을 늘리는 것이다.

여기에는 비용이 수반된다. 정부와 한국은행이 외화를 매입하면 시중에 그만큼의 원화가 풀린다. 이는 물가상승 요인이다. 때문에 외환당국은 통화안정증권(통안채)이란 채권을 발행해 원화를 흡수한다.

통안채를 발행하면 이자가 든다. 물론 외환보유액을 미국 국채 등 선진국 채권에 투자해 수익을 낼 수 있지만, 이것만으로는 통안채 이자 부담을 감당할 수 없다. 통안채 금리가 미국 국채 금리에 비해 높기 때문이다. 외환보유액을 늘리기 위해서는 어느 정도 손해를 감수해야 한다는 의미다.

적정한 외환보유액이 얼마인지는 논란거리다. 국제적으로도 뚜렷한 기준이 없다. IMF는 3개월치 경상수입대금(상품수입액+대외서비스 지급액) 이상의 외환보유액을 쌓도록 권고하고 있다. 하지만 일부에선 만기 1년 미만의 단기 채권을 갚을 수 있을 정도가 적정 규모라는 견해를 보이기도 한다. 기준에 따라 현재 우리나라의 외환보유액이 많다고 볼 수도 있고, 적다고 볼 수도 있다.

* 국민연금, 내가 탈 땐 고갈?

국민연금은 정부가 직접 운영하는 공적연금제도다. 국민 개개인이 소득이 있을 때 납부한 보험료를 기반으로 퇴직, 갑작스런 사고나 질병으로 사망 또는 장애를 입어 소득이 끊겼을 경우 본인이나 유족에게 연금을 지급함으로써 기본생활을 유지할 수 있도록 한다. 강제성을 띠고 있기에 현재 우리나라 국민의 절반 수준인 약 2000만 명이 가입해 있다. 우리나라에 국민연금이 처음 도입된 것은 서울올림픽이 열렸던 1988년이다.

정부-학계, 국민연금 고갈시기 '충돌'

경제학회, 2049년 바닥⋯ 정부보다 11년 빨라
정부 "오류 감안해도 고작 1년 빠른 2059년"

국민연금 고갈 시기를 놓고 정부와 학계가 정면으로 맞붙었다.

2008년 정부가 실시한 국민연금 재정 추계 때 기금 고갈 시점을 오는 2060년으로 예측했으나 실제로는 이보다 11년이나 빠른 2049년에 기금이 바닥날 것이라는 학계의 연구 결과가 나온 것.

한국경제학회(회장 이만우 고려대 교수)가 23일 서울 고려대 정경관에서 '국민연금과 재정'을 주제로 여는 정책 세미나에서 박유성 고려대 통계학과 교수(사진)는 이같은 내용의 연구 결과를 발표할 예정이다.

이에 대해 국민연금공단 측은 22일 기자설명회를 열고 "추계 과정에 일부 오류가 있었던 것은 사실이지만 이를 바로잡더라도 기금 고갈 시기는 2059년으로 고작 1년 앞당겨지는 것에 불과하다"고 반박하고 나섰다.

◆통계청 인구 추계 신뢰성 논란
박 교수는 정부가 재정에 유리하도록 일부 변수를 부풀리고 엉뚱한 가정을 사용해 적잖은 오류가 발생했다고 주장한다. 그는 "정부는 당시

통계청 인구 추계를 근거로 합계 출산율(여성 1명이 평생 낳을 것으로 예상되는 자녀 수)을 1.280명으로 가정했지만 이는 지나치게 낙관적인 것"이라며 "실제 계산을 해보면 1.226명을 기준으로 하는 게 맞다"고 말했다.

또 "통계청에서는 신뢰성이 낮은 1970년대까지의 사망률 자료까지 포함시켰지만 1980년 이후의 사망률을 근거로 추정하는 게 보다 정확할 것"이라고 덧붙였다. 한계수명 역시 통계청은 95세로 봤지만 이는 100세 시대에 적합하지 않다는 게 박 교수의 설명이다.

이에 대해 국민연금 측은 "통계청 인구 추계는 국가 공식통계로서 여러 전문가들의 의견 수렴을 거쳐 확정하는 만큼 정부가 임의로 한 것이 아니다"며 "실제 합계출산율도 2011년 새로 나온 인구 전망에서 오히려 1.42명으로 증가했다"고 반박했다.

◆조기노령연금 수급자가 쟁점
조기 노령연금이란 연금 수령을 시작하는 공식 나이보다 1~5년 연금을 당겨 받을 수 있도록 한 제도다. 주로 공식 나이에 도달하지 못했지만 소득이 없는 은퇴자를 대상으로 한다.

2008년 추계 당시에는 이 같은 조기 노령연금 수급자가 2030년께 166만명에 이를 것으로 봤다. 그러나 이는 소득이 있는 은퇴자는 반영하지 않아 실제보다 적게 평가했다는 게 박 교수의 지적이다. 따라서 소득에 관계없이 전체 연금 수급권자에 조기 노령연금 수급률(현재 기준)을 곱해야 하며 이 경우 수급자가 429만명으로 늘어난다는 설명이다. 조

기 노령연금 수급자가 많을수록 그만큼 기금운용 수익이 줄어들어 재정에 악영향을 미친다.

이에 대해 박성민 국민연금연구원 재정추계분석실장은 "박 교수의 주장이 타당한 부분도 있지만 소득이 많은 수급권자는 조기 노령연금 신청을 잘 하지 않는다는 사실을 감안하지 못한 점은 오류"라며 "이를 반영해 계산해 보니 실제 수급자 예상치는 그보다 훨씬 적었다"고 밝혔다.

◆기금 고갈 2049년? 2059년?
박 교수가 계산한 기금 고갈 시기는 2049년이다. 박 교수는 "정부가 출산율을 높이고 사망률과 조기 연금 수급자는 실제보다 줄이는 방식으로 기금 고갈 시기를 2060년까지 늘려 놨다"며 "이 같은 오류를 바로잡아 계산해 보면 고갈 시기가 11년이나 앞당겨지는 결과가 나온다"고 말했다. 그는 "정부가 잘못된 통계로 국민을 오도하고 있어 참다 못해 이렇게 나섰다"고 덧붙였다.

하지만 박 실장은 "박 교수의 분석 방식을 그대로 사용하고 일부 오류를 바로잡는다고 하더라도 고갈 시기는 2059년으로 1년 앞당겨지는 것으로 나타났다"며 "내년 예정돼 있는 재정 추계 때 모형을 좀 더 보완해 신뢰성 있는 결과를 도출하겠다"고 말했다.

이호기 기자 hglee@hankyung.com

국민연금 재정전망에 대한 입장 정리

박유성 고려대 교수		국민 연금공단
1.226명	합계 출산율	1.28명
100세	한계수명	95세
현재 인구 대비 신규가입자 비율을 전체 기간에 적용	신규 가입자	연도별 인구에서 기존 가입자(추계)를 차감
429만명	조기노령연금 수급자	166만명
2049년	연금고갈시기	2059년

자료:국민연금공단

국민연금이 처음 도입되었을 때 일반 국민의 거부감은 적지 않았다. 국가가 사실상 세금처럼 돈을 걷어가는데, 이를 돌려받는 시점은 수십 년이 지난 이후였기 때문이다. 이런 상황에서 국민들을 설득하기 위해 초기 국민연금은 낸 돈의 평균 1.5배가량을 향후 연금으로 돌려받을 수 있도록 설계했다. 특히 지금 연금을 받고 있는 은퇴자들은 낸 돈의 최대 8배까지 받는 혜택을 누린다. 국민연금은 나이가 만 60세가 넘더라도 최소 10년 이상 가입해 보험료를 꼬박꼬박 내야만 받을 수 있는 자격이 생긴다. 국민연금이 출범한 지 불과 20여 년밖에 지나지 않았기 때문에 아직까지는 보험료를 내는 사람이 연금을 받는 사람보다 훨씬 많다. 이에 따라 기금 규모는 매년 커지고 있다. 2011년 말 현재 349조 원인 기금 잔액은 2040년께 2400조 원까지 증가할 전망이다.

내는 돈보다 받는 돈이 많은 식으로 국민연금의 구조를 짰기 때문에 지속가능성에 대한 문제가 계속 제기되고 있다. 정부는 5년마다 한 차례씩 장기 ★재정추계를 실시하고, 이에 따라 관련 제도를 개선하도록 법으로 의무화했다. 2008년 재정추계 때는 '내는 돈은 그대로이지만 덜 받는' 구조로 제도 개혁이 이뤄져 그나마 고갈 시기가 당초 예상됐던 2047년에서 2060년으로 13년 늦춰졌다. 그러나 학계에서는 이 같은 계산이 틀렸다는 지적이 나오고 있다. 국민연금이 완전히 바닥나는 시기가 정부가 당초 예상했던 2060년보다 10년 정도 앞당겨질 것이란 얘기다. 저출산, 평균수명 연장, 인구추계 오류, 조기 노령연금 수급자 증가와 같은 요인이 제대로 반영되지 않았다는 게 근거다.

정부의 추계가 맞는다고 하더라도 국민연금이 2060년에는 바닥이 나는 만큼, 이를 막기 위한 또 한 번의 국민연금제도 개혁이 불가피하다는 게 정부의 판단이다. 국민연금이 파산상태가 되는 것을 막기 위해 미리 조치를 취해야 한다는 것이다. 국민연금제도를 일찍 도입한 유럽도 국민연금의 부실화로 사회적 홍역을 앓았다. 우리나라도 이 같은 시나리오가 현실화되는 것을 막으려면 '낸 만큼 받아가는' 구조로 제도를 개혁해야 한다는 주장이 많다.

KEY WORD ★ 국민연금 재정추계

국민연금법 제4조에 따라 국민연금 재정 전망과 그에 따른 제도 발전 방안을 마련하기 위해 5년마다 시행하고 있다. 지금까지 2003년과 2008년 두 차례에 걸쳐 재정추계가 이뤄졌다. 노조, 사용자 단체 등 가입자 대표와 학계, 시민단체, 언론계, 정부 부처 등을 대표하는 16인의 위원으로 구성된 위원회는 최종 보고서를 만들어 국회에 제출하도록 돼 있다.

* 돈 벌어도 욕먹는 은행

한국경제신문 2011년 10월 4일자 금융면 톱기사의 제목은 '은행, 대출금리 올리고 예금은 내려 순익 20조'다. 이렇게 은행들의 순익이 급증한 것은 예대마진이 확대된 결과다. '예대마진'은 예금금리와 대출금리의 차이를 말하는데, 즉 대출이자율에서 예금이자율을 뺀 수치다. 은행이 예금금리는 내리고 대출금리를 올렸다면 이른바 마진이 늘어나는 것은 당연하다. 은행은 기본적으로 이러한 예대차로 돈을 번다.

은행, 대출금리 올리고 예금은 내려 순익 20조

올해 사상 최대 전망…예대마진 3%P 육박
금융당국 가계대출 규제로 '반사이익'

국내 은행들이 올해 20조원에 달하는 순이익을 낼 전망이다. 대출금리를 올리고 예금금리를 낮추면서 예대마진율(대출이자율 - 예금이자율)이 2007년 이후 최고 수준으로 확대된 덕분이다. 정부가 지난 8월부터 가계대출 규제를 본격화하면서 되레 은행 이익을 늘려줬다는 지적도 나온다.

◆ 은행권 '올해 사상 최대 이익'

금융당국에 따르면 국내 18개 은행의 상반기 순이익은 올 1분기 4조5000억원, 2분기 5조5000억원으로 총 10조원에 달한 것으로 집계됐다. 2분기 순익 중 특별이익인 현대건설 지분 매각분을 제외해도 3조1000억원에 달했다.

은행들은 하반기에도 이 같은 순익행진을 계속할 것으로 예상되고 있다. 에프앤가이드가 국민·우리·신한·하나·기업·외환·부산·대구 등 8개 은행과 금융지주의 3분기 순익에 대한 증권사 추정치를 평균내 보니 3조2000억원으로 예상됐다. 종전 최대였던 2005년 3분기 실적을 뛰어넘는 것은 물론 영업경쟁이 격화되면서 순이익 증가세가 꺾일 것이란 당초 예상을 뒤집는 결과다.

2005년엔 은행계 카드 계열사들

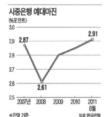

시중은행 예대마진 (%포인트)

2007년	2008	2009	2010	2011 8월
2.87	2.61			2.91

*잔액 기준
자료 한국은행

이 정상화되면서 '카드 대란' 당시 쌓아뒀던 충당금이 대거 환급됐던 효과를 봤다. 금융계 관계자는 "8개 은행의 3분기 순익만으로도 현대건설 매각이익을 제외한 은행권 전체의 2분기 순익을 간단하게 넘어설 것"이라며 "4분기에도 이 추세가 이어지면 농·수협을 포함한 18개 은행들의 연간 순익이 종

전 최대였던 2007년의 15조원을 넘어 20조원에 달할 것"이라고 말했다.

◆ 대출규제로 예대마진 되레 확대

은행 순익이 급증하고 있는 것은 예대마진이 지속적으로 확대된 데다 부실채권 규모도 줄고 있어서다. 2000년대 중반까지 3%포인트대 초반(잔액기준)을 유지하던 은행권 평균 예대마진은 2008년 금융위기를 계기로 2.61%포인트까지 낮아졌다가 다시 확대되고 있다. 올 들어 2.9%포인트 초·중반을 기록하면서 조만간 '3%포인트 선'을 돌파할 기세다.

특히 정부가 8월 시행한 가계대출 규제가 은행권의 예대마진 확대를 견인했다는 분석이다. 한국은행에 따르면 신규 가계대출 금리는 7월 연 5.46%에서 8월 5.58%로 한

달 사이 0.12%포인트 뛰어났다. 올 1월부터 7월까지의 대출금리 상승폭(0.16%포인트)에 육박한 것이다. 반면 신규 저축성예금 금리는 7월 연 3.79%에서 8월 3.76%로 오히려 하락했다.

어차피 가계대출을 옥죄야 했던 은행들이 대출금리를 주도적으로 높인 반면 저축은행 사태가 심화하면서 예·적금이 몰리자 수신금리를 낮췄기 때문이란 해석이다.

은행권이 예대마진을 확대해 '순익 잔치'를 벌이는 데 대해 서민들의 시선은 곱지 않다. 조남희 금융소비자연맹 사무총장은 "대형화를 통해 힘이 세진 은행들이 공공성을 외면하는 꼴"이라며 "서민대출 보증을 확대하거나 대출금리를 낮춰야 한다"고 강조했다.

조재길 기자 road@hankyung.com

개인이 여유자금을 예금하면 은행들은 돈이 필요한 개인이나 기업에 빌려준다. 은행은 예금자에게 상대적으로 낮은 금리를 지급하고, 대출자에게는 그보다 더 높은 금리를 적용한다. 그 금리 차이만큼 은행이 돈을 버는 구조다. 예대마진이 커질수록 은행의 수익도 늘어난다. 은행 영업을 '땅 짚고 헤엄치기' 식으로 평가절하 하는 사람이 적지 않은 것은 이런 이유에서다.

은행권 예대마진은 2000년대 중반까지만 해도 3%포인트대 초반이었다. 2008년 금융위기 당시 2.61%포인트까지 낮아졌지만, 이후 확대되는 추세다. 2011년 말에는 2.96%포인트로 또다시 3%포인

트에 육박했다. 예를 들어 연 3%짜리 예금을 받고는 연 6%로 대출해준 셈이라고 볼 수 있다.

예대마진은 자금의 수요와 공급에 의해 결정된다. 돈을 은행에 맡기려는 사람이 많으면 예금금리가 떨어지고, 대출 수요가 늘면 대출금리가 올라간다. 은행들은 시중에 자금이 워낙 풍부해 굳이 예금금리를 더 얹어줄 필요가 없다고 주장하고 있다.

그나마 예대마진 확대를 막을 수 있는 방법은 은행 간의 '경쟁'이다. 일부 은행이 지나치게 낮은 예금금리나 높은 대출금리를 책정한다면, 경쟁 은행에 고객을 뺏길 것이다. 일부에서는 공공기관의 성격이 강한 은행이 지나친 이익을 내는 것은 문제라고 비판하고 있다. 예금을 받을 수 있는 특혜를 정부로부터 받은 만큼, 신용확대와 자금중개 등 공적 기능에 보다 더 충실해야 한다는 것이다. 금융회사를 여전히 '금융기관'으로 부르는 이가 많은 것은 이런 맥락에서다.

과거 우리나라의 대표적인 은행을 '조·상·제·한·서'로 부르기도 했다. 조흥, 상업, 제일, 한일, 서울 등 5대 대형은행의 첫 글자를 딴 것이다. 그러나 이들 은행은 1997년 말 외환위기 당시 부도위기에 직면했고, 정부가 국민들의 세금으로 조성된 공적자금을 투입해 위기를 모면했다. 은행이 공적기관으로서의 사회적 책임을 외면해서는 안 된다는 주장은 이런 사실에 근거하고 있다. 한편 이들 은행은 정부로부터 거액의 지원을 받았음에도 끝내 부실을 해소하지 못한 채 합병 및 매각 등을 통해 역사의 뒤안길로 사라졌다. 조흥은행은 신한은행에 매각돼 합쳐졌고, 상업은행과 한일은행은 정부가 대주주인 '한빛은행'이라는 이름으로 합병됐다가 또다시 발생한 부실을 해결하는 과정에서 '우리은행'으로 또 한 번 이름을 갈아치웠다. 제일은행은 영국 스탠다드차타드은행에 매각됐고, 서울은행은 하나은행에 합병됐다.

KEY WORD ★ 순이자마진(NIM)

Net Interest Margin. 은행의 이자 부문에 대한 수익성지표다. 통상적으로 많이 쓰는 예대마진보다 폭넓은 개념이다. 은행이 각종 자산을 운용해 낸 수익에서 조달비용을 차감해 운용자산 총액으로 나눈 수치다. 예금과 대출 금리의 차이에서 발생한 수익뿐 아니라 채권 등 유가증권에서 발생한 이자까지 포함한다. 다만 유가증권 평가이익 및 매매이익은 제외된다. 순이자마진이 마이너스로 나타나는 경우도 있다. 은행이 예금 받은 돈을 기업이나 개인에 빌려줬다가 이들의 부도로 대출금을 돌려받지 못할 때 발생한다.

* BIS비율이 뭐기에

저축은행이 2011년 잇따라 영업정지를 당하면서 언론에 자주 오르내린 단어가 'BIS비율' 이다. 인터넷 포털 검색창에는 '저축은행 BIS비율' 이 관련 검색어로 뜨고 있다. 도대체 BIS비율이 무엇이기에 이리도 난리일까? BIS비율은 국제결제은행(BIS)이 정한 기준에 따른 은행의 자기자본비율을 뜻한다. 은행의 건전성과 안정성을 가늠하기 위해 만들어진 국제 기준으로, 이 비율이 높을수록 안전한 은행이라고 보면 된다.

85개 저축銀 동시다발 경영진단… 'BIS 5% 미만' 퇴출 가능성

금감원·예보·회계법인 340명 고강도 검사
금융안정기금 투입엔 '시간벌기용' 비판

저축은행들의 운명이 3개월 내에 판가름난다. 금융감독원 예금보험공사 회계법인 등이 3일부터 공동 실시하는 85개 저축은행에 대한 고강도 경영진단 결과에 따라 생사가 가려질 전망이다.

경영진단 결과 국제결제은행(BIS) 기준 자기자본비율 5% 이상인 저축은행은 공적자금인 금융안정기금을 수혈받아 활로가 넓어지는 반면 5% 미만인 저축은행은 시장에서 도태되거나 퇴출될 가능성이 크다. 금융당국은 9월 하순께 진단 결과를 내놓는다.

◆ 금감원 예보 회계법인 공동 진단
4일 금융위원회가 내놓은 '하반기 저축은행 경영건전화 방안' 에는 유례없는 조치들이 담겼다. 우선 85개 정상영업 저축은행 가운데 상반기 검사가 끝난 10곳, 예보 소유 2곳, 우리금융지주가 인수한 1곳 등 13곳을 제외한 85개 저축은행에 대한 대대적인 경영진단이 동시에 이뤄진다.

'경영진단' 이라 표현했지만 상반기 검사가 예정된 49곳이 모두도 한일 만큼 고강도 검사와 다를 바 없다. 경영진단에는 금감원 180명, 예보 95명, 회계법인 65명 등 340명으로 구성됐다. 회계법인이 참여한 것은 이번이 처음이다.

이들은 저축은행 규모에 따라 2~6명씩 20개팀으로 나뉘어 현장에 투입된다. 팀별로 4~5개 저축은행의 자산건전성 분류와 자기자본비율을 철저하게 점검할 계획이다. 검사와 회계감사를 따로 했을 때 '쌍수기' 가 가능했던 것과 달리, 공동 경영진단에선 상호 견제와 감시가 이뤄질 가능성이 크다. 금감원 관계자는 "진단 차원이 외부의 부담한 압력과 청탁을 받게 되면 거기 금감원 감찰실에 신고토록 했다" 며 "반대로 진단반원의 불필요한 행위에 대해서도 저축은행 직원들이 제보하도록 할 방침" 이라고 말했다.

◆ '옥석 가리기' 한꺼번에 진행
두 달여간 실시할 경영진단 이후 진 저축은행의 법정 결산공시 시한인 9월28일 이후에 그 결과가 한꺼번에 공개된다. 몇 개의 저축은행이 적기시정조치 대상의 자기자본비율

◆ 상환우선주
일정 기간 우선주로 있다가 만기(보통 3~5년)가 지나면 발행한 회사에서 되사기로 약정한 주식. 우선주이기 때문에 보통주와 달리 의결권이 없어 대주주 경영권에 영향을 주지 않는다. 만기가 될 때까지 수익을 우선 배분받을 수 있지만 저축은행의 경영 여건이 좋지 않아 수익을 그리 보장을 높지 않을 전망이다.

5% 미만으로 판정될지는 미지수다.
금융위는 자기자본비율 3% 이상~5% 미만으로 경영개선권고 대상인 저축은행은 최장 6개월, 1% 이상~3% 미만으로 경영개선요구 대상인 곳은 1년간 자체 정상화 기회를 주기로 했다. 하지만 자기자본비율이 1% 미만인 저축은행 가운데 부채가 자산을 초과하며, 해당 저축은행이 제출한 경영정상화계획의 승인 여부나 구성된 경영평가위원회의 승인을 받지 못하는 '3대 퇴출요건' 에 모두 해당하면 곧바로 경영개선명령(영업정지) 조치를 내릴 방침이다.
경영진단의 강도나 부실한 저축은행 구조조정의 시급성을 감안하면 최소5곳 이상의 저축은행이 퇴

김석동 금융위원장이 4일 오전 서울 여의도 금융위원회 브리핑룸에서 하반기 저축은행 경영건전화 방안을 발표했다. 그는 "BIS 자기자본비율이 5% 이상인 저축은행에는 상환우선주 매입 방식으로 자본을 확충해 주겠다"고 말했다. /허문찬 기자 sweat@hankyung.com

출날할 가능성을 배제할 수 없다는 게 금융권 안팎의 시각이다. 금융당국 관계자는 "9월 하순께 자기자본비율 5% 미만인 곳의 명단을 공개하는 방안을 검토 중이라며 "적기시정조치 대상이 되면 시장에서 자연스럽게 평가가 이뤄져 생존 여부가 갈릴 것으로 본다"고 말했다.

◆ '시간벌기용' 비판론
김석동 금융위원장은 이날 브리핑에서 "경영진단 등의 결과 자기자본비율이 5% 이상으로 정상영업을 지속 할 것으로 예상되지만 시장상황 악화로 신뢰를 확보할 필요가 있는 경우 자본확충을 지원하겠다"고 강조했다. 금융위는 무보증 금융안정기금 채권을 발행해 지원 대상 저축은행이 발행하는 상환우선주를 매입하는 방식으로 자본확충을 지원할 계

획이다. 자기자본비율이 5% 이상인 저축은행이 지원을 신청하면 정책 공사의 심사, 공적자금관리위원회의 승인 등의 절차를 거쳐 지원이 이뤄진다.
금융위는 지원 규모와 시기는 경영진단 추후를 보고 결정할 것"이라고 말했다. 이에서는 금융당국이 공적자금인 금융안정기금까지 저축은행 자본확충에 투입했다는 초유의 대책을 내놓은 구조조정보다는 한해의 '시간벌기용' 이 아니냐는 비판도 나오고 있다.
/류시훈 기자 bada@hankyung.com

저축은행 자본확충 어떻게 하나

대상	BIS 기준 자기자본비율 5% 이상으로 지원 필요 저축은행
방식	상환우선주 매입으로 지원
원칙	·충분한 수준으로 지원하되 대주주에
	게 증자 등 자구노력 요구
	·대주주 배당 및 임직원 급여 제한
	·부실경영 책임 확대
	·필요시 경영감시인 파견
재원	무보증 금융안정기금 채권 발행
	지원자금 출연금,정부·한은·금융회사 차입금·채권발행 등
절차	저축은행 신청→정책금융공사 심사→ 공자위 승인→공사 운영위 의결→금융 위의 최종 점검(실사)

※금융위 실시는 추후 협의

B IS비율은 은행이 얼마나 안전한지를 보여주는 지표이지만, 산정방식은 꽤 복잡하다. 우선 BIS비율은 은행의 자기자본을 위험가중자산으로 나눠 100을 곱하면 나온다. 따라서 자기자본이 많고 위험가중자산이 적으면 BIS비율이 높게 나온다. 그 반대면 BIS비율도 낮아진다.

'자기자본' 은 기본자본과 보완자본으로 나뉜다. 기본자본은 자본금·내부유보금 등 금융기관의 실질적인 순자산이다.

이에 비해 '보완자본' 은 은행이 발행한 후순위채권, 하이브리드채권 등과 같이 나중에 채권을 보유한 기관이나 개인에게 원금과 이자를 지불해야 하는 부채의 성격을 띤 자본이다. 보완자본이 많다는 것은

은행의 자본구조가 취약해진 것을 의미한다. 따라서 BIS비율이 높다고 하더라도 기본자본비율이 낮고 보완자본비율이 높다면 안전한 은행이라고 할 수 없다.

  '위험가중자산'이란 은행에서 돈을 빌려간 개인이나 기업의 신용위험도에 따라 가중치를 곱한 은행자산을 말한다. 일반적으로 담보가 있는 대출은 위험도가 낮아 가중치가 낮지만, 신용대출은 위험도가 높아 가중치가 높다.

  BIS비율의 국제 기준은 8%다. 국제 금융시장에서 이를 넘지 못하는 은행은 해외에서 돈을 빌릴 수 없다. 예금을 하려는 개인들도 은행의 BIS비율을 확인, 돈을 맡겨도 안전한지를 판단할 수 있는 근거로 삼고 있다.

  BIS비율은 은행의 건전성과 안전성을 확보하기 위한 목적으로 1988년부터 ★국제결제은행(BIS)의 은행규제감독위원회(바젤위원회)가 '자기자본 측정과 기준에 관한 국제적 합의'를 만들어 발표한 데서 시작됐다. BIS비율은 원칙적으로 바젤위원회 회원국가인 G10국가와 룩셈부르크 등 12개국을 적용 대상으로 하고 있다. 비회원국의 금융당국에도 같은 기준을 채택하도록 권고했다. 많은 국가의 감독기구가 이 비율을 사용하는 것은 이런 까닭에서다.

───

KEY WORD ★ 국제결제은행(BIS)

The Bank for International Settlements. 전 세계 중앙은행 간 협력과 조정 업무를 담당하는 국제기구로 '중앙은행들의 중앙은행'으로도 불린다. 이사회는 각국 중앙은행장들과 이들이 지명하거나 선거로 뽑힌 위원들로 구성된다. 매달 월례회를 열어 경기와 국제 금융문제를 토의하며, 1년에 한 번 연차 총회도 개최한다.
1930년 제1차 세계대전 뒤 독일의 배상문제를 처리하기 위해 스위스 바젤에서 주요국이 공동으로 출자해 설립했다. 우리나라의 한국은행은 1996년 중국, 인도, 브라질, 러시아 등 9개국 중앙은행과 함께 회원으로 참가했다.

* 신용카드 뽀개기

지금 본인의 지갑을 한번 열어보자. 현금이 얼마나 들어 있는가? 지갑에 꽂혀 있는 카드는 몇 개나 되는가? "요새 누가 현금 갖고 다녀요. 저는 카드만 써요"라고 말하는 사람이 많다. 아마 독자들의 지갑도 그러한 시대 현상을 반영하고 있을 것이다. 1951년 미국에서 처음 등장한 신용카드가 국내에 본격 도입된 것은 1978년 외환은행을 통해서였다. 그로부터 30여 년이 지난 지금, 신용카드 없는 생활을 상상하기란 힘들어졌다.

신용카드 수수료 체계 어떻게 바뀌나

건당 기본 수수료 부과 … 업종별 차이 줄인다

연매출 2억이하 가맹점 수수료율 낮게
대형 가맹점에 높게 적용 … 반발 예상

외환카드가 1978년 국내 처음으로 신용카드를 도입한 이후 별 탈없이 유지돼왔던 가맹점 수수료 체계가 확 바뀐다.

카드업계는 음식점중앙회 등 소상공인들이 카드 수수료 인하를 강하게 주장하고 있는데다 대기업까지 현 수수료 체계에 불만을 갖다 보니 더 이상 유지하기 힘들게 됐다고 판단하고 있다. 카드업계는 업종에 따른 수수료율 차이를 줄이는 대신 원가를 반영한 기본 수수료를 부과함으로써 수수료 논란을 매듭짓는다는 계획이다.

◆ 수수료 체계 어떻게 바뀌나

카드업계가 새 수수료 체계로 들고 나온 방안은 택시요금제도와 비슷하다. 택시요금은 기본요금 2400원에 거리와 시간에 따라 100원씩 높아지는 구조다.

카드사들은 카드 결제 이후 가맹점에 결제금액만큼 먼저 주고 한 달 정도 뒤에 카드 사용자로부터 돈을 받기 때문에 금융비용이 들어간다. 또 중간에 결제를 도와주는 밴(VAN)사에 건별로 150원가량을 주고 있어 기본비용이 발생한다. 카드사들은 이 같은 비용을 회수하기 위해 현재 각 가맹점에 업종별 수수료를 받는다. 수수료율은 업종별로 1.5~4.5% 수준이다.

카드업계는 '카드깡' 발생빈도

등의 요인을 제외하면 업종별 수수료 차등화는 폐지해야 한다고 보고 있다. 그렇다고 전 업종에 걸쳐 수수료를 무턱대고 낮출 수도 없는 만큼 적정 수수료를 받는 방식으로 바뀌는 게 바람직하다는 판단이다.

적정 수수료는 기본수수료에 얼마를 더하는 방식으로 정해진다. 기본수수료는 카드사들의 원가를 감안해 결정된다.

업종별 신용카드 가맹점 수수료율
(단위%)

업종	수수료율
유흥업	4.50
귀금속	3.60
노래방	3.30
학원	3.30
국산신차	2.69
음식점	2.59
백화점	2.10
할인점	2.00
주유소	1.50

자료: 신한카드

통상 1만원 이하 소액결제에선 카드사들이 손해를 본다고 하니 1만원까지는 100원 등의 방식으로 정해질 공산이 크다. 이후엔 업종과 결제금액을 감안해 새 수수료율이 만들어진다.

◆ 대형 가맹점 부담 커질 듯

카드업계는 이렇게 하면 1.5~4.5%인 수수료 구간이 좁혀질 것으로 보고 있다. 예를 든다면 1.5~3.0% 등이다. 문제는 새로운 수수료율 체계가 도입되면 반드시 손해를 보는 집단이 발생한다는 데 있다. 별도의 보완책이 마련되지 않으면 가격이 싼 물품을 주로 파는 소상공인들이 상당한 피해를 보게 된다. 슈퍼마켓에서 2500원짜리 담배 1갑을 팔 때 내는 수수료는 현재 50원이다. 담뱃값에 슈퍼마켓 수수료율 2%를 곱해서 나온 금액이다. 하지만 앞으로는 100원 이상을 수수료

로 내야할 수도 있다.

카드업계는 소상공인들의 여건이 악화되고 있는 점을 감안, 소상공인에겐 혜택을 좀 더 주는 쪽의 대안을 마련하고 있다. 연매출 2억원 이하 중소 가맹점에는 저렴한 수수료율을 적용시켜 주는 게 골자다. 중소 가맹점에 줄어드는 부담은 대형 가맹점들이 지게 될 전망이다. 하지만 대형 가맹점들의 반발은 불을 보듯 뻔하다. 대형 가맹점들은 결제단위가 커질수록 부담이 줄어드는 게 당연한 시장논리인데 중소 가맹점을 우대하는 것은 말이 안 된다고 보고 있다. 이에 대해 금융권 관계자는 "수수료 체계 개편의 원칙은 수수료 정상화와 상생"이라며 "대형 가맹점들이 동반성장이란 사회적 분위기에 동참할 필요가 있다"고 말했다.

박종서기자 cosmos@hankyung.com

신용카드회사들이 주요 회원사인 여신금융협회에 따르면 민간 소비지출에서 카드 사용액이 차지하는 비중은 61.3%(2011년 3분기 기준)다. 국민들이 1000만 원을 쓸 때 613만 원은 카드로 긁는다는 의미다. 2011년에만 458조 8000억 원이 카드로 소비됐다.

국내 신용카드 시장이 폭발적으로 성장하게 된 배경은 카드사와 회원, 가맹점뿐 아니라 정부까지 모두의 이해가 맞아 떨어졌기 때문이다. 신용카드 회원들은 현금을 갖고 다니지 않아도 물건 값을 치를 수 있고, 목돈이 필요한 구매는 할부 서비스를 이용해 나눠 내는 것도 가능하다. 현금서비스와 카드론으로

남에게 아쉬운 소리를 하지 않고도 급전을 빌릴 수 있다. 현금서비스는 100만 원 안팎의 소액을 한 달 정도 잠깐 고금리로 쓴다는 점에서 정식으로 대출을 일으키는 카드론과 약간 차이가 있다. 상인들에게도 좋다. 당장 현금이 없어 소비할 수 없는 사람들을 손님으로 맞이할 수 있고, 외상으로 물건을 팔면서도 카드회사가 책임지고 돈을 받아준다. 카드회사는 매출이 늘어나고 정부는 카드 결제 내역을 통해 사업자들의 매출을 더욱 정확히 파악, 세금을 더 많이 거둬들일 수 있다.

빛이 있으면 그림자도 있게 마련이다. 가맹점 수수료 분쟁도 그 가운데 하나다. 카드사들은 가맹점을 크게 40여 개 업종으로 나누고 결제금액에 따라 1.5~4.5%의 수수료율을 부과한다. 대형 할인점 등은 1%대로 저렴한 반면 유흥업 등은 4%가 넘는다. 경기가 나빠지자 수수료율이 높은 가맹점들은 카드사에 대형 할인점 수준으로 수수료율을 낮춰 줄 것을 요구했고, 카드사들은 어렵다는 주장을 굽히지 않았다. 결국 정부가 수수료율을 결정하는 법까지 제정됐다. 2012년 개정된 여신전문금융업법에서는 금융위원회가 영세한 중소가맹점의 범위와 수수료율을 정하도록 하고 있다. 수수료는 일종의 가격인데, 정부가 직접 가격을 정하는 것은 시장경제 원칙에 어긋난다는 목소리가 높았지만 정치권은 이런 지적을 받아들이지 않았다. 가계부채 증가도 큰 문제다. 신용카드 사용은 누가 뭐래도 빚을 지는 것이다. 정부는 외환위기 이후 소비 경기를 부추기기 위해 카드 사용을 사실상 권장했지만, 마구잡이로 카드를 사용한 사람들 가운데 상당수가 대금을 갚지 못함에 따라 2003년 '카드사태'를 겪은 경험이 있다. 또다시 신용카드의 폐해가 우려되자 정부는 예금계좌에 들어있는 금액 범위 내에서 소비를 할 수 있게끔 체크카드 등 ★직불형 카드 사용을 적극 장려하고 있다.

KEY WORD ★ 직불형 카드

신용카드가 외상구매 방식인 것과 달리, 직불형 카드는 현금구매와 같다. 은행에 예금한 금액을 근거로 사용, 카드를 결제하는 즉시 통장에서 해당 금액이 빠져나가는 방식으로 운영되기 때문이다. 직불형 카드는 크게 체크카드와 직불카드로 나뉜다. 체크카드는 신용카드사들이 발급하는데 신용카드를 사용할 수 있는 가맹점(222만여 곳)이라면 어디에서든 통용된다. 직불카드는 은행이 발급하며, 이용할 수 있는 곳이 신용카드의 25% 정도에 불과하다. 별도의 결제망이 필요하기 때문이다.

직불형 카드는 과소비를 줄여주는 역할도 하지만, 가맹점들의 수수료 부담도 줄여준다. 가맹점 수수료에는 카드사들이 고객에게 돈을 받기 전에 미리 가맹점에 결제대금을 지불하기 위한 금융비용이 포함돼 있다. 그러나 직불형 카드는 고객의 계좌에서 돈을 주는 구조여서 금융비용이 필요 없다.

＊ 저축은행, 예금자보호제도 뒤집기

저축은행들이 또 한차례 홍역을 치렀다. 2011년 업계 1~3위였던 부산저축은행, 제일저축은행, 토마토저축은행 등 16개 저축은행이 영업정지를 당한데 이어 2012년 5월에도 솔로몬저축은행 등 4곳이 문을 닫았다. 대주주와 경영진의 배임·횡령 등 혐의가 속속 밝혀지면서 업계 전체가 '부실 금융회사'의 대명사로 취급받고 있다. 영업정지에 따라 돈이 묶이거나 예금을 떼이고, 후순위채권에 투자했다가 피해를 본 고객은 100만 명이 넘는다.

우량 저축銀 급감… 1년새 24개로 '반토막'

한경, 2010 감사보고서 90곳 조사

고정이하 여신비율 8% 미만, 2009년엔 47개

업계 작년 당기순손실 2조… 자산도 2조 줄어

저축은행 고정이하 여신비율 현황 (단위:%)

구분	저축은행 (비율)
8% 미만	한국투자(3.76) 동부(4.60) 엠에스(4.85) 조흥(4.97) 남양(5.00) 삼성(5.82) 오릭스(6.02) 진주(6.08) 부산HK(6.10) 모아(6.52) 대백(6.34) 아산(6.37) 대명(6.46) 한신(6.52) 오성(6.80) 안양(7.34) 삼신(7.42) 현대스위스4(7.56) 스타(7.60) 국제(7.73) 신안(7.74) 평택(7.86) 드림(7.87)
8~20%	에스앤티(8.32) 교원나라(8.39) 푸른(8.42) 스카이(8.49) 세람(8.83) 한성(8.89) 늘푸른(9.34) 영진(9.50) 더블유(9.54) 신라(10.32) 민국(10.50) 솔브레인(10.59) HK(10.82) 대아(11.33) 스마트(11.59) 융창(11.82) 부림(11.92) 호남솔로몬(12.2) 현대스위스(13.24) 솔로몬(12.3) 삼보(12.40) 유니온(12.46) 인성(12.50) 예가람(12.69) 경기솔로몬(12.87) 안국(13.04) 센트럴(13.5) 현대스위스2(14.39) 고려(14.47) SC스탠다드(14.50) 삼정(15.31) 금화(15.43) 대한(16.09) 흥국(16.41) 한주(16.73) 토마토2(17.07) 현대스위스(17.20) 영남(17.34) 미래(17.84) 에나래(17.86) 강원(18.78) 한국(19.02) 골든브릿지(19.4)
20% 초과	경기(20.58) 진흥(20.61) 한화(21.52) 참(21.94) 세종(22.50) 광주(22.55) 오투(22.67) 대원(24.10) 무등(24.13) 삼일(25.25) 안국(26.24) 부산솔로몬(26.83) 화승(28.48) 우리(28.96) 서울(29.06) 우리금융(30.82) 신민(33.47) 동양(33.71) 하나로(38.56) 서울(38.81) 미래2(40.68) 경남제일(53.96) 에쓰(62.36)

우량 저축은행으로 분류되는 고정 이하 여신 비율 8% 미만 회사가 1년 새 절반으로 줄었다.

한국경제신문이 2010회계연도(2010년 7월~2011년 6월) 감사보고서를 지난달 30일까지 금융감독원에 제출한 90개 저축은행(영업정지 7개사 제외)의 현황을 조사한 결과 고정 이하 여신 비율 8% 미만 저축은행은 24개에 그쳤다. 이는 2009회계연도의 47개에 비해 반토막난 것이다. 또 지난해 저축은행업계의 당기순손실은 2조원을 웃돌았다.

◆저축은행 건전성 크게 악화

고정 이하 여신비율이란 3개월 이상 연체된 채권이 어느 정도인지를 나타내는 지표다. 저축은행업계는 이 비율이 8% 미만이면 믿을 만한 저축은행으로 본다. 이는 국제결제은행(BIS) 기준 자기자본비율과 함께 저축은행의 건전성을 판단하는 핵심 잣대다.

지난 회계연도에 고정 이하 여신 비율은 큰 폭으로 악화됐다. 지난해 고정 이하 여신 비율이 7.08%였던 경남 양산시 경남제일저축은행은 이번에 53.95%를 기록해 46%포인트 상승했다.

부산 우리저축은행도 10.31%에서 28.96%로 고정 이하 여신 비율이 급등했다. 이들 두 회사는 회계법인으로부터 '적정' 의견을 받지 못하고 '한정' 의견을 받았다.

8% 미만의 고정 이하 여신 비율을 기록했던 회사 가운데 23곳은 이번에 8%를 초과했다. 경기저축은행은 5.84%에서 20.58%로 높아졌고 진흥도 6.25%에서 20.61%로 뛰었다. 한국과 영남도 11%포인트 이상 상승해 고정 이하 여신 비율이 18% 안팎에 이르렀다. 모든 계열사가 8% 미만이었던 한국저축은행 계열 회사 4곳은 모두 8%를 넘겼다. 솔로몬저축은행 계열은 4곳 중 3곳이 8% 미만이었지만 이번에는 한 곳도 8% 밑을 기록하지 못했다. 고정 이하 여신 비율이 8% 미만으로 감소한 회사는 엠에스와 현대스위스4저축은행밖에 없었다.

저축은행업계 관계자는 "금감원이 이번 경영진단에서 저축은행들이 이자를 대납해주는 방식으로 정상 대출로 분류했던 것을 상당수 찾아내면서 부실 대출이 늘어났다"고 말했다.

지난 회계연도에 고정 이하 여신 비율 8~20%인 회사는 29개에서 43개로 늘었고, 20% 초과 회사도 15개에서 23개로 증가했다.

◆저축은행 순이익 급감

90개 저축은행의 당기순이익은 2009회계연도 1649억원 적자에서 지난 회계연도엔 7661억원 적자로 적자폭이 5000억원 이상 확대됐다. 영업정지를 당한 토마토

30일 영업시간 이후 2010회계연도 감사보고서를 제출한 17개 저축은행 (단위:%,억원)

저축은행	소재지	BIS비율	당기순이익	자산총계	저축은행	소재지	BIS비율	당기순이익	자산총계
미래	제주	5.25	-1618(적자확대)	21,106(3)	한주	충남	5.05	10(66)	1955(5)
신라	인천	5.93	44(흑자전환)	16,207(17)	동양	광주	8.26	-123(적자전환)	1846(0)
토마토2	부산	6.52	-252(적자확대)	16,184(9)	경남제일	경남	8.70	-768(적자전환)	1665(-37)
하나로	충북	8.02	-725(적자확대)	6179(2)	대한	광주	8.31	-59(적자확대)	1367(-29)
우리	부산	-23.77	-131(적자전환)	4087(-22)	삼일	경북	7.22	-22(흑자축소)	1043(-6)
미래2	전북	4.52	-4(-92)	3522(65)	무등	광주	10.01	-70(적자확대)	923(0)
삼정	경기	14.03	-10(적자축소)	3164(0)	센트럴	광주	29.20	5(-78)	809(-4)
부산HK	부산	13.62	21(-4)	2893(0)	서일	경남	10.53	1(흑자전환)	630(-21)
유니온	대구	5.81	-76(적자확대)	2292(-1)					

※괄호는 전년 대비 증감률. 2011년 6월 말 기준.경남제일 동양 부웅의 BIS비율은 8월 말 기준이며 미래는 경영개선계획 반영. 자료:금융감독원·각 사

저축은행은 손실 규모가 43억원에서 1618억원으로 불어났다. 업계 1위 솔로몬저축은행(1265억원)도 적자폭이 커졌으며 당기순손실 1위 회사로 기록됐다. 경남제일과 충북 하나로저축은행의 손실폭도 각각 768억원과 725억원으로 상당한

(5518억원) 제일(4744억원) 프라임(1288억원) 제일2(543억원) 대영(682억원) 등을 포함시키면 저축은행업계의 당기순손실은 2조436억원에 이른다. 미래저축은행은 손실 규모가 43억원에서 1618억원으로 불어났다. 업계 1위 솔로몬저축은행에서 자산이 1조2000억원 이

수준이었다. 경남제일은 적자 전환했고 하나로는 지난번에도 600억원의 순손실을 기록했다.

90개 저축은행의 자산은 59조원에서 이번 해 57조9000여억원으로 1조원 이상 빠졌다. 제일과 토마토 등 영업정지를 당한 저축은행에서 자산이 1조2000억원 이상 감소한 점을 감안하면 올해 저축은행업계 전체 자산은 2조원 이상 줄어든 것으로 보인다.

박종서 기자 cosmos@hankyung.com

저축은행은 1972년 서민과 중소기업의 금융지원을 위해 출범했다. 일반 은행이 수출 주도 기업에 집중적으로 돈을 빌려주면서 나타난 '금융 사각지대'를 해소하기 위한 방편이었다. 사금융 피해가 도를 넘어서자 이를 양성화하겠다는 취지도 반영됐다. 하지만 출범 당시 350개였던 저축은행은 외환위기(1997년), 가계신용위기(2003년), 금융위기(2008년)를 거치면서 이제는 90여 개만 겨우 살아남았다.

저축은행업계의 위축은 역설적이게도 저축은행에 유리한 ★예금자보호제도 영향이 크다. 정부는 2001년부터 예금자보호법을 통해 일반 시중 은행뿐 아니라 저축은행까지도 예금액 5000만 원까지는 원리금을 모두 보장해줬다. 금융소비자 입장에서는 5000만 원까지는 돈을 떼일 염려 없기 때문에 은행보다 금리가 높은 저축은행이 유리하다. 이름도 바꿔줬다. 상호신용금고에서 상호저축은행으로 '은행'이라는 간판을 달 수 있게 해줬다. 사실 저축은행이 하는 일은 일반 은행과 크게 다르지 않다. 차이점이라면 전국적인 영업망을 갖지 못하고 외환이나 신용카드 업무 등을 취급할 수 없다는 정도다.

고금리를 내건 저축은행에 돈이 몰린 건 그래서였다. 2001년 말 20조 원이던 저축은행 수신액이 2007년 말에는 40조 원으로 증가했다. 2010년에는 77조 원에 육박했다. 하지만 저축은행들은 물밀듯이 들어오는 돈을 제대로 굴리지 못했다. 서민과 중소기업에 돈을 빌려 사세를 키워나가기보다 부동산 대출을 통해 쉽게 돈을 버는 길을 택했다. '부동산 불패신화'가 깨지지 않을 것이라고 믿었지만 환상일 뿐이었다. 2000년대 후반 대규모 미분양 사태가 나타나고 아파트 건설이 속속 중단됐다. 수백억 원에서 수천억 원을 빌려준 사업이 중단되니 어쩔 도리가 없었다.

저축은행이 망하자 5000만 원 넘는 돈을 맡긴 예금자들과 후순위채권 투자자들은 정부의 정책 실패가 큰 원인이었다며 손실 보전을 주장했다. 그러나 5000만 원을 넘는 예금을 보장해주는 것은 예금자보호법의 근간을 뒤흔든다는 비판에 밀려 실현되지 못했다.

KEY WORD ★ 예금자보호제도

금융회사가 영업정지되거나 파산하는 경우 예금자보호법에 의해 예금보험공사가 피보험기관인 은행, 보험, 저축은행 등 금융회사들로부터 받아 적립해둔 예금보험료를 활용, 지급불능이 된 금융회사를 대신해 예금자에게 맡긴 돈의 전부 또는 일부를 되돌려주는 제도다. 우리나라에서 예금자보호제도가 처음 등장한 것은 1997년이다. 1997년 1월 1일부터 11월 18일까지는 은행예금에 대해서만 2000만 원까지 보호해줬다. 이후 은행, 증권, 보험, 종금, 신협 등 다른 금융권으로 확대됐다. 예금자 보호한도가 원리금 5000만 원으로 확대된 것은 2001년 1월이었다. 당시 저축은행 예금을 5000만 원까지 보호해주는 것에 대한 논란이 있었다.

*기축통화 전쟁

> 국제 간 결제나 금융거래의 기본이 되는 통화를 기축통화라고 한다. 미국의 로버트 트리핀 교수가 처음 주장했다. 현재는 미국 달러화가 '세계의 기축통화(World's Reserve Currency)'다. 무역거래뿐 아니라 금융거래도 대부분 달러로 이뤄지기 때문이다. 전 세계의 채권의 50%는 달러로 가격이 표시되어 있으며, 전 세계 외환보유액의 60%도 달러가 차지하고 있다.

밀착하는 中·佛…SDR에 위안화 편입 추진 합의

유럽 채권 사주면서 위안화 국제화 지원 '거래설'
G20 의장국·IMF 총재 출신국 佛 입김 작용할 듯

중국과 프랑스가 중국 위안화의 특별인출권(SDR) 바스켓 편입을 추진하기로 합의했다.

28일 신화통신 등에 따르면 중국과 프랑스는 공동으로 태스크포스팀을 구성,위안화의 SDR 편입 방안을 마련한 후 오는 11월 프랑스 칸에서 열리는 주요 20개국(G20) 회의에서 공식 제안할 예정이다. 니콜라 사르코지 대통령을 수행,중국을 방문한 프랑수아 바루엥 프랑스 재무장관은 지난 26일 저우샤오촨 중국 인민은행장과 만난 뒤 "양국의 재무장관과 중앙은행 총재 그리고 경제전무가 전문가 등으로 태스크포스팀을 구성할 것"이라고 말했다.

프랑스와 중국이 이처럼 합의한 것은 위·위 구도를 만들겠다는 의도로 보인다. 미국 달러화와 일본 엔,유럽 유로 그리고 영국 파운드로 구성된 바스켓에 중국 위안화가 낀다는 것은 명실상부한 최고 화폐지위에 오른다는 뜻이다. 위안화 국제화가 한 단계 완성되는 동시에 기축통화로서의 위안화에 한발 더 가까이 가게 되는 것.이에 대한 대가로 사르코지 대통령은 중국을 유럽 재정위기의 해결사로 등장시키는 리더십을 과시할 수 있게 된다. 내년 5월 선거에서 재선을 노리고 있지만 변변히 내세울 게 없는 사르코지로서는 글로벌 리더라는 근사한 타이틀을 얻게 되는 셈이다.

◆中·佛 프랑스 밀월 관계

홍콩 사우스차이나모닝포스트는 "지난달 후진타오 중국 국가주석과 긴급 정상회담을 가진 사르코지 대통령은 그동안 중국이 유럽 국가들의 채권에 투자해줄 것을 요청해 왔다"며 이번 조치가 프랑스의 제안일 가능성이 큰 것으로 분석했다. 유럽 각국의 입장차이로 유로본드 발행이 불투명해

🔑 **특별인출권(SDR)**

special drawing rights. 국제통화기금(IMF) 회원국이 담보 없이 외화를 인출할 수 있는 권리를 말한다. 회원국은 자국이 보유한 SDR를 다른 회원국에 양도해 필요한 외화를 얻을 수 있다. SDR의 가치는 바스켓을 형성하는 미국 유로존 일본 영국 등 4개 통화를 가중평균한 값으로 결정된다.

지면서 재정위기를 극복할 현실적인 방안을 마련하지 못하자 중국에 SOS를 친 것으로 볼 수 있다. 프랑스는 이탈리아 스페인 다음으로 재정상태가 위험한 국가로 꼽히고 있다.

사르코지 대통령은 취임 후 중국과 밀고 당기는 긴장관계를 형성해왔다. 이 과정에서 경제적인 이득을 얻는 비즈니스 외교에 주력했다. 2007년 대통령에 당선된 뒤 중국을 방문, "대만 독립을 원하지 않는다"고 말한 뒤 중국에 비행기와 원자력발전소 공사 등 267억달러어치 구매계약서

SDR바스켓 비중 현황 (단위%)

엔	9.4
파운드	11.3
달러	41.9
유로	37.4

를 내밀었다. 2008년 베이징 올림픽을 앞두고는 티베트 인권 문제를 거론해 중국과 팽팽한 긴장을 형성했지만 결국 "티베트는 중국 땅"이라고 선언했다. 그대로 중국은 에어버스 100대를 구매했다.

◆SDR 편입 성공할까

중국이 구상하고 있는 새로운 국제통화체제의 핵심은 두 가지다. '달러 중심에서 탈피'하는 동시에 '위안화의 국제화'를 이루는 것이다. 이런 관점에서 보면 위안화의 SDR 바스켓 편입은 놓칠 수 없는 카드다. 달러 중심 체제를 바꾸기 위해 SDR

을 국제통화로 사용하자는 게 중국의 주장이다. 미국 달러와 일본 엔,영국 파운드와 유럽 유로로 형성된 SDR 바스켓에 위안화가 끼어든다면 중국으로서는 달러 중심의 금융체제에서 벗어나는 동시에 위안화의 국제화를 달성하는 효과를 거둘 수 있다.

국제통화기금(IMF)은 지난해 정기총회에서 SDR에 새로운 통화를 추가하지 않기로 결정했다. SDR의 바스켓 조정 검토작업은 5년에 한 번씩 이뤄지기 때문에 위안화의 SDR 편입은 2015년에나 가능하다. 그러나 유럽 재정위기가 심각해지고 있어 상황이 얼마든지 달라질 수 있는 것으로 보인다. 이왕(易網) 인민은행 부행장은 최근 "올해 안에 중국 등 신흥국 통화를 포함하는 '예비 SDR' 모델을 만들고 2015년에 새로운 SDR을 출범시키자"고 주장했다. SDR 바스켓 조정을 2015년까지 기다릴 필요가 없다는 주장이 일부에서 벌써 나오고 있기도 하다. 크리스틴 라가르드 IMF 총재가 프랑스 사람이라는 것도 변수로 작용할지 주목된다.

베이징=김태완 특파원 twkim@hankyung.com

한국의 와인수입상이 칠레로부터 와인을 수입한다고 치자. 칠레에서 한국 원화가 통용될 리 없으니 와인수입상은 일단 환전부터 해야 한다. 그런데 와인수입상이 칠레의 와인 수출업자에게 대금을 지불하기 위해 사는 통화는 칠레 페소화가 아니다. 미국 달러화다. 자유무역협정(FTA)을 맺은 한국과 칠레의 무역거래에서 미국 기업이 개입해 있는 경우는 20%도 안 된다. 하지만 두 국가 간 무역결제의 거의 대부분은 미국 달러화로 이뤄진다.

한국과 칠레뿐 아니다. 전 세계 대부분의 국가들은 달러화로 무역거래를 한다. 이렇다 보니 전 세계 외환거래의 85%는 미국 달러를 사거나 팔기 위한 거래다.

달러가 기축통화가 된 건 그리 오래전 일이 아니다. 20세기 초까지 각국은 금 비축량을 통해 자국 화폐의 가치를 보증받았다. 이 방법은 국제수지 적자로 금이 해외로 빠져나가면 나라 안에 유동성이 줄어 경제가 위축되는 문제를 안고 있었다. 제1차 세계대전 후의 극심한 인플레이션도 새 국제통화체제의 필요성을 부각시켰다.

이에 1944년 7월 미국 뉴햄프셔주 브레튼우즈에서 44개 연합국 대표들이 모여 새로운 국제 통화질서를 탄생시켰다. 유명한 브레튼우즈 체제의 출범이다. 미국이 중앙은행의 금 비축량만큼 달러를 발행하고, 다른 화폐는 미국 달러를 기준으로 교환가치를 매기자는 게 골자다. 1973년 닉슨 행정부가 소위 '금태환제' 중지를 선언하면서 브레튼우즈 체제는 끝이 났지만 달러는 여전히 기축통화 지위를 유지하고 있다. 미국 재무부가 발행하는 국채가 금을 대체했을 뿐이다.

이 시스템에 문제가 발생한 건 미국의 재정적자가 크게 늘면서다. 달러는 그 자체로 미 재무부가 보증하는 빚이다. 미국 국민들이 세금으로 이 빚을 갚을 능력에 의구심이 생기면서 달러 가치에 대한 전망도 악화되고 있다. 여기에 중국 위안화, 유로화 등 미래의 기축통화를 꿈꾸는 경쟁자들까지 등장하면서 달러가 곧 기축통화의 지위를 잃을 것이란 목소리가 힘을 얻고 있다.

하지만 유럽 재정위기로 유로존(유로를 공동 통화로 사용하는 유럽연합 회원국 지역) 붕괴 전망까지 나오는데다 중국은 여전히 자본시장이 개방돼 있지 않아 이들이 달러를 대체하는 데는 상당한 시일이 걸릴 것이라는 게 대체적인 평가다.

 KEY WORD ★ 특별인출권(SDR)
달러를 대체할 가능성이 있는 또 하나의 기축통화 후보는 국제통화기금(IMF)의 특별인출권, 즉 SDR(Special Drawing Right)이다. IMF가 1970년에 출범시킨 제3의 국제준비통화로 유동성이 부족한 회원국이 IMF 계정에서 인출해 다른 회원국에 양도, 필요한 외화를 얻을 수 있다. 위안화의 국제화를 꿈꾸는 중국은 달러 중심의 국제통화시스템을 SDR 중심으로 바꿔야 한다고 주장하고 있다. 동시에 SDR의 가치를 매기는 표준 바스켓에 위안화를 포함시키는 방안을 추진 중이다. 현재 SDR의 가치는 미국 달러, 유로, 영국 파운드, 일본 엔화 등 4개 통화의 시세를 가중 평균해 매기고 있다.

*Fed, 미국의 중앙은행

각국 정부는 화폐를 발행하는 중앙은행을 가지고 있다. 우리나라의 한국은행처럼 말이다. 미국의 중앙은행은 연방준비제도이사회(Federal Reserve Bank)이며 흔히 Fed라고 부른다. 미국은 세계 제1위의 경제대국인 만큼 Fed의 역할은 막강하다. Fed 의장의 한마디가 세계 금융시장을 뒤흔든다. 국제 금융시장의 흐름을 파악하기 위해선 Fed의 움직임을 지켜보는 것이 필수다.

버냉키 의장의 신중한 경기 진단

실업률	소비	주택시장	제조업
▶9%에서 8.3%로 크게 하락	▶자동차 등 구매 많이 늘어나	▶저금리에 매입 구입 기회	▶제조업 생산 꾸준히 증가해
▶정상적 수준과는 거리 멀어	▶가계소득과 신용은 제자리	▶소득과 실업 불안으로 꺼려	▶유로존 위기로 수출이 문화

美 경제 낙관론에 태클 건 버냉키

달러 살포 침묵에 시장 '화들짝'

〈3차 양적완화〉

벤 버냉키 미국 중앙은행(Fed) 의장이 지난달 29일(현지시간) 의회에 출석해 한 발언을 요약하면 "만족스럽진 않지만 경기가 점차 개선되고 있다"는 것으로 해석할 수 있다. 경기각 부문의 부진한 점을 일일이 지적하면서도 3차 양적완화는 언급하지 않았다. 3차 양적완화 실시를 기대하고 있던 금융시장에선 실망매물이 쏟아지며 주식 채권 금 등의 가격이 크게 출렁였다.

◆"실업률 5.2~6.0%가 정상적"
버냉키 의장이 대표적으로 지적한 게 실업률 하락이다. 그는 지난해 중반 이후 민간기업들이 월평균 16만5000명을 고용했다고 강조하면서 "긍정적인 진전"이라고 표현했다. 이어 "지난 1년간 실업률 하락세는 예상됐던 것보다 훨씬 빨랐다"고 평가했다. 지난해 9%대이던 미국 실업률은 지난달 8.3%로 5개월 연속 하락했다.

그러나 그는 "고용시장이 정상적인 수준과는 거리가 상당히 멀다"고 경계했다. 지난달 통화정책을 결정하는 연방공개시장위원회(FOMC) 회의에서 위원들이 장기적으로 적정한 실업률을 5.2~6.0%가 정상적인 것이라고 제시했다. 게다가 6개월 이상 장기 실업자는 전체 실업자 가운데 43%에 달한다.

이날 Fed는 전국 12개 지역의 경기동향보고서인 베이지북을 통해 전반적으로 경기가 '점진적인 확장세'를 보이고 있다고 분석했다. 하지만 미국의 올해 경제성장률이 지난해 2분기와 비슷하거나 조금 높은 수준인 2.2~2.7%에 그칠 것으로 관측했다. 버냉키 의장은 "내년에는 급여세 감면혜택 만료에 따른 세금 인상, 대규모 재정지출 감축 등이 한꺼번에 몰리면서 미국 경제가 재정적인

"가계소득·신용 제자리
유가 올라 소비위축 우려"

주식·채권 매물 쏟아져
달러 급등―금값 폭락

벼랑으로 내몰릴 처지"라고 지적했다. 행정부와 의회에 각종 감세혜택을 연장하고 급격한 재정지출 감축은 하지 말 것을 촉구한 셈이다.

버냉키 의장은 외부적인 최대 변수로 유로존 재정위기를 꼽았다. 유로존 국가들이 최근 빚 갚기 수술에 나섰지만 추가적인 대책을 내놔 성장을 북돋워야 한다고 주장했다.

◆시장, "말하지 않은 것에 주목"
이날 시장은 깜짝 놀랐다. 버냉키 의장이 시장이 기대했던 3차 양적완화

에 대해 한마디도 언급하지 않았기 때문이다. 투자회사 로도어베트의 제이 브라운 채권전략가는 "투자자들이 버냉키 의장이 말한 것보다 말하지 않은 것에 주목했다"면서 "그의 증언 중 3차 양적완화에 대한 내용이 완전히 빠진 것은 양적완화 필요성에 대한 생각이 바뀌었음을 보여주는 것"이라고 말했다.

투자자들의 실망감은 시장에 그대로 반영됐다. 버냉키 의장의 언설이 진행되고 있던 오전 10시께 시카고의 한 선물 트레이더는 국채선물을 대거 매도하는 주문을 냈다. 매도량이 이례적으로 많은 10만건에 달해 키보드를 잘못 누른 '팻핑거(fat finger)'로 오인됐을 정도다. 이에 미 국채 10년물 수익률은 1.94%에서 2.01%로 순간적으로 급등(채권 가격 하락)했다가 1.981%로 급등을 마쳤다.

추가 양적완화를 통해 달러를 풀 것이라는 기대가 사라지면서 달러가치는 급등했고 금값은 장중 5% 이상 급락하는 패닉장세를 보였다. 결국 뉴욕상품거래소에서 4월물 금가격은 온스당 77.10달러(4.3%) 급락한 1711.30달러를 기록했다.

상승랠리를 지속하던 증시도 조정을 받았다. 다우지수와 나스닥지수가 각각 0.41%, 0.67% 떨어진 채 장을 마감했다.

워싱턴=김유미/뉴욕=유정제특파원
yoocool@hankyung.com

📖 KEY WORD ★

연방공개시장위원회(FOMC)

Fed는 연방준비위원회(Federal Reserve Board, FRB)와 12개 지역 연방준비은행(Federal Reserve Bank), 연방공개시장위원회(Federal Open Market Committee)로 구성된다.
FRB는 12개 연방준비은행을 총괄하는 중앙기관이다. 의장을 포함해 7명의 이사로 구성된다. 12개 주요 지역(뉴욕, 보스턴, 필라델피아, 클리블랜드, 리치먼드, 애틀랜타, 시카고, 세인트루이스, 미니애폴리스, 캔자스시티, 댈러스, 샌프란시스코)에 있는 연방준비은행은 각 지역에서 중앙은행 역할을 한다. 미국은 복수중앙은행제도를 채택하고 있어 각 지역에도 중앙은행이 있다. FOMC는 통화와 금리를 결정한다. 위원은 12명. 7명의 FRB 이사와 뉴욕연방준비은행 총재가 항상 포함된다. 나머지 네 자리는 뉴욕을 제외한 11개 지역의 연방준비은행 총재가 돌아가면서 참여한다. FOMC는 1년에 8번 회의를 갖는다. 이 자리에서 미국 경제상황에 대해 평가한 뒤 통화 공급량과 금리 등을 결정한다.

20 11년 8월 9일 Fed는 "2013년 중반까지 지금의 초저금리(연 0~0.25%)를 유지하겠다"고 발표했다. Fed가 장기간 초저금리를 유지하겠다고 선언한 것은 이례적이었다. 경기부양 의지가 그만큼 강력함을 보여준 것이다.

Fed 발표가 나자 뉴욕 주식시장의 3대 지수인 다우 · 나스닥 · S&P500 지수가 일제히 3~5%씩 급등했다. 미국 10년 만기 국채 가격은 장중 사상 최고치를 찍었다. 국채 가격과 반대로 움직이는 금리는 사상 최저 수준으로 떨어졌다.

Fed 발표의 영향은 여기서 그치지 않았다. 상품시장에서 금값은 사상 최고치를 경신했다. 이어 열린 아시아 주요국 증시도 일제히 강세를 보였다. Fed가 세계경제와 금융시장에 얼마나 큰 영향을 미치는지 보여주는 사례다.

Fed의 정책 목표는 '낮은 실업률'과 '물가안정'이다. 이를 위해 세 가지 정책 수단을 사용한다.

첫째는 공개시장조작(open market operation)이다. 국채 등 유가증권을 사들이거나 팔아 통화 공급량을 조절하는 것이다.

둘째는 금융기관의 지급준비율(reserve requirements)이다. 지급준비율은 은행이 고객들로부터 받은 예금 가운데 의무적으로 중앙은행에 맡겨둬야 하는 돈이다. Fed가 지급준비율을 올리면 은행들은 대출을 그만큼 줄일 수밖에 없다. 대출 여력이 줄어들기 때문이다. 반대로 내리면 은행들은 대출을 늘릴 수 있게 된다.

셋째는 재할인율(discount rate)이다. 연방준비은행이 민간 은행 등 금융기관에 빌려주는 자금의 이자율을 높이거나 낮춰 통화량을 조절한다.

Fed는 1913년 12월 미국 의회를 통과한 연방준비제도법(Federal Reserve Act)을 기초로 출범했다. 19세기 말 은행과 기업들의 도산과 경기침체를 초래하는 금융위기가 빈번하게 발생하자 미국 정부는 이를 막기 위한 기관으로 1907년 국가금융위원회를 설립했다. 이후 국가금융위원회가 Fed로 발전, 미국식 중앙은행 제도가 탄생했다.

* 중국의 양회와 정책 결정

중국이 매년 3월에 여는 '양회(兩會)'는 중국 최대의 연례 정치 행사로, 중국의 최고 정책자문 기구인 전국인민정치협상회의(정협)와 중국의 정기국회 격인 전국인민대표대회(전인대)를 합쳐서 양회라고 부른다. 중국은 양회를 통해 주요 법률을 만들고 예산안을 짜며, 그 해의 정부 정책 기조도 여기서 결정한다. 중국의 주요 정책 방향을 결정하는 회의이기 때문에 중국 내부는 물론 세계적으로도 관심을 끈다.

穩中求進 … 中, 권력이양 앞두고 안정에 '방점'
〈온중구진 - 안정 유지하며 발전 추구〉

내달 3일부터 후진타오 체제 마지막 양회

올해 8% 성장유지 위한 경기 부양책 관심
빈부격차 해소·민족갈등 해결책 내놓을 듯

중국 네티즌들이 꼽은 양회 주제 순위

	2011년	2012년
❶	사회보장	사회보장
❷	공정한 법집행	소득분배
❸	부패척결	사회관리
❹	개인수입증대	교육개혁
❺	부동산 가격조정	의료개혁

자료: 인민망

후진타오 주석

중국의 최대 정치행사인 양회(兩會)가 다음달 3일 전국정치협상회의(정협) 개막으로 시작된다. 5일에는 전국인민대표대회(전인대)가 열리면서 중국은 14일까지 정치 경제 사회 문화 전반의 개혁을 위한 입법화 작업을 추진하게 된다. 이번 양회는 올해 가을 지도부 교체가 예정돼 있는 18차 공산당대회를 앞두고 열리는 마지막 회의여서 '안정과 개혁의 조화'라는 과제를 어떻게 구현할지 관심이다. 전문가들도 이번 양회의 키워드로 '온중구진(穩中求進, 안정을 유지하면서 발전을 추진한다)'을 꼽고 있다.

◆경기부양책 기대
후안강(胡鞍鋼) 칭화대 공공관리학원 교수는 26일 "올해 양회는 경제발전 방식의 지속적인 전환을 추진하면서 민생 개선, 개혁 가속화, 사회관리 능력 개선 등에 중점을 둘 것"이라며 "전체적인 기조는 '온중구진'이 될 것"이라고 전망했다. 후진타오 주석이 이끄는 현 지도부가 오는 10월부터 열리는 18차 당대회에서 차기 지도부에 권력을 이양하는 만큼 '안정'이 최우선이라는 것이다.

중국 언론들은 미국 유럽 등의 경기침체로 중국의 성장률이 둔화되고 있는 상황에서 어떤 부양책을 내놓을지에 주목하고 있

☞ 양회(兩會)
전국인민대표대회(전인대)와 전국정치협상회의(정협)를 함께 부르는 말. 한국의 국회 격인 전인대는 법률과 예산심의 등 주요 정책인 전인대는 법률과 예산심의 등 주요 정책을 결정한다. 31개 성·시·자치구·인민해방군 대표 약 3500명으로 구성돼 있다. 정협은 최고 국정 자문회의로 공산당 및 사회단체 대표 2000여명이 위원이다. 양회는 정협에서 건의한 내용을 전인대에서 심의 결정하는 방식으로 진행된다.

다. 관영 차이나데일리는 "중국은 물가를 안정시키면서 성장을 유지해야 하는 어려운 상황에 처해있다"며 "양회를 통해 국제적인 신뢰를 높이는 것이 중요하다"고 강조했다.

원자바오 총리는 다음달 5일 전인대 연설에서 올해 중국 경제성장률 목표치를 제시할 예정이다. 블룸버그통신은 "8% 미만의 성장률을 제시할 가능성이 높다"고 전망했지만 이번 양회 기간에 8% 이상의 성장률을 유지하기 위한 각종 부양책들이 쏟아져나올 공산이 크다. 특히 올해는 12차 5개년 계획(2011~2015년)의 두 번째 해에 해당하기 때문에 대규모 재정정책에 대한 기

대가 높다. 중국 정부도 올해 적극적인 재정정책을 펴겠다고 천명했다.

◆민생 안정에 주력
인민망이 실시한 인터넷 설문조사에 따르면 네티즌들은 올해 양회의 최대 주제로 사회보장 수입분배 사회관리 공정교육 의료개혁 등을 꼽았다. 다이쉐라이(戴學來) 텐진대 국민경제연구원 교수는 "양회는 민생 사회보장 물가 부동산 등 인민들의 생활수준 향상 문제와 떼놓고 생각할 수 없다"며 "올해는 중국 경제의 하방 압력이 강하기 때문에 이에 대한 국민들의 관심도 높을 수밖에 없다"고 지적했다.

전문가들은 이에 따라 빈부격차 축소와 복지 혜택 확충 등 민생을 안정시키기 위한 광범위한 대책들이 논의될 것으로 보고있다. 구체적으로는 감세를 통한 세제개혁, 사회보험 등 안전망 확충, 최저임금 인상,

주택 공급 확대 등이 주요 의제가 될 전망이다.

중국 정부는 이미 개인 면세점을 올리고 부동산 보유세를 늘리는 등 세제개혁에 착수했다. 또 기업들의 부담을 덜어주기 위해 영업세를 부가가치세로 전환하는 작업도 추진 중이다. 이와 함께 일자리를 늘리고 연금 및 의료보험을 확대하는 등 사회안전망을 강화하는 방안을 추진하고 있다. 부동산 정책과 관련해서는 '보장방'(서민용 임대주택) 사업을 차질 없이 추진해 가격 안정을 노릴 것으로 예상된다.

양회에서는 또 티베트와 신장위구르 자치구를 중심으로 한 민족 갈등 해소 방안과 형사소송법의 전면 개정을 통한 인권 향상 방안 등도 주요 의제로 다뤄질 것이라고 중국신문망이 전했다.

베이징=김태완특파원 twkim@hankyung.com

정협은 국정자문 역할을 하는 기구다. 정협 위원들은 현안에 대해 토론을 거쳐 전인대에 정책 대안을 제시한다. 이 때문에 정협은 전인대보다 이틀 앞서 열린다. 정협에는 공산당은 물론 민주당 등 비(非)공산당 정파와 소수민족 대표, 직능별 대표 등이 포함돼 있다. 중국은 그래서 자신들이 공산당만의 국가가 아니라는 것을 보여주는 증거로 정협을 내세우기도 한다. 전인대는 정책을 결정하는 최고 권력기관이다. 흔히 한국의 국회 역할을 하는 것으로 알려져 있지만, 이는 일부분일 뿐이다. 전인대는 국회처럼 입법권과 예산심의권을 갖고 있을 뿐 아니라, 대통령처럼 주요 정부 인사에 대한 임명권도 갖고 있다. 행정부에 해당하는 국무원, 사법부인 최고인민법원, 검찰청인 최고인민검찰원 등도 모두 전인대에 속해 있다. 한국이 행정부·입법부·사법부가 독립된 3권분립 체제를 운영하는 것과 달리, 중국은 전인대가 3권을 모두 가진 일권체제인 셈이다. 물론 중국에서 실질적인 권력은 공산당이 쥐고 있다. 공산당은 중국 헌법에 규정된 '당의 영도' 원칙에 따라 인민해방군을 거느리고 있고, 모든 정부기관을 실질적으로 통제하고 지배한다.

한국의 국회는 매년 9월에 3개월여 동안 정기국회를 열고 수시로 임시국회도 소집해 국정을 논의한다. 그러나 전인대의 회기는 1년에 열흘에 불과하다. 또 전인대에 올라온 안건이 일부 수정되는 경우는 있지만 부결되는 일은 없다. 그래서 전인대는 '거수기' 라는 비판도 받는다. 그럼에도 전인대가 중요한 이유는 인민의 대표조직이기 때문이다. 공산당은 전체 인구의 6%에 불과한 8000만여 명의 공산당원을 대표할 뿐이지만, 전인대는 형식상 모든 국민을 대표한다. 약 3000명의 전인대 대표는 성·자치구·직할시 및 인민해방군의 간접 선거로 선출된다. 2012년 양회는 후진타오 국가주석이 이끄는 ★제4세대 지도부가 치른 마지막 회의였다. 5년마다 한 번씩 가을에 열리는 전국대표대회에서는 중국 최고지도부인 정치국 상무위원 9명이 선출된다. 그리고 이듬해 3월에 열리는 전인대에서 이들 상무위원 중 국가주석과 총리, 전인대 상무위원장 등 주요 직책을 누가 맡을지가 최종 결정된다.

KEY WORD ★ 제4세대 지도부

후진타오 주석과 비슷한 연령대의 정치세력으로 주로 문화대혁명(1966~1976년) 기간에 청년기를 보낸 세대다. 중국은 지도부를 중심으로 정치세대를 구분한다. 1세대는 마오쩌둥을 중심으로 한 혁명원로, 2세대는 덩샤오핑을 중심으로 항일투쟁 경험이 있는 인물들을 말한다. 3세대는 장쩌민과 함께한 세대로 주로 1950년대 중화인민공화국 건국 초기에 입당한 그룹이다. 시진핑, 리커창 등을 중심으로 한 5세대는 1980년대 경제개혁기에 정치적으로 성장한 세력을 말한다.

* 신자유주의

신자유주의는 자유무역을 확대하고 개방된 시장을 통해 경제적 자유를 극대화하자는 이념을 가리키는 말이다. 1970년대부터 케인스주의로 대표되는 국가 개입주의가 경제문제를 해결해주지 못하자 작은 국가와 시장경쟁 확대를 지향하는 신자유주의가 나타났다. 국영기업의 민영화나 규제 완화, 민간부문의 역할 확대 등을 지지하며, 자유무역 실현이라는 기치 아래 전 세계의 단일 시장화를 시도하고 있다.

한국경제 　　　　　　　　　　 외면 당한 '反월가시위' 　　　　　　　 2011년 10월 17일 월요일 　A 3

"무늬만 反금융… 주거·노동불만 쏟아낸 잡탕 집회"

한국선 왜 호응 없었나

高연봉 금융노련 '눈총 받을라' 불참
명분 약한 수입집회 - 좌파단체도 '시큰둥'

21일 2차 시위 계획
"은행 탐욕 공개할 것"

뉴욕·로마 'Occupy' 폭력사태 속출

1500개 도시 동발 시위

슈피겔 "진짜 99%는 집에 머물렀다"

엇갈린 평가

랜디드 미터 회장
"신의 재런은 월가의 몫"

KEY WORD

★ 통화정책

monetary policy. 중앙은행이 이자율이나 통화량을 조절해 경제의 안정적 성장을 실현하려는 정책을 말한다. 물가 안정, 완전고용, 국제수지균형, 경제성장, 공정 분배 등을 목표로 삼아 진행된다. 할인율 조정, 공개시장 조작, 지급준비율 조정 등이 통화정책의 수단으로 사용된다. 대출한도제와 이자율 규제 정책, 여신 관리 제도 등도 통화정책의 일환으로 분류된다.

신 자유주의는 19~20세기 초 자유방임을 주장한 '고전적 자유주의'와 달리 자유경쟁을 촉진하는 '준칙'에 의거해 ★통화정책은 소극적으로 시행하고, 국제금융을 자유화해 안정된 경제성장에 도달하는 것을 목표로 삼는다. 정부의 시장개입을 전적으로 부정하진 않지만, 정부의 개입이 경제의 효율성과 형평성을 악화시킬 우려가 크다고 본다. 또 공공복지 제도를 확대하는 것은 정부의 재정을 악화시키고, 근로의욕을 감퇴시켜 '복지병'을 야기한다는 생각을 갖고 있다.

신자유주의의 등장은 20세기 초 맹위를 떨친 케인스주의나 사회주의와 분리해서 생각할 수 없다. 대공황 극복을 위해 정부가 적극적으로 시장에 개입하도록 했던 케인스주의와 사회주의 계획경제를 비판하면서 신자유주의가 본격적으로 대두됐기 때문이다. 케인스주의는 2차 세계대전 이후 '자본주의 황금기' 때 전성기를 맞은 이론이었지만, 1970년대 이후 글로벌 경기불황이 다시 등장하면서 "효력이 다됐다"는 반론이 제기됐다. 미국 시카고대학교를 기반으로 한 신자유주의 학자들이 장기적인 스태그플레이션(경기침체와 물가상승이 동반되는 현상)이 케인스 이론에 기반한 경제정책이 실패한 결과라고 주장하고 나선 것이다. 경제정책의 주체로서 시장을 부정하고 국가의 계획을 앞세웠던 사회주의와 신자유주의자들은 극단적으로 대립했다.

신자유주의는 미국 리처드 닉슨 행정부의 경제정책에 반영되면서 정부의 경제정책으로 본격화됐고, 1980년대 미국 공화당의 로널드 레이건 대통령 집권기 경제정책인 '레이거노믹스(Reaganomics)'의 근간이 됐다.

신자유주의는 1990년대 초 현실 사회주의가 몰락하면서 전성기를 맞았다. 신자유주의자들의 주도로 자유무역을 확대하기 위한 시장개방 정책이 글로벌 차원에서 진행됐고, '세계화'와 '자유화'라는 용어가 일상화됐다. 노동시장의 유연화도 강화됐다.

하지만 신자유주의에 대한 비판적인 시각을 가진 사람들은 "신자유주의가 경제적 효율성만을 고려한 정책을 추진해 빈부격차가 심화되고, 사회해체의 위기가 불거졌다"고 주장했다. 이에 따라 1990년대 후반엔 자본주의와 사회주의를 실용적으로 결합해 무한경쟁에 따른 시장경제 폐단을 정부가 막는다는 '제3의 길' 등의 대안이 모색되기도 했다. 2008년 글로벌 금융위기 이후엔 빈부격차 확대가 신자유주의 확대 탓이라고 주장하는 세력에 의해 '월가 점령' 시위가 세계 각국에서 진행되기도 했다.

✳ 고령화와 단카이 세대

일본의 단카이 세대는 1947~1949년에 태어난 일본의 베이비 붐 세대를 가리키는 말이다. 이들 단카이 세대는 1970~1980년대 일본의 고도성장을 이끌었다. 단카이의 한자 표기는 '단괴(團塊)'다. '덩어리'라는 뜻으로 '많음'을 뜻한다. 일본 경제기획청 장관을 지낸 평론가 사카이야 다이이치[堺屋太一]가 1976년에 발표한 《단카이의 세대》라는 소설에서 처음 언급했으며, 이후 사회학적 용어로 정착됐다.

고령화의 늪 일본
너무 젊은 65세
'노인의 자격' 늦춘다

"몇 살부터 노인으로 봐야 하나."

일본 정부가 '고령자' 기준을 새롭게 정하기로 했다. 현재 일본의 고령자는 '65세 이상'이다. 그러나 이들을 일률적으로 지원 대상으로 분류하는 지금의 사회복지시스템은 지속가능하지 않다는 판단이다. 나이와 상관 없이 고령화 지원 대상을 선별하겠다는 얘기다. 평균 수명이 늘어나며 노인 비중은 빠르게 확대되는 반면 세금을 내는 젊은 세대 비중은 급격히 줄어들고 있기 때문이다. 니혼게이자이신문은 일본 정부가 이 같은 내용을 오는 5월 발표하는 '고령사회대책'에 반영할 전망"이라고 22일 보도했다.

◆나이만 따지는 사회보장제도

일본 국민은 65세부터 사회보장 혜택을 받는다. 기초연금과 후생연금은 모두 '65세 이상'을 지급 대상으로 규정하고 있다. 노인요양서비스에 특화된 '개호보험'도 원칙적으로 65세를 넘어야 가입이 가능하다. 특수한 사정이 있을 때는 그 이전에도 가입할 수 있지만 65세 이상 '고령자'에 비해 훨씬 많은 보험료를 내야 한다. 동물원 수족관 공원 등을 공짜로 이용할 수 있는 나이도 '65세 이상'이다. 65세 이상은 취업을 한다고 하더라도 고용보험 대상에서 제외된다.

현행 사회보장시스템 전반이 '64세 이하' 인구가 '65세 이상' 계층을 지원하는 구조로 짜여져 있는 셈이다.

그러나 지금의 '노인'이 과거의 '노인'과 다르다는 것이 일본 정부의 생각이다. 우선 건강하다. 일본 후생노동성 조사에 따르면 60세 이상 가운데 자신이 건강하다고 생각하는 사람의 비율은 65%에 이른다. 평균 수명도 길어졌다. 일본 사회보장시스템의 틀이 잡히기 시작한 1955년에는 일본 남녀의 평균 수명이 각각 63.6세와 67.8세에 불과했다. 전체 인구에서 '65세 인구'가 차지하는 비중도 10%에 불과했다.

지금은 사정이 바뀌었다. 평균 수명은 남자 79.6세, 여자 86.4세로 높아졌고 65세 인구 비중도 23%로 높아졌다. 2060년에는 39.9%까지 치솟을 전망이다. 현행 제도를 그대로 유지한다면 일본 사람 10명 중 4명이 '노인 대접'을 받게 되는 셈이다.

◆세대 간 불평등 해소

노인 인구는 늘어나는 반면 일을 하고 세금을 내는 '생산가능인구(15~64세)'는 1995년 8717만명을 정점으로 빠르게 줄어들고 있다. 2060년에는 4000만명 수준으로 절반으로 줄어들 전망이다. 지원하는 쪽과 지원받는 쪽의 균

형이 무너지고 있는 것이다.

세대 간 소득 격차가 크다는 것도 일본 정부가 '고령자' 정의를 재검토하게 된 배경이다. 일본의 노인 세대는 고도성장기를 거치면서 상당한 부를 축적했다. 1500조엔에 달하는 일본 개인금융자산 가운데 75%가량을 '65세 이상'이 쥐고 있다. 반면 젊은층의 상황은 열악하다. 일본의 전체 고용자 가운데 비정규직이 차지하는 비중이 사상 최대인 35.2%에 이를 정도로 소득 기반이 허약하다.

일본 정부는 이런 문제점을 해소하기 위해 우선 노인 '선별 작업'부터 시작할 방침이다. 사회보장 대상을 선정할 때 연령뿐만 아니라 소득과 건강상태 등을 다각도로 검토하겠다는 것이다. 부유층의 일할 의욕이 있는 노인은 지원 대상에서 빼겠다는 취지다. 장기적으로는 각종 사회보장시스템에 박혀 있는 '65

세 이상' 규정을 상향 조정하는 방안도 고려 중이다. 니혼게이자이는 "고령화·저출산 추세로 젊은 세대의 세금 부담은 해마다 무거워지고 있다"며 "현행 사회복지시스템을 유지하려면 의욕과 능력이 있는 노인은 '지원하는 쪽'으로 돌아설 필요가 있다"고 지적했다.

도쿄=안재석 특파원 yagoo@hankyung.com

늘어나고 있는 평균 수명

증가하고 있는 65세 이상 인구비율

'단카이'를 설명하기 전에 살펴봐야 할 용어가 있다. '베이비 부머'다. 특정 기간에 집중적으로 몰려 태어난 세대를 지칭한다. 미국 통계청은 베이비 부머를 '합계출산율 3.0 이상이었던 시대에 태어난 세대'로 규정한다. 합계출산율이란 가임여성 한 명이 평균적으로 낳는 아이의 수를 말한다. 베이비 부머는 부부 한 쌍이 3명 이상의 아이를 낳았던 시기에 태어난 세대인 셈이다.

미국은 제2차 세계대전 직후 태어난 1946~1964년생이 여기에 해당한다. 일본도 전쟁이 끝난 직후

인 1947~1949년에 유독 많은 아이들이 태어났다. 이 시기의 출생자가 상대적으로 많아서 인구분포도를 그려보면 덩어리 하나가 불쑥 튀어나온 듯 보인다. 그래서 일본에서는 이들 '베이비 부머' 세대에 '단카이'라는 별칭을 붙였다.

일본 단카이 세대는 660만여 명에 이른다. 전체 인구에서 차지하는 비중은 약 5%. 비슷한 나이에, 비슷한 취향을 가진 사람들이 잔뜩 뭉쳐 다니다 보니 사회적으로 파급력이 컸다. '단카이 세대의 뒤에는 풀 한 포기도 살아남지 못한다'는 말까지 나올 정도로 일본 현대사를 휘젓고 다녔다. 일본을 세계 2위의 경제대국으로 만든 주역도 이들이고, 동시에 국제적으로 '이코노믹 애니멀(Economic Animal)'이라는 비아냥을 샀던 사람들도 단카이 동지들이다.

문제는 이들이 본격적인 노인의 길에 접어들었다는 것. 단카이 세대의 맏형인 1947년생은 2012년 65세로 한꺼번에 정년을 맞았다. 일본 정부는 비상이 걸렸다. 단카이 세대가 퇴직함에 따라 이들에게 연금을 본격적으로 지급해야 하기 때문이다. 의료비도 부쩍 증가할 가능성이 높다. 연간 2조 엔(약 30조 원)가량의 복지비가 단숨에 늘어날 전망이다. 국가부채비율이 국내총생산(GDP)의 200%에 이를 정도로 재정이 허약한 일본으로선 큰 문제다. 현재로서는 이들을 감당할 체력이 일본엔 없다. 단카이는 지금의 일본이 풀어야할 최대 난제다.

 KEY WORD ★ 고령화사회

유엔(UN)은 65세 이상 인구가 총 인구에서 차지하는 비율이 7% 이상일 때 '고령화사회'로 규정한다. 이 비중이 14% 이상이면 '고령사회', 20% 이상인 국가를 '초고령사회'로 분류한다. 이 기준에 따르면 한국은 2000년 고령화사회로 접어들었고, 2018년 고령사회(14.3%)에 진입한 뒤 2026년 초고령사회(20.8%)에 도달할 것으로 예상된다. 고령화사회에서 고령사회까지 18년밖에 안 걸리는 셈이다. 미국(73년), 독일(40년)은 물론 일본(24년)보다도 빠르다. 일본은 노인인구 비중이 23%로 이미 초고령사회다. 50년가량 뒤인 2060년께에는 40%에 육박할 전망이다. 길거리 지나는 사람 10명 중 4명이 할아버지, 할머니인 사회가 되는 셈이다.

✱ 신흥시장과 성장시장

후진국, 개발도상국이라는 용어는 불과 10년 전만 하더라도 교과서에나 신문에서 자주 볼 수 있었던 용어였다. 지금은 G20 의장국이자 경제대국으로 성장한 한국도 한때는 개발도상국이라고 불린 적이 있었다. 당시 세계경제는 선진국 그룹인 G7(미국 · 일본 · 독일 · 영국 · 프랑스 · 독일 · 이탈리아 · 캐나다)이 좌지우지했다. 지금은 새로이 신흥시장과 성장시장이라는 용어가 쓰이고 있다.

"뭉칩시다" 지우마 호세프 브라질 대통령(왼쪽부터), 드미트리 메드베데프 러시아 대통령, 만모한 싱 인도 총리, 후진타오 중국 국가주석, 제이컵 주마 남아프리카공화국 대통령이 29일 인도 뉴델리에서 열린 브릭스(BRICS) 5개국 정상회의에서 손을 들고 있다.

뉴델리AP연합뉴스

손 꽉잡은 브릭스 '개도국 개발은행' 설립 합의

"3년내 역내 무역 2배로"

브라질 러시아 인도 중국 남아프리카공화국 등 브릭스(BRICS) 국가들이 개발도상국을 위한 별도의 개발은행 설립에 합의했다. 또 2015년까지 역내 무역 규모를 현재의 2배 이상으로 확대하기로 했다.

AP통신 등 주요 외신들은 29일 브릭스 5개국 정상들이 인도 뉴델리에서 회담을 갖고 개도국 지원을 위한 새로운 개발은행을 공동으로 설립하는 계획을 승인했다고

보도했다.

만모한 싱 인도 총리는 "재무장관들에게 개발은행 설립에 관한 구체적인 계획안을 마련해 다음 정상회의 때 보고하도록도록 시켰다"고 설명했다.

브릭스 역내 무역도 활성화하기로 했다. 브릭스 500개 기업 최고경영자(CEO)들은 정상회의에 앞서 열린 비즈니스 포럼에서 현재 2300억달러인 역내 무역 규모를 2015년까지 5000억달러로 늘리기로 합의했다. 브라질 국영 경제사회개발은행의 루시아

노 코우팅요 총재는 "현지 통화로 직접무역과 투자를 하는 내용의 합의가 이뤄질 것"이라고 설명했다.

브릭스 국가 정상들은 역내 무역을 증진하고 미국 중심의 국제통화기금(IMF)에 대항하는 데에도 의견을 같이했다. 브릭스 정상들은 이날 회의 후 내놓은 성명에서도 선진국 그룹을 압박했다. 정상들은 "오는 10월 IMF 연차총회 이전에 IMF 쿼터(지분) 개혁작업을 실행에 옮겨야 한다"며 "2010년 서울 주요 20개국(G20) 정상회

의에서 합의한 쿼터 및 지배구조 개혁안이 충실히 이행돼야 IMF의 대출여력 확대 노력도 성공을 거둘 수 있을 것"이라고 강조했다.

정상들은 또 "선진국들은 글로벌 금융시장에 자금이 지나치게 풀리지 않도록 거시경제와 금융정책을 신중하게 수립해야 한다"며 "상품시장의 변동성이 확대되면 글로벌 경제의 회복에 위협이 될 수 있다"고 지적했다.

임기훈 기자 shagger@hankyung.com

ㅂ 릭스(BRICs: 브라질 · 러시아 · 인도 · 중국) 국가들은 선진국보다 한참 뒤진 변방 국으로 인식됐다. 하지만 10년 뒤 이들 국가의 위상은 세계경제의 중심으로 변모 했다. 이제 세계는 브릭스를 후진국이나 개발도상국이 아닌 신흥국가로 받아들이고 있다. 더 이상 선진국에 뒤처진 국가들이 아니란 얘기다. 이들 4개국의 성장 가능성을 미리 예견하고 브릭스란 용어를 처음 사용한 사람은 짐 오닐 골드만삭스자산운용 회장이다.

오닐 회장은 2001년 10년 뒤 세계경제의 발전을 주도할 강대국으로 브라질 · 러시아 · 인도 · 중국을 지목하고, 이들 국가의 영문명 앞 글자를 따서 '브릭스'라는 이름을 붙였다. 당시 이 말이 신흥시장을 대표하는 용어가 될 것으로 예상한 사람은 많지 않았다. 하지만 지난 10년 동안 세계경제는 2배 성장한 반면 브릭스의 국내총생산(GDP)은 3조 달러에서 12조 달러로 4배 증가했다. 같은 기간 브릭스 국가들이 세계 전체 교역에서 차지하는 비율은 10%에서 20%로 늘었다. 일부 전문가들은 브릭스의 GDP가 2039년엔 G7보다 더 커질 것이라고 예상하고 있다. 정례 모임을 갖고 있는 브릭스 4개국 정상들은 2011년 남아프리카공화국을 제5의 회원국으로 받아들이면서 의미가 확장됐고, '브릭스'의 영문 표기도 'BRICs'에서 'BRICS'로 바뀌었다.

경제학자를 비롯한 전문가들은 브릭스의 괄목할 만한 성장을 경험한 뒤 앞다퉈 세계경제의 성장을 이끌 새로운 국가들을 찾고 있다. '포스트 브릭스'로 거론되는 곳은 믹트(MIKT: 멕시코 · 인도네시아 · 한국 · 터키), 비스타(VISTA: 베트남 · 인도네시아 · 남아프리카공화국 · 터키 · 아르헨티나), 마빈스(MAVINS: 멕시코 · 호주 · 베트남 · 인도네시아 · 나이지리아 · 남아프리카공화국) 등이다. 오닐 회장은 브릭스와 믹트 국가들은 이미 성장궤도에 오른 시장이라는 의미로 ★ '성장시장'이라 부르고 있고, 브릭스 이후 주목해야 할 신흥국으로 한국을 비롯한 11개 국가를 통칭하는 ★ '넥스트 일레(N-11)'을 소개했다. 이들 신조어에서 확인할 수 있는 것은 이제 세계경제의 성장은 선진국이 주도하지 않는다는 것이다. 2020년까지 성장시장의 GDP 증가액은 미국과 유럽 GDP 증가액의 2배에 해당하는 16조 달러에 달할 것이란 전망도 있다.

KEY WORD ★ 성장시장과 넥스트 일레븐(N-11)

성장시장은 이제 '막 떠오르고 있는' 신흥시장(emerging market)이 아니라 이미 성장의 가속도가 붙은 성장 중인 시장이라는 의미로 세계 GDP의 최소 1% 이상을 차지하는 선진국 이외의 경제를 일컫는 개념이다. 총 8개국으로 브릭스에 한국, 멕시코, 인도네시아, 터키가 추가된다. 넥스트 일레븐(N-11)은 브릭스를 이을 새로운 신흥국가로 한국을 비롯해 멕시코, 터키, 이란, 이집트, 나이지리아, 방글라데시, 인도네시아, 파키스탄, 필리핀, 베트남 등이다.

✳ 국부펀드

국부펀드란 정부가 외환보유액 같은 자산을 가지고 주식이나 채권 등에 투자하는 펀드를 말한다. 따라서 정부가 직접 소유하고 운용하는 투자기관이다. 은행에 돈을 넣어두는 방법만으로는 늘어나는 국가의 자금 수요를 감당하기 힘들기 때문에 더 높은 수익을 얻고자 국부펀드를 만드는 것이다. 가계에서 여유자금을 활용해 투자하고, 이를 통해 경제적 이익을 얻는 것과 비슷하다.

중국, 제2 국부펀드 만든다

자본금 3000억달러
美·유럽 실물자산 투자

중국 정부가 미국, 유럽의 실물자산에 투자하는 제2 국부펀드 설립을 추진하고 있다. 이 펀드가 본격적인 투자에 나서면 세계 경제 회복에 도움이 될 것으로 보인다.

중국 관영 증권일보는 12일 인민은행이 최근 정부로부터 해외 자산에 투자하는 새로운 '외환투자기구' 설립을 승인받고 구체적인 설립작업을 진행하고 있다고 보도했다. 이 투자회사의 자본금 규모는 3000억달러(344조원)로 알려졌다. 미국에 투자하는 '화메이(華美)펀드'와 유럽에 투자하는 '화어우(華歐)펀드' 등 2개로 운영될 예정이다. 본사는 상하이에 두기로 했다. 자본금은 중국 정부 보증 아래 채권 발행을 통해 마련한다. 증권일보는 "정부가 새로운 투자기구를 만드는 것은 보유 중인 외화 자산을 다양화해 수익률을 끌어올리기 위한 것"이라며 "그러나 이 기구의 구체적 자금 운용 방식은 아직 확정되지 않았다"고 전했다.

중국은 지난 9월 말 현재 세계에서 가장 많은 3조2017억달러의 외환을 보유하고 있다. 이 중 60%는 달러에, 25%는 유로화에 투자하고 있다. 저우징퉁 중국은행 애널리스트는 "중국 정부의 가장 큰 고민 중 하나는 달러와 유로화 가치가 불투명해진 상황에서 외환보유액의 가치를 유지해야 하는 문제"라며 "새로운 국부펀드는 수익률이 높은 해외 기업이나 주식 등에 투자할 수 있을 것"이라고 말했다. 왕궈강(王國剛) 사회과학원 금융연구소장도 "중국에서 필요한 외환 수요는 1조2000억달러 정도"라며 "나머지 2조달러의 외환은 적절하게 수익을 낼 수 있는 곳에 투자해야 한다"고 말했다.

현재 중국의 국부펀드로는 중국투자공사(CIC)가 유일하다. 이 회사는 2007년 중국 재정부가 특별국채를 발행, 조달한 2000억달러의 자금으로 설립됐다.

베이징=김태완특파원 twkim@hankyung.com

KEY WORD

★ 국가자본주의

국가자본주의는 정부가 정치적 목적을 위해 시장을 조종하는 경제체제를 뜻한다. 정부 관료들은 국가자본주의 아래에서 막대한 자금을 관리한다. 그들은 이런 자금을 활용해 자국의 기업을 보호하고 국제사회에서 영향력을 키운다. 국유기업, 국유상업은행, 국부펀드 등이 대표적인 수단이다. 국유기업들은 국가의 지원을 받아 적극적으로 해외 기업이나 자산의 인수·합병(M&A)을 추진한다. 국부펀드 역시 국가자본주의의 산물로 세계 자원·부동산 시장 등에서 큰 영향력을 행사하고 있다.

국 부펀드 투자자금은 외환보유액의 일부나 수출로 번 돈으로 조성하는 것이 일반적이다. 국부펀드의 투자처는 주로 해외다. 국부펀드가 국내에 투자해서 돈을 벌면 다양한 비판에 직면할 수 있기 때문이다.

국부펀드는 2000년까지만 해도 글로벌 시장에서 큰 영향력을 행사하지 못했다. 헤지펀드, 사모펀드 등에 비해 투자 규모가 작고 투자 대상도 많지 않았기 때문이다. 미국, 호주 등은 국가안보를 이유로 전략산업에 대한 국부펀드의 투자를 막고 있다.

하지만 최근 10여년 동안 국부펀드를 운용하는 국가들이 늘어나고 있다. 원유 가격이 오르면서 중동국가들이 큰돈을 벌었고, 신흥국들도 무역을 통해 자금을 축적했기 때문이다.

현재 전 세계 국부펀드는 50여 개에 달한다. 중국의 중국투자공사(CIC), 싱가포르의 테마섹과 싱가포르투자청(GIC), 아랍에미리트연합(UAE)의 아부다비투자청, 한국투자공사(KIC) 등이 대표적이다. 이들은 적극적으로 해외에 투자하고 있다. CIC는 부동산과 채권에 적극 투자하고 있다. 2011년 10월엔 사모펀드인 블랙스톤과 함께 영국은행 로열뱅크 오브 스코틀랜드(RBS)의 부동산 부실채권을 사들여 관심을 모았다. 2008년 글로벌 금융위기 때는 미국과 영국의 부동산 가격이 급락한 틈을 타 투자했다. 싱가포르의 테마섹은 1997년 외환위기 당시 한국에 건너와 부동산을 사들이기도 했다.

최근 중국 등 달러가 많은 국가들은 더욱 공격적으로 국부펀드를 조성하고 있다. 중국 정부는 CIC 이외에도 제2 국부펀드 설립을 추진하고 있다.

국부펀드는 정부의 정책에 따라 움직이기도 한다. 2009년 노르웨이 정부가 조성한 석유펀드는 팔레스타인에 대한 이스라엘의 정책에 반대 의사를 표명하기 위해 이스라엘 기업 엘비트시스템스의 지분 600만 달러어치를 매각했다. 때문에 국부펀드는 투자대상국의 반감을 초래하고, 각국의 보호주의 성향을 부추긴다는 지적을 받기도 한다.

하지만 국부펀드의 영향력은 더욱 커질 전망이다. 미국 칼럼니스트 에릭 와이너는 "국부펀드는 사모펀드, 헤지펀드와 함께 앞으로 세계경제를 움직이는 거대한 세력이 될 것"이라고 내다봤다.

✳ 셰일가스와 오일샌드

기름 값이 좀처럼 떨어질 줄을 모른다. 이러한 기름 값의 고공 행진이 장기간 지속되리란 전망이 나오면서 석유를 대체할 만한 에너지원이 관심사로 떠오르고 있다. 태양열 등 자연력을 이용하는 ★신재생에너지는 물론이고, 최근엔 천연가스의 일종인 셰일가스(shale gas)와 이름에서도 알 수 있듯이 오일이 함유된 오일샌드(oil sand)가 언론에서 자주 거론되고 있다.

美, 셰일가스 덕에 공장건설 붐

향후 15년간 100만 일자리 창출

셰일가스(shale gas) 개발이 활발해지자 미국에 석유화학, 철강, 화학비료 등 제조업 공장 건설붐이 일고 있다고 월스트리트저널(WSJ)이 26일(현지시간) 보도했다.

천연가스의 일종인 셰일가스의 생산량이 늘면서 천연가스 가격이 하락하자 이를 원료나 연료로 사용하는 제조업 투자가 활성화되고 있는 것. 프라이스워터하우스쿠퍼스(PwC)는 최근 보고서에서 셰일가스 관련 공장 투자가 향후 15년간 미국 내 일자리를 100만개 이상 창출할 것으로 추산했다.

WSJ에 따르면 로열더치셸은 셰일가스가 주로 생산되는 애팔래치아 산맥 지역에 천연가스를 활용한 에틸렌 공장을 건설할 계획이다. 에틸렌은 플라스틱, 부동액 등 석유화학 제품의 원재료로 사용된다. 이에 따라 인근 웨스트버지니아, 펜실베이니아, 오하이오주 등은 이 공장을 유치하기 위해 경쟁을 벌이고 있다.

다우케미칼도 향후 6년간 40억달러를 투자해 미국 멕시코만 지역에 2개의 석유화학 공장을 추가로 짓기로 했다. 기존 공장의 증산과 유휴공장 생산 재개도 추진

 셰일가스

shale gas. 모래와 진흙이 쌓여 굳은 지하 퇴적암층인 셰일층에 함유된 메탄가스. 혈암가스라고도 불린다. 전 세계에 고루 분포돼 있고 추정매장량은 약 187조㎥로 천연가스 매장량과 비슷하다. 성분은 90% 이상이 메탄이다.

중이다. 짐 피터링 다우케미칼 부회장은 "셰일가스 붐으로 미국은 중동 다음으로 싸게 천연가스를 생산할 수 있는 국가가 됐다"고 말했다.

석유화학 업계뿐 아니라 철강, 화학비료 등 다른 산업도 셰일가스 개발붐의 수혜를 보고 있다. 천연가스 가격이 크게 떨어지면서 전기료 등 비용 부담도 함께 줄었기 때문이다. 6년 전 100만BTU(영국 열량단위)당 15달러에 달했던 천연가스 가격은 최근 3.20달러까지 내려갔다.

최근 7억5000만달러를 들여 미시시피 강변에 철강 공장을 짓고 있는 뉴코의 댄 디미코 최고경영자(CEO)는 "셰일가스로 비용을 절감하지 못했다면 이런 투자는 불가능했을 것"이라고 말했다.

뉴욕=유창재특파원 yoocool@hankyung.com

◤ KEY WORD

★ 신재생에너지

기존의 석탄, 석유 등 화석연료를 변환해 이용하거나 햇빛, 물, 지열, 생물유기체가 생성하는 에너지 등 재생 가능한 에너지를 변환시켜 이용하는 에너지를 뜻한다. 화석연료 고갈 후 지속 가능한 에너지 공급을 위한 미래 에너지원으로 주목받고 있다. 한국에서는 8개 분야의 재생에너지(태양열, 태양광발전, 바이오매스, 풍력, 소수력, 지열, 해양에너지, 폐기물에너지)와 3개 분야의 신에너지(연료전지, 석탄액화가스, 수소에너지) 등 총 11개 분야를 신재생에너지로 지정하고 있다.

셰일가스와 오일샌드는 전통적 에너지원인 석탄, 석유, 천연가스와는 다른 비(非)전통 에너지원이라는 점과, 매장량이 많고 채굴기술이 발달하고 있어 석유나 천연가스를 대체할 수 있을 것으로 예상된다.

가장 주목받는 차세대 에너지원은 셰일가스다. 셰일가스는 진흙이 쌓여 만들어진 퇴적암층인 '셰일층'에 갇힌 메탄가스다. 화학성분은 기존의 천연가스와 같다. 난방, 연료, 석유화학 원료로 사용된다. 확인된 매장량만 187조 4000억㎥로 전 세계가 59년간 사용할 수 있는 양이다. 기존의 원유나 천연가스 매장량과 비슷한 수준이다.

중동이나 러시아 등 일부 지역에만 집중적으로 매장돼 있는 원유나 천연가스와는 달리, 셰일가스는 전 세계에 고루 매장돼 있어 각국의 개발경쟁을 부추기고 있다. 전 세계 31개국에 매장돼 있는 것으로 확인됐기 때문이다. 특히 에너지 수요가 많은 미국과 중국에 많은 양이 매장돼 있다. 중국은 2012년 자국 내 25개 셰일가스 광구의 개발권을 중국 국영기업을 비롯해 해외기업의 합작기업에 분양했다. 미국 에너지정보청(EIA)도 천연가스 생산량 가운데 셰일가스 비중이 2035년에는 62%까지 증가할 것으로 전망하고 있다.

에너지 관련 기업들도 셰일가스 개발에 앞다퉈 뛰어들고 있다. 엑슨모빌, 토탈 등 세계 주요 에너지 기업들이 셰일가스 개발 사업에 적극 참여하고 있다.

오일샌드에 대한 관심도 커졌다. 오일샌드는 말 그대로 원유가 함유된 모래나 사암(砂岩)이다. 일반적으로 원유에서 휘발유, 경유, 등유 등을 정제하고 남는 아스팔트 등의 중질유가 10% 이상 함유된 것이 오일샌드로 분류된다. 정제과정을 거치면 2t의 오일샌드에서 약 1t의 원유를 생산할 수 있어 경제성이 높다.

오일샌드는 매장량도 많다. 캐나다가 1736억 배럴로 가장 많고, 카자흐스탄(420억 배럴), 러시아(284억 배럴) 순이다. 역시 개발비용이 비싸 개발 작업이 적극 이뤄지지 않았지만, 2000년대 들어 유가 상승으로 글로벌 석유업체들이 진입하기 시작했다.

✱ 친환경 하이브리드카

세계적으로 온실가스 감축 노력이 강화되면서 탄소 배출량이 적은 친환경 자동차에 대한 관심이 높아지고 있다. 지식경제부에 따르면 우리나라는 전체 탄소 배출량 중 자동차 배기가스 등 수송연료가 차지하는 비율이 20%에 달한다. 여기에 고유가가 지속되면서 휘발유 소비가 적은 친환경 자동차가 내연기관 자동차의 대안이 될 것이라는 전망이 나오고 있다.

기아자동차는 지난해 12월 경기도 화성시 남양기술연구소에서 국내 첫 양산형 전기차 '레이 EV' 발표회를 가졌다. /한경DB자료

전기차·하이브리드카 글로벌 리더로

현대자동차

**레이 전기차 2500대
정부·공공기관에 공급**

**하이브리드카 판매 확대
수소연료전지차 개발 박차**

현대자동차그룹은 최근 출시한 기아차 레이 전기차를 시작으로 본격적인 국산 전기차 시대를 열어갈 계획이다. 레이 전기차의 공공기관 보급이 시작되는 2012년부터 전기차 대중화를 위한 준비에 착수, 친환경 자동차 분야에서의 경쟁력을 강화한다는 전략이다.

현대·기아차는 지난해 9월 국내 최초로 개발된 전기차 '블루온'을 공개한 데 이어, 지난달 22일 국내 최초의 양산형 전기차인 레이 전기차를 출시했다. 레이 전기차는 기아차의 미니 CUV 레이에 50kW의 모터와 16.4kWh의 리튬이온 배터리를 장착한 고속 전기차로, 배터리와 전기모터만을 사용해 주행 중 탄소 배출이 전혀 없는 친환경 자량이다.

레이 전기차는 1회 충전을 통해 139km까지 주행할 수 있으며 급속 충전시 25분, 완속 충전시 6시간 만에 충전이 가능하다. 최고 130km/h까지 속도를 낼 수 있으며, 정지상태부터 100km/h까지 도달 시간은 15.9초로 1000cc 가솔린 모델보다 빠르다.

현대·기아차는 이번 레이 전기차의 출시를 시작으로 2012년도 2500대를 정부 및 지방자치단체, 공공기관 등을 중심으로 보급할 계획이다. 특히 공공서비스 분야를 통해 레이 전기차를 직접 홍보함으로써 전기차의 친환경성에 대한 일반 국민들의 인식을 높일 계획이다. 이와 함께 기술 개발과 합리적인 가격 책정, 전국적인 충전 인프라 구축 등을 통해 2013년부터 민간에도 판매해 전기차 대중화에 앞장설 방침이다. 기아차는 2014년 상반기에, 현대차는 2015년 하반기에 각각 성능이 대폭 향상된 준중형급 전기차를 출시해 전기차 분야에서 글로벌 선두주자로 자리매김한다는 전략이다.

◆세계적 수준의 하이브리드카 기술력

현대·기아차는 현재 전 세계 친환경차 시장에서 가장 합리적인 대안으로 각광받고 있는 하이브리드카 분야에서도 연구개발 역량을 집중하고 있다. 현대·기아차는 지난 쏘나타 하이브리드와 K5 하이브리드를 나란히 출시했다. 쏘나타와 K5 하이브리드는 현대·기아차가 세계 최초로 독자 개발에 성공한 '병렬형 하드타입 하이브리드 시스템'을 적용해 세계 최고 수준의 친환경 기술력과 성능을 확보했다는 평가를 받고 있다.

또한 엔진과 모터의 효율적인 동력배분 및 최적의 변속 효율 확보로 21.0km/ℓ를 달성했다. 쏘나타·K5 하이브리드는 출시 당시 최고의 경제성과 친환경성으로 큰 관심을 얻었으나 새로운 동력차에 대한 소비자들의 불안과 높은 초기 구입비용 등으로 인해 출시 초기 대비 최근 판매가 다소 수출했다. 이에 현대·기아차는 최근 쏘나타와 K5 하이브리드 전용 부품의 보증기간을 국내 최장인 10년 20만km로 확대했다. 특히 쏘나타 하이브리드의 경우 차량 구입 후 30일 이내 불만족시 다른 차량으로 교환해 주는 '자동 교환 프로그램'도 실시하고 있다. 이와 함께 연비왕 선발대회, 시승 체험 마케팅, 에코 드라이빙 강의 등 고객들에게 하이브리드카의 경제성을 쉽게 알릴 수 있는 다양한 프로그램을 통해 하이브리드카의 판매를 확대해 나갈 방침이다.

현대·기아차는 수소연료전지차 부문에 있어서도 국내외 수소연료전지차 실증사업에 꾸준히 참여하여 경쟁력을 강화하고, 수소인프라 확대를 위해 정부 및 에너지업체와 협력해 2012년 수소연료전지차 시범보급과 2015년 본격적 양산에 대비한다는 계획이다.

현대·기아차는 2009년부터 시작된 수소연료전지차 실증사업의 수행을 위해 현재 모하비 수소연료전지차 52대, 투싼ix 수소연료전지차 48대 등 총 100대의 수소연료전지차를 서울을 비롯한 수도권 및 울산지역에서 운행하고 있다.

최진석 기자iskra@hankyung.com

현대차그룹 투자 계획
(연결 분기준, 단위 조원, %)

2008	2009	2010	2011	2012planned
9.3	9.4	10.3	12.2	14.1 (15.6)

📂 **KEY WORD**

✱ 하이브리드카

내연 엔진과 전기자동차의 배터리 엔진을 동시에 장착해 연비를 높이고 유해가스 배출량을 줄인 자동차를 말한다. 가솔린 엔진과 전기 엔진의 장점을 결합해 연료 효율이 높다. 운전하면서 도로와 주변환경에 알맞게 자동으로 가솔린 엔진과 전기 엔진의 변환이 가능하다.

✱ 전기차

전기만을 동력으로 움직이는 친환경 자동차로 자동차에서 배출되는 배기가스나 소음이 거의 없다. 1873년 가솔린 자동차보다 먼저 제작됐지만 실용화되지 못하다가 최근 환경오염, 자원 부족, 유가 급등 문제가 대두되면서 전기차 개발 경쟁이 확산됐다. 일본 미쓰비시자동차는 2009년 세계 최초의 양산형 전기차 '아이미브(i-MiEV)'를 출시했다. 국내는 현대기아자동차가 2010년 9월 국내 최초의 전기차 '블루온'을 시범 생산했고, 2011년 12월 말 양산형 고속 전기차 '레이 EV'를 출시했다.

친 환경 자동차는 크게 ★하이브리드카, ★전기차, 수소 연료 자동차로 나눌 수 있다. '하이브리드(hybrid)'는 잡종, 혼혈이라는 뜻이다. 하이브리드카는 말 그대로 전기차와 일반 자동차의 기능을 함께 갖춘 자동차다. 전기와 휘발유 두 가지 동력원으로 움직인다. 휘발유에만 의지해 달리는 자동차와 달리 배터리에 의해 움직이는 전기모터가 엔진 기능을 보조한다. 때문에 같은 거리를 달려도 일반 자동차보다 기름을 덜 소비한다.

하이브리드카는 일반 자동차에 배터리와 전기모터가 추가되기 때문에 가격이 비싸긴 하지만, 대신 기름 값이 덜 들기 때문에 유지비용을 그만큼 아낄 수 있다. 하이브리드 자동차가 기름이 적게 드는 이유는 저속구간에서 전기모터의 힘으로만 움직이기 때문이다. 이 구간에서는 기름이 전혀 소비되지 않는다. 고속 구간에서도 엔진과 전기모터가 힘을 배분하기 때문에 적은 기름으로도 일반 자동차와 같은 힘을 낼 수 있다.

하이브리드 자동차는 전기차로 가는 과도기적 형태의 자동차다. 우리 주변의 일반 도로에 일부 전기차가 운행되고는 있지만, 현재 사용되는 전기차는 배터리를 한 번 충전해 달릴 수 있는 거리가 100~200km 미만에 불과하다. 휘발유 자동차에 비해 주행거리가 짧은데다 배터리 충전소도 아직은 충분하지 않다. 하지만 전문가들은 앞으로 기술이 추가 개발돼 배터리 효율이 더 높아지면 휘발유로만 움직이는 내연기관 자동차와 하이브리드 자동차는 사라지고, 전기차가 일반화될 것으로 보고 있다.

전기자동차는 순수하게 전기만으로 움직이는 자동차다. 기본적으로 배터리, 모터, 컨트롤러 등으로 구성돼 있다. 배터리에 저장된 전기에너지가 컨트롤러를 거쳐 모터에 전달돼 차를 움직이도록 한다. 전기자동차는 1830년 조셉 헨리에 의해 내연기관 자동차보다 먼저 개발됐다. 그러나 배터리 기술 부족과 내연기관의 편의성으로 인해 경쟁에서 밀리면서 시장에서 사라졌다. 이후 석유 고갈과 환경문제가 대두되고 1990년대 초반 선진국들이 배터리 기술에 관심을 돌리면서 많은 발전을 이뤘다.

수소 연료 자동차는 말 그대로 수소를 기본 연료로 사용하는 자동차다. 수소는 외부 공기 중의 산소와 반응하고, 여기서 생성된 에너지가 차량을 움직이게 한다. 반응한 수소는 물이 돼 외부로 배출된다. 유해한 배출가스가 없어 대기오염 문제를 근본적으로 해결할 수 있는 무공해 차량으로 꼽힌다. 수소 기체를 고압으로 압축해 저장했다가 사용한다. 하지만 아직은 이 분야에 관한 기술이 초보 단계에 불과하다. 대량생산이 가능해지려면 10년 이상의 기간이 필요할 것으로 보인다.

* 뜨는 신재생에너지

일본의 후쿠시마 원자력발전소 폭발 사고는 일본뿐 아니라 일본 주변국은 물론 전 세계적으로 위기감을 불러왔다. 이후 세계 각국은 대안으로 신재생에너지 분야에 대한 투자를 확대해나가고 있다. 신재생에너지는 신에너지와 재생에너지를 합쳐 이르는 말이다. 특히 태양광, 풍력, 조력 등의 재생에너지는 환경을 오염시키지도 않고 위험성도 적어 차세대 에너지원으로 주목받고 있다.

Stock Discovery 부품·장비주 ❽·〈끝〉 태양광·2차 전지

OCI·에스에프씨 '승자 프리미엄' 기대

올 들어 국제 유가가 들썩이고 공급 과잉이 해소될 조짐을 보이면서 신재생에너지 관련주에 대한 관심이 살아나고 있다. 이 중 태양광과 2차 전지는 풍력 등 다른 분야에 비해 상대적으로 나은 성장성을 보이고 있다는 평가를 받고 있다. 하지만 태양광 업황은 이제 막 어둠의 순수을 맞고 있어 제대로 된 햇빛을 보기에는 시간이 필요하다는 전망이 우세하다. 긴 호흡에서 실적이 가시화되는 종목을 장기 투자해야 한다는 얘기다. 태양광 관련주 중 으뜸 큰 폭 성장이 기대되는 종목으로 에스에프씨가 꼽힌다.

태양광 공급과잉 해소 조짐
한화케미칼·주성 등 관심

2차 전지시장 급팽창
일진머티리얼즈·후성 유망

◆내년 이후 고성장 기대
태양광 시장은 2006년부터 5년간 연평균 84.8% 고성장했다. 하지만 올해는 성장세가 주춤할 전망이다. 김동준 신한금융투자 연구위원은 "2011~2012년은 연평균 19.8%로 성장률이 떨어질 것"이라고 말했다. 올 성장률이 낮아지는 건 독일의 태양광 보조금 축소 등 유럽 쪽 영향이 크다. 미국의 중국산 셀(모듈) 반도조금과 반덤핑 관세도 부담이다.

반면 미국과 중국 일본시장이 커지는 것은 긍정적이다. 김 연구위원은 "미·중·일 3국의 수요 증가에 힘입어 2013~2015년은 연평균 24.5%의 높은 성장이 예상된다"고 말했다.
◆승자 프리미엄 누릴 종목에 관심
태양광 제조는 원재료인 폴리실리콘에서 출발한다. 폴리실리콘을 녹여 원기둥 모양의 잉곳을 만든 후 이를 얇게 잘라 웨이퍼를 생산한다. 이

를 이용, 태양전지 셀을 만들고 모듈과 시스템을 설치한다.
태양광 관련주는 글로벌 업체들과 생존경쟁에서 살아남아야만 승자 프리미엄을 누릴 수 있다. 김 연구위원은 "내년 이후 고성장을 감안할 때 경쟁에서 이긴 업체는 더 없는 성장의 기회를 맞을 것"이라고 전망했다. 신한금융투자는 대원사 중에서는 OCI와 한화케미칼 SKC 등이 경쟁력을 갖춘 것으로 평가했다. 중소

형주 중에서는 주성엔지니어링 넥솔론 오성엘에스티 티씨케이 나노신소재 등을 꼽았다. 우리투자증권과 대신증권은 에스에프씨를 유망주로 추천했다. 모듈을 구성하는 백시트를 생산하는 에스에프씨는 중국 수출이 매출의 70%를 차지한다. 대신증권은 올해 에스에프씨 매출은 1168억원으로 전년 대비 62.2%, 영업이익은 200억원으로 90.5% 급증할 것으로 전망했다.
◆모바일기기 중심의 2차 전지 성장
삼성SDI LG화학 등 국내 2차전기 업체는 작년 2분기 세계시장 점유율 1위로 도약했다. 이들은 소형 IT기기용 배터리뿐 아니라 대형 배터리 분야도 선도하고 있다. 일본 IT 전문 시장조사기관인 IIT는 전체 리튬 2차전지 시장이 2018년까지 연평균 10% 이상 성장할 것으로 전망했다.
전기차(EV) 부문 성장이 기대에 못 미치는 건 부담이다. 미국 제너럴모터스(GM)가 전기차 '에보래 볼트' 생산을 한시적으로 중단한 점도 부정적이다.
유철환 우리투자증권 연구위원은 "2차전지 시장 내 중소형주 중에는 일진머티리얼즈 후성을 유망주로 꼽을 수 있다"고 말했다. 후성은 올해 2차전지 전해질 부문 증설 효과가 가시화되면서 영업이익(354억원)이 전년 대비 33.8% 증가할 것으로 전망됐다. 포스코 계열사로 2차전기 음극재 생산이 예상되는 포스코켐텍도 관심주로 꼽혔다.

서정환/이현진 기자 ceoseo@hankyung.com

KEY WORD

★ 태양열 발전 vs 태양광 발전

태양열 발전은 태양의 뜨거운 열을, 태양광 발전은 태양의 빛을 에너지로 활용하는 것이다. 태양열 발전은 태양열을 모으는 검은색 판에 얇은 관이 마치 혈관처럼 미세하게 퍼져 있어 열판이 태양열을 받으면 관속의 물을 끓이고, 이 물로 실내를 난방하거나 온수로 사용한다. 이에 비해 태양광 발전은 태양 빛에 의해 얇은 두 판 사이에 생겨난 전하 차이를 이용해 전기를 발생시킨다.

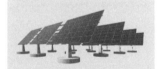

석탄, 석유 등 화석화된 탄화수소를 태워 에너지를 발생시키는 것을 화석연료라고 한다. 이들 연료는 땅이나 바다 속에 묻혀 있는 경우가 대부분으로, 계속해서 소비하다 보면 결국엔 고갈될 수밖에 없다. 석탄이나 석유가 타면서 생기는 이산화탄소(CO_2)는 지구 전체의 식물이 성장하면서 광합성 작용으로 빨아들이는 양을 초과해서 지구 주변에 누적된다. 세계 각국이 산업발전에 따라 너무 많은 에너

지를 경쟁적으로 쓰면서 CO_2 배출이 증가하고 있는 반면, 이를 빨아들여 대기를 정화해 온 열대우림과 수목이 적어지고 있어 지구 생태계와 환경의 앞날을 위협하고 있다. 이렇게 쌓인 CO_2는 지구의 온도를 상승시켜서 지구온난화를 가속화시킨다.

이로 인한 영향을 줄이기 위해 연료나 에너지를 쓰되 이산화탄소가 발생하지 않는 에너지를 써야 한다는 목소리가 높아지고 있다. 그 대안으로 꼽히는 게 신재생에너지다. '새로운 에너지원' 이어서 '신(新)' 에너지이고 지속적으로 쓴다는 의미에서 '재생' 에너지다. 화석연료를 변환시켜 이용하는 수소에너지, 연료전지, 석탄을 액화·가스화한 에너지가 대표적인 신에너지다. 재생에너지는 ★태양광, ★태양열, ★바이오에너지, 풍력, 수력, 지열, 해양에너지, 폐기물에너지 등이다.

국내 산업계도 2000년대 이후 신재생에너지 사업에 앞다퉈 뛰어들었고, 진출한 업체가 수천 개사에 달한다. 그러나 산업의 수준은 아직 초기 단계에 머물러 있다. 한국의 경우 1차 에너지 대비 신재생에너지의 비중은 2.5%에 불과하다. 독일(10.0%), 덴마크(20.1%), 프랑스(8.1%), 스페인(9.5%), 일본(3.4%), 미국(5.1%) 등 선진국과 비교하면 크게 낮은 수준이다. 전문가들은 기술적, 상업적 한계와 원자력 제일주의를 고수한 에너지정책 때문이라고 지적한다. 정부는 신재생에너지를 성장동력산업으로 지정하고, 2011년 현재 전체 발전전력량의 2% 수준에 불과한 신재생에너지 비중을 2024년까지 7.2%로 올린다는 계획을 마련했다.

KEY WORD ★ 바이오에너지

바이오매스(biomass)를 연료로 해 얻어지는 에너지다. 바이오매스 자원으로는 아카시아, 사탕수수, 고구마, 해조류 등 식물이 있다. 유기계 폐기물, 농산폐기물 등도 변환해 쓸 수 있다. 바이오에너지는 에너지를 저장하고 재생할 수 있으며, 물과 온도 조건만 맞으면 지구 어느 곳에서나 얻을 수 있다는 게 장점이다. 적은 자본으로 개발이 가능하다는 것도 특징이다.

★ 폴리실리콘

잉곳 → 웨이퍼 → 태양전지 → 태양전지모듈 → 발전소로 이어지는 태양광에너지 가치 사슬에서 맨 앞에 위치한 핵심 소재다. 규소에서 실리콘을 뽑아내는 공정으로 만들어진다. 태양전지에서 빛에너지를 전기에너지로 전환시키는 역할을 하는 작은 실리콘 결정체들로 이뤄진 물질이다. 1950년대 다우코닝 등 정밀화학 기업들이 연구를 통해 양산하는 데 성공했다. 국내에선 OCI가 대표적인 폴리실리콘 제조 기업이다.

✱ 배불뚝이에서 OLED까지, TV 변천사

어느 순간 우리 주변에서 화면이 볼록 튀어나와 '배불뚝이 TV'로 불리던 브라운관 TV를 찾아보기가 힘들어졌다. 대신 앞뒤가 날씬한 평판 TV가 그 자리를 차지했다. 평판 TV가 대세가 된 건 2000년대 이후다. 사람으로 치면 아랫배가 나온 중년남성이 식스팩을 자랑하는 근육남으로 거듭난 시기라고 할 수 있다. 얇아진 두께 덕분에 TV를 벽에도 걸 수 있게 된 것도 이때부터다.

고화질·절전 … LED, 4년 만에 TV시장 평정

삼성, LCD TV 생산 중단

글로벌 TV 시장의 패러다임이 올해 LED(발광다이오드)로 바뀐다. 세계 TV 1위인 삼성전자가 부터 국내 등 주력 시장에서 LCD(액정표시장치) TV 생산을 중단으로 전환하기로 한 데 따른 것이다.

LED TV는 2009년 등장한 지 4년 만에 LCD를 누르고 TV 시장의 주력으로 떠올랐다. LCD는 PDP(플라즈마디스플레이)에 패널를 누르고 패권을 잡은 지 4~5년 만에 세력을 잃게 됐다.

◆LED 패널 값, LCD에 근접
삼성전자가 LED로 전환을 꾀한 가장 큰 요인은 LED패널 값이 하락이다. 지난해초 32인치 라인인 40인치 LED패널(120Hz, 풀HD)은 현재 287달러로 20% 가까이 급락했다. 이에 따라 같은 크기의 LCD 패널과의 차이는 1년 전 90달러에서 61달러로 축소됐다.

LED TV 값도 내리며 삼성전자는 지난해 4분기 판매비중 70%를 LED TV로 키웠다. 지난해 1분기 44%에서 크게 높아졌다. 삼성전자 관계자는 "LED 화질과 소비전력, 디자인 등에서 LCD에 비해 장점이 뚜렷하다고 설명했다. 삼성과 LG디스플레이는 등의 예치들 대신 생산단가가 낮은 직하형 LED 패널 생산을 준비로도 LED는 저가형 TV에서도 침범할 기대다.

이에 따라 동남아 중남미 등 저가 제품을 선호하는 시장을 제외하면 LCD TV가 사라질 것으로 업계는 보고 있다. 삼성훈 아니라 다른 TV업체도 LED로 전환할 것으로 알려졌다. LG전자(55%) 소니(60%) 샤프(68%) 등도 지난해 LED TV 판매비에 LCD를 앞서고 있다. 생산라인에는 변화가 없다.

전자 업계의 패러다임은 제조업체가 주도한다. PDP가 LCD에 시장을 내주고 밀려난 과정도 있는 것은 품질 때문이라기 보다 삼성전자와 소니, LG전자 등이 주력 제품을 40인치 이상 대형 LCD TV로 전환한 데 따른 것으로 볼 수 있다.

시장조사업체 디스플레이서치에 따르면 올 4분기 LED TV의 평판TV 시장 내 판매비중은 72.2%에 이를 전망이다.

◆밝아진 LED 업계
삼성전자 LG이노텍 등 LED 업계는 지난해 사상 최악의 부진에 시달렸다. 많은 업체가 부진에 나서며 LED 칩 공급량은 늘었으나 유럽발 재정위기 여파로 TV 판매가 부진해지며 LED 값이 폭락한 때문이다. 삼성LED는 300억원대, LG이노텍은 668억원의 영업적자를 각각 냈다.

그러나 올 들어 재고량이 줄고 가동률이 높아지는 등 서서히 회복 기미를 보이고 있다. TV시장 내 LED 비중의 급격한 늘어나고 있는 데 따른 것이다. 디스플레이서치는 지난해 4분기 58%에 달했던 LED 공급과잉률이 올해 1분기 19% 2분기 16%로 줄어들 것으로 예측하고 있다.

LED TV는 또 향후 몇 년 내 OLED(유기발광다이오드) TV로 전환될 전망이다. OLED는 LED에 비해 화질과 소비전력량이 뛰어나다.

김현석 기자 realist@hankyung.com

패널값 격차 6만원대로 축소
올 4분기 LED 비중 72% 전망
부진 시달린 LED업계 희색

한데 따른 것으로 볼 수 있다.

삼성전자 2011년 패널별 TV 판매량 비중
(2011년 기준, 단위:%)

평판 TV시장내 LED 점유율 전망
(2012년초 전망치, 단위:%)

FPR 3D 패널 '귀하신 몸'

LGD, 주문량 80%만 제때 공급

LG전자가 3D(3차원) TV용 패널을 구하지 못해 발을 동동 구르고 있다. LG전자와 같은 편광필름패턴(FPR) 방식의 3D TV를 채용 선보이는 해외 업체들의 주문이 몰려 패널 재고가 바닥나서다.

LG전자 관계자는 5일 "3D TV 수요가 늘어 3D 생산을 늘릴 계획이지만 패널이 없어 주문을 맞추지 못하고 있다"고 말했다.

LG전자는 셔터글라스(SG) 방식과 FPR 3D TV를 함께 만들어오다 지난해 2월부터 FPR TV만 생산하고 있다. 당시만 해도 LG전자를 제외하고는 전 세계 대부분 TV 제조업체는 주로 SG 방식을 채용했다. 하지만 지난해 하반기부터 중국 TV업체들이 FPR로 돌아섰고 올 들어 일본 업체들까지 FPR 진영에 합류하고 있다.

소니가 지난달 중국에 처음으로 FPR 3D TV 내놓은 데 이어 이달엔 파나소닉이 미국에서 FPR 3D TV를 처음 선보였다.

이처럼 FPR 3D TV를 만드는 업체가 늘면서 전용 패널을 구하기가 힘들어졌다. 게다가 FPR 3D TV 패널은 LG디스플레이만 만들고 있어 단기간에 생산량을 늘릴 필요수 없는 상황이다.

LG디스플레이 관계자는 "일반적으로 1월23일쯤 FPR 비수기이지만 올 1분기 3D TV 수요가 상수가이 작년 4분기와 비슷한 수준"이라며 "지난달까지 3D TV 주문량의 70~80% 정도만 제때 공급했다"고 전했다.

SG와 FPR

3D TV의 대표적인 원리다. SG는 신호를 받은 안경의 좌우 깜박임을 통해 3D 화면을 인식하는 방식이다. FPR은 TV 화면에 부착된 필름을 통해 나오는 3D 화면을 편광안경으로 인식한다. SG는 화면 해상도가 높은 풀 HD를 구현할 수 있는 점을, FPR은 안경이 가볍고 가격도 싸다는 점을 각각 장점으로 내세우고 있다.

LG디스플레이 3D TV 패널 생산량
(단위:만장)

이에 따라 LG디스플레이는 이달 들어 FPR 패널 생산량을 월 100만장에서 130만장으로 늘렸다. 디스플레이 사업에 디스플레이 이처치는 LG디스플레이의 FPR 3D TV 패널 출하량은 올 1분기 278만장에서 4분기 670만장으로 141% 증가할 것으로 전망했다. 같은 기간 이 회사가 생산하는 TV 용패널에서 FPR이 차지하는 비중은 21.3%에서 45.2%로 급증할 것으로 내다봤다.

정인설 기자 surisun@hankyung.com

벽걸이 TV 시대의 첫 타자는 ✱LCD(액정표시장치) TV였다. 화면이 30인치 이상으로 커져도 10cm 이내로 제품 두께를 줄일 수 있는 게 가장 큰 장점이었다. LCD의 핵심은 액정(Liquid Crystal)이다. 수많은 액정을 규칙적으로 배열한 패널을 앞에 두고 그 뒤쪽에 백라이트를 배치한다. 백라이트에서 나오는 빛은 액정 패널을 통과하면서 굴절도에 따라 각기 다른 색상과 밝기를 낸다. LCD TV는 브라운관 TV에 비해 두께도 얇고, 화질도 훌륭해 한동안 TV업계의 주류로 자리 잡았다.

이에 대항해 나온 게 ✱PDP(플라즈마 디스플레이 패널) TV였다. 전기적으로 중성인 상태에서 각종 입자들이 자유롭게 움직이는 혼합물질이 플라즈마인데, 이 플라즈마 원리로 TV를 만든 것이다. PDP TV 역시 좋은 화질의 화면을 얇게 만들 수 있어 대형 TV업계를 대표했다. 그러나 전력 소비량이 많았다. 열도 많이 났다. 때문에 TV 제조업체들은 PDP TV 대신 LCD TV 개발에 총력을 기울였다. 그래서 2000년대 후반 들어 LCD와 PDP의 라이벌전은 LCD의 승리로 끝났다.

LCD TV 독주는 한동안 계속됐다. 하지만 백라이트가 문제였다. 형광등이라고 할 수 있는 CCFL(냉음극 형광램프)을 광원으로 썼기 때문에 화질 개선에 한계가 있었다. 백열등 보다는 나았지만 장시간 TV를 켜놓고 있으면 전기를 많이 먹는 점도 흠이었다.

'전기 먹는 하마'인 CCFL을 누르고 올라온 게 ★LED(발광다이오드) TV다. 반도체와 같은 LED 램프를 백라이트로 쓰면서 TV 화면 역사에 또 한 번의 혁신이 일어났다. LED 는 수명이 길고 전기를 적게 먹었다. 특히 화면 전체에 균일한 빛을 뿌려주는 게 TV 쓰기에 안성맞춤이었다. 덕분에 TV라는 물건은 그대로 놔두고 백라이트 조명만 바꿨는데도 화질은 몰라보게 좋아졌다는 평가를 받았다.

LCD TV에서 조명만 갈아 끼운 것에 불과했지만, '조명발'이 너무나 훌륭했기에 LED TV로 명명됐다. 애초에 마케팅 차원에서 시작된 이름이지만 몇 년이 지난 뒤 소비자들은 LED TV라고 부르는 데 주저함이 없었다.

TV 화질의 역사는 LED TV로 끝이 나는 듯 했다. 하지만 LED TV도 콤플렉스를 갖고 있었다. 스스로 빛을 내지 못해 LED라는 백라이트를 쓴다는 점이었다. 자체적으로 빛을 내면 백라이트가 필요 없게 돼 TV는 더욱 얇아질 수 있기 때문이다.

그걸 실현한 게 ★OLED(유기발광다이오드) TV다. 빛을 내지 못하는 액정 대신 자체 발광하는 유기물로 화면을 만든 것이다. 전문가들은 앞으로 OLED TV 시대가 이어질 것으로 전망하고 있다.

KEY WORD ★ CRT→PDP→LCD→LED→OLED

무슨 암호같지만 TV 디스플레이가 진화한 역사다. CRT(Cathode Ray Tube)는 쉽게 말해 '브라운 관'이다. 1897년에 이를 발명한 독일의 칼 브라운 박사의 이름을 딴 것이다. 화질은 좋았지만 뚱뚱하고 무게와 부피가 컸다. 1990년대 이 단점을 없애고 등장한 게 평판 TV다. PDP(Plasma Display Panel)와 LCD(Liquid Crystal Display)가 거의 동시에 등장했다. PDP는 형광물질에 전기 충격을 가해 색채를 만드는 디스플레이이다. LCD는 얇은 유리 사이에 액정을 넣고 백라이트를 비춰 색상을 표현하는 디스플레이다. CCFL(Cold-Cathode Fluorescent Lamp)이라고 불리는 형광등이 백라이트로 많이 쓰였지만 최근에는 반도체의 일종인 LED(Light Emitting Diode : 발광다이오드)를 백라이트로 사용한다. 이를 LED TV라고 부른다. 앞으로 부상할 디스플레이는 OLED(Organic Light-Emitting Diode)다. OLED는 자체적으로 빛을 내는 유기발광다이오드 소자를 이용하기 때문에 백라이트가 필요 없다. LCD에 비해 시야각이나 응답 속도, 명암비(화면의 밝은 부분과 어두운 부분이 구분되는 비율) 등이 모두 뛰어나다.

* 반도체 삼국지

물질을 전기가 통하는 도체와 통하지 않는 부도체로 나눌 수 있는데, 이 중간 영역에 속하는 것을 반도체라고 한다. 반도체 산업은 한국의 주력 산업이다. 삼성전자는 투자를 시작한 지 근 40년 만에 세계 반도체 시장을 좌우지하는 메이저 플레이어가 됐다. 한국 기업이 뛰어난 활약을 보이는 분야는 D램이다. 삼성전자와 SK하이닉스는 세계 D램 시장에서 확고한 1, 2위를 지키고 있다.

키몬다 이어 엘피다 파산위기 … 한국 'D램 치킨게임' 완승 눈앞

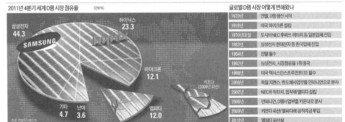

2011년 4분기 세계 D램 시장 점유율

삼성전자 44.3 · 하이닉스 23.3 · 마이크론 12.1 · 엘피다 12.0 · 키몬다(2009년 파산) · 기타 4.7 · 난야 3.6

글로벌 D램 시장 어떻게 변해왔나

1970년	인텔, D램 생산 시작
1978년	미국 마이크론 설립
1970년대말	도시바 NEC 후지쓰 히타치 등 일본업계 진입
1983년	삼성전자 현대전자 등 한국업체 진입
1984년	인텔 철수
1992년	삼성전자, 시장점유율 1위 등극
1998년	미국 텍사스인스트루먼트(TI) 철수
2000년	독일 지멘스, 반도체사업부를 인피니언으로 분사
2002년	NEC 히타치, 합작해 엘피다 설립
2006년	인피니언, D램사업부를 키몬다로 분사
2009년	키몬다 파산 엘피다에 공적자금 투입
2012년	엘피다 파산설

D램은 1970년 인텔이 생산을 시작했다. 이후 10여 년간 모토롤라와 텍사스인스트루먼트(TI), 페어차일드, 마이크론 등 미국 업체의 전성기였다. 1980년대는 일본의 도시바, NEC, 히타치, 후지쓰 등이 시장을 휩쓸었다. 한국 기업이 뛰어든 것은 1983~1984년이다. 삼성전자의 1위 시대는 1992년 시작됐다. 헤게모니가 '미국→일본→한국'으로 옮겨가자 일본 업체들은 합종연횡을 시작했다. 마지막까지 D램을 만들던 NEC와 히타치가 1999년 합병해 '엘피다'라는 단일 회사로 새 출발했다. 독일 지멘스도 2000년 반도체 사업부를 떼어내 인피니언을 설립했고, 인피니언은 D램만 떼어내 키몬다로 독립시켰다. 키몬다는 2006년 출범 당시 세계 2위였지만 2009년 파산했다. 엘피다도 2012년 3월 파산 위기에 몰려 법원에 파산보호를 신청했다. 이처럼 D램의 역사는 '치킨게임'의 역사다. 1995년 450억 달러 규모에 달했

던 시장은 2011년 390억 달러 규모로 오히려 줄었다. 하지만 반도체산업의 경쟁력을 유지하려면 매년 대규모 투자를 하지 않으면 안 된다. 이런 상황에서 이익을 내려면 남을 쫓아내 점유율을 올리는 방법밖에 없다. '죽이지 않으면 죽는' 게임의 룰이 적용되는 곳이 D램 산업이다.

★낸드플래시 메모리 시장에서도 한·미·일 삼국지가 본격화하고 있다. 2012년 시장 규모에서 D램을 추월할 것으로 점쳐진 낸드플래시를 놓고 삼성전자와 SK하이닉스가 10조 원가량을 투자하기로 결정하자 도시바와 마이크론도 추격에 나섰다. 세계반도체무역통계기구(WSTS)는 2011년 230억 달러였던 낸드플래시 시장 규모가 스마트기기 및 SSD(솔리드스테이츠 드라이브) 확산으로 2012년 340억 달러로 커질 것이란 보고서를 내놨다. 330억 달러 규모로 예상된 D램을 추월한다는 얘기다. ★비메모리 반도체인 시스템 반도체는 치킨게임이 펼쳐지는 곳은 아니다. 고객이 원하는 기능을 갖춘 제품을 주문 생산하는 만큼 기술력이 가장 중요하다. 이 시장에서 한국 기업은 메이저 플레이어가 아니다. 인텔, 퀄컴, 텍사스인스트루먼트, 르네사스(일본) 등이 시장을 장악하고 있다. 삼성전자는 2011년 이 시장에서 5위를 기록했다. 2008년까지 14위였던 삼성전자는 최근 이 분야에 투자를 늘리면서 급부상하고 있다.

 KEY WORD ★ 메모리 vs 비메모리

반도체는 크게 메모리와 비메모리로 나뉜다. 메모리는 데이터를 기억할 수 있는 반도체다. D램, 낸드플래시 등이 여기에 속한다. 비메모리는 메모리를 제외한 모든 반도체를 일컫는다. 시스템 반도체 (System LSI)라고도 한다. 컴퓨터에 들어가는 중앙처리장치(CPU), 스마트폰에 들어가는 모바일 애플리케이션 프로세서(AP), 디지털 카메라에 들어가는 CMOS 이미지 센서 등이 대표적이다. 비메모리는 전체 반도체 시장의 80%가량을 차지한다.

★ 낸드플래시

낸드플래시와 D램은 메모리 반도체다. D램은 전원이 꺼지면 저장했던 정보가 사라지지만, 낸드는 전원이 꺼져도 정보가 남는다. 이 같은 특성 때문에 D램은 주로 PC에 쓰이며 낸드는 스마트폰, 태블릿 PC, 디지털 카메라, MP3 등에 쓰인다.

★ 수율

반도체 생산에서 재료 투입량 대비 완성품의 비율을 말한다. 반도체의 재료가 되는 웨이퍼 한 장에 400개의 64메가 D램을 설계했지만 쓸 만한 제품이 300개가 나왔다면, 수율은 75%(300/400)다. 수율은 반도체 회사의 기술 수준을 나타내는 척도다. 똑같은 웨이퍼를 갖고 A사는 D램 300개를 만들고, B사는 350개를 만든다면 B사의 생산기술이 A사를 그만큼 앞선다는 얘기다. 수율은 반도체 회사의 가격 경쟁력을 좌우하는 핵심 지표이기도 하다.

* 똑똑한 TV, 스마트TV

방송을 보다 보면 스마트TV 광고가 한창이다. 스마트TV는 쉽게 말해 스마트폰을 TV 사이즈로 늘여놓았다고 보면 된다. 단순히 TV를 시청하는 것뿐 아니라 인터넷에도 연결되고, 스마트폰처럼 다양한 애플리케이션(앱 : 응용프로그램)을 설치해서 이용할 수도 있다. 또한 스마트폰과 연동되기도 한다. 전통적으로 가정의 중심 역할을 해왔던 TV가 한 차원 더 진화한 것이다.

KT, 삼성 스마트TV 인터넷접속 전격 차단 … "망 사용료 내라"

협상테이블 LG전자만 나오자 '발끈'
삼성 "소비자 볼모 삼은 횡포" 반발

KT가 삼성전자 스마트TV 애플리케이션(앱·응용프로그램)에 대한 인터넷 접속을 전면 차단키로 했다. 아무런 대가도 받지 않고 자사의 통신망을 이용할 수 없다는 이유에서다. 이에 따라 삼성 제품을 산 소비자들은 스마트TV의 핵심 콘텐츠인 앱을 구동할 수 없게 됐다. 국내 최대 초고화질인터넷 사업권자 KT와 글로벌 TV 1위 업체인 삼성전자의 정면충돌은 전례가 없는 일이다. 삼성은 '일방적으로 인터넷 접속을 차단한 KT 측 조치를 이해할 수 없다'며 "법적 대응에 나설 것"이라고 반발했다.

＊KT "돈 안 내면 망 못 쓴다"
KT는 9일 오전 서울 광화문 본사에서 긴급 기자회견을 열고 "통신사의 인터넷망을 무단 사용하는 삼성 스마트TV에 대한 인터넷 접속에 대한 조치를 10일부터 시행했다"고 밝혔다. KT는 LG전자 제품은 예외로 해 삼성전자 스마트TV접속을 차단하기로 했다. 망 사용 대가 문제를

🔑 **망중립성**

인터넷 네트워크를 통해 전송되는 데이터 트래픽은 내용과 서비스, 단말기 종류 등과 무관하게 동등하게 취급돼야 한다는 것. 비차별성, 상호접속, 접근성 등 세 가지 원칙이 동등하게 적용돼야 한다는 원칙이다.

KT는 이번 결정이 스마트TV 이용자가 본격적으로 늘어나기 전에 망 사용 문제를 확실하게 해결하기 위한 선제적 조치라고 설명했다. 스마트TV의 트래픽으로 네트워크가 전체가 다운돼 버리는 '통신 블랙아웃(blackout)'이 발생하기 전에 적절한 사용대가를 받아야 망 중설부터 나설 수 있다는 논리다.

김효성 KT 상무는 "스마트TV는 PC와 달리 HD급(고화질), 3D(입체) 대용량 트래픽을 장시간 유출시킨다"며 "동영상은 평상시 IPTV 대비 5~15배, 실시간 방송중계에 비해선 수백배 이상의 트래픽을 유발한다"고 말했다.

KT가 이런 주장을 하는 것은 IPTV와 스마트TV의 데이터 전송 방식에 차이가 있기 때문이다. IPTV는 서버에서 여러 명의 시청자에게 동시에 트래픽을 보내기 때문에 중복전송을 하지 않는 멀티캐스트(multicast)방식을 쓴다. 하지만 스마트TV는 서버에서 이용자의 수만큼 트래픽을 보내는 유니캐스트(unicast)방식이다.

사용자 100만명을 기준으로 유니캐스트는 멀티캐스트보다 최대 9만배 많은 트래픽을 유발한다는 게 KT 측 주장이다.

현재 인터넷전화 사업자는 인터넷망 사용에 대해 이용대가를 내고 있으며, IPTV도 인터넷멀티미디어 방송사업자에 따라 이용대가를 협의하고 있다.

삼성은 KT의 조치가 지속될 경우 급히가처분 신청 등 법적 조치도 강구할 것으로 알려졌다. 사태가 장기화될 경우 전략품목인 스마트TV의 판매가 타격을 받을 가능성이 높기 때문이다. 삼성전자는 올해 TV 판매 목표 5000만대 중 절반

당혹스런 스마트TV 매장 KT가 9일 인터넷 트래픽 과부하를 이유로 삼성전자 스마트TV의 인터넷 접속을 차단하겠다고 발표하면서 영사의 갈등이 고조되고 있다. 서울의 한 대형마트 가전제품 매장에서 직원이 TV를 지켜보고 있다.

해야 할 사안"이라며 "망을 갖고 있다고 해서 일방적으로 접속을 끊어버리는 것은 소비자를 볼모로 한 행동으로 망중립성 원칙에 위배된다"고 말했다.

인 2500만대를 스마트TV로 채울 계획이다.

올해부터 폭발적인 성장을 구가할 것으로 예상되온 스마트TV 시장도 타만찮은 복병을 만나게 됐다. 트래픽 과부하는 전 세계 모든 통신사들의 문제다. 이대문에 통신망 사용을 위한 대가문제를 놓고 통신사와 모바일기기 제조업체·앱사업자들의 전면적인 갈등이 노출될 가능성이 높다.

"망 중립성 훼손 우려"
방통위, 강력제재 시사

방송통신위원회는 삼성 스마트TV 인터넷접속을 차단한 KT의 조치에 대해 "망중립성 원칙에 대한 사회적 합의를 훼손할 우려가 있다"며 "이용자의 권익이 부당하게 침해되지 않도록 가능한 한 모든 조치를 강구할 것"이라고 밝혔다. 이어 "통신사업이 상 이용자 이익침해 가능성을 관련법에 위배 여부를 검토해 시정명령, 사업정지 등 강력한 조치를 취할 것이라고 강조했다.

이는 KT의 인터넷 통신망 차단에 대해 향후 강력한 제재에 나설 것임을 시사하는 것이어서 주목된다.

방통위는 그동안 이동통신 서비스가 4세대로 진화하면서 동영상 서비스가 활발해지면서 네트워크 대가 문제로 불거진 갈등이 표출될 것으로 보고 지난해부터 갈등 해소 방안을 연구해왔다. 이번 KT의 일방적 발표에 불쾌감을 감추지 않았다.

임원기/김동욱 기자 wonkis@hankyung.com
강영연 기자/yyk@hankyung.com

스마트TV 시장 전망 (단위:만대)
스마트TV
스마트 셋톱박스
2011년 2013 2015 2017 2018
75 130 145 171 189 198
252 396 475

스 마트폰이 일반 휴대폰보다 훨씬 많은 기능을 갖고 있는 것처럼, 스마트TV도 인터넷 기능과 중앙처리장치(CPU)를 갖춰 기존 TV보다 다양한 기능을 제공한다. TV로 화상통화, 교육, 게임 등 다양한 콘텐츠와 응용프로그램을 이용할 수 있다.

　스마트TV가 중요한 이유는 전통적으로 TV가 한 가정 내의 가전제품 가운데 중심이 되기 때문이다. 스마트폰, 태블릿PC, 데스크톱PC 등을 연결하는 '허브'가 되기에 안성맞춤인 셈이다. 하지만 지금까지 스마트TV가 활성화되는 데 가장 큰 걸림돌은 조작 방법이었다. 대다수 사람들은 소파에 편하게 기대앉아 리모컨으로 TV를 조작하는 방식에 익숙하다. 스마트폰이나 PC는 터치나 키보드, 마우스 등으

로 기기를 조작한다. 스마트TV는 이런 기기들만큼이나 다양한 조작법을 필요로 하고, 사람들은 이를 귀찮아한다.

2012년을 '스마트TV의 원년'으로 보는 이유는 주요 전자업체들이 이 장애물을 상당 부분 극복했기 때문이다. 삼성전자, LG전자, 소니 등은 음성인식과 동작인식을 결합한 새로운 입력장치와 유저인터페이스(UI)를 탑재한 스마트TV를 경쟁적으로 내놓았다.

2012년 2월 KT가 삼성전자의 스마트TV 인터넷 접속을 일주일 동안 제한한 사건이 일어났다. KT와 삼성전자가 정면 충돌한 이유는 KT가 별도의 인터넷 통신망 이용료를 받아야 한다고 주장하고 나섰기 때문이다. 스마트TV 보급이 늘어나고, 이를 통한 데이터 이용량이 폭발적으로 늘어나게 된 만큼 TV 제조업체도 별도의 분담금을 내라는 얘기였다. 삼성전자 측은 통신사가 특별한 사유가 없는 한 통신망 이용을 막을 수 없다는 '망 중립성' 원칙을 내세우며 반대했다.

전통적으로 이동통신회사와 전자업체는 공생 관계를 유지해왔다. 이통사가 무선통신 서비스를 원활하게 판매하기 위해서는 전자업체가 만드는 우수한 단말기가 필요하다. 거꾸로 전자업체가 단말기 판매를 늘리기 위해서는 이통사가 성공적으로 마케팅 활동을 펼쳐야 한다. 삼성전자와 KT가 충돌한 것은 그래서 이례적인 사건으로 평가된다. 이통사와 전자업체가 일전을 불사할 정도로 스마트TV가 향후 산업 전반에 미치는 영향이 클 것으로 보고 있다는 방증이기도 하다.

한편 KT와 케이블TV업체들은 일반 TV로도 스마트TV 기능을 이용할 수 있게 해주는 스마트 셋톱박스를 개발하고 있다. 일반 TV를 갖고도 스마트 셋톱박스를 연결하면 스마트TV와 비슷한 기능을 낼 수 있도록 하기 위해서다. 이를 기반으로 전자업체들과 스마트TV 경쟁에 나서겠다는 전략이다.

KEY WORD ★ 애플리케이션 프로세서(AP)

스마트TV와 스마트폰에서 '두뇌' 역할을 하는 부품. 개인용 컴퓨터(PC)의 중앙처리장치(CPU)와 같은 기능을 한다. AP는 CPU를 비롯해 그래픽 작업을 전문적으로 처리하는 반도체(GPU), 동영상·이미지 고속 재생용 반도체, 무선통신용 반도체 등 다양한 기능을 수행하는 부품을 한데 모았다. 때문에 애플리케이션을 처리하는 부품이라는 좀 더 일반적인 명칭이 붙게 됐다. 삼성전자, 퀄컴, 엔비디아, 텍사스 인스트루먼츠(TI) 등이 대표적인 AP 제조업체다.

＊통신혁명 어디까지 갈까

아날로그 방식으로 작동했던 국내 이동통신은 1996년 SK텔레콤이 CDMA(코드분할다중접속) 방식을 세계 최초로 상용화하는 데 성공하면서 디지털 시대로 전환했다. 새로운 통신 시대를 개막했다는 뜻에서 이때부터의 이동통신 서비스를 '2G(세대)'로 지칭한다. 그로부터 16년이 지난 지금 3G를 넘어 4G 시대가 도래했다. 또한 이동통신이 없는 삶이란 생각할 수 없게 돼버렸다.

LTE폰 공짜 음성통화시대 열린다

〈롱텀에볼루션〉

KT "전국망 1년8개월 앞당겨 4월까지 구축"
통신사별 요금 月 3만4000원~12만원 비슷

KT가 4G(세대) 이동통신 롱텀에볼루션(LTE) 서비스를 3일 오전 10시부터 시작한다. KT는 서비스를 앞두고 2일 서울 광화문 KT 사옥에서 기자간담회를 열고 서비스 일정과 요금제를 발표했다.

SK텔레콤, LG유플러스에 이어 KT까지 서비스를 시작함에 따라 국내에서 LTE 시대가 본격적으로 열리게 됐다. KT는 경쟁사들에 비해 늦게 시작한 만큼 파격적인 수준으로 음성통화를 제공하는 고객혜택도 추가하기로 했다.

하지만 무제한 데이터 정액제를 폐지하고 월정액별 기본 데이터 제공량은 경쟁사들과 비슷한 수준으로 책정해 전반적으로 통신 3사의 요금제는 큰 차이가 없다는 분석이다.

◆KT, 전국서비스 조기확대

지난해 9월 말부터 LTE 서비스를 시작한 SK텔레콤과 LG유플러스에 비해 KT는 무려 3개월 이상 늦게 LTE를 시작한다. 그동안 SK텔레콤은 65만명, LG유플러스는 55만명가량의 가입자를 모았다. SK텔레콤은 28개 도시에서, LG유플러스는 84개 도시에서 각각 서비스를 하고 있다. KT는 양사와의 격차를 줄이기 위해 전국망을 서둘러 구축하겠다고 밝혔다.

이석채 KT 회장은 "1월에 서울 전지역에 LTE망을 구축하고 1분기 중 서울과 수도권, 광역시 그리고 제주도를 포함한 26개 도시에서 서비스를 할 것"이라며 "이어 오는 4월까지 전국 84개 도시에 통신망 구축을 조기 마무리하겠다"고 말했다. 당초 KT의 전국 LTE망 구축은 내년 말로 잡혀있었다. 일정을 1년8개월이나 앞당긴 것이다.

KT는 LTE 서비스명을 '워프(WARP)'로 정했다. 영화 '스타워즈'의 우주선이 워프 항법(시공간을 넘어서 광속으로 이동)으로 조종되는 것처럼 트래픽 상황 등에

따라 소프트웨어로 기지국의 지역별 용량을 자유롭게 조절하는 방식이다. 표현명 KT 개인고객부문 사장은 "고속도로의 원활한 소통을 위해 차선을 더 늘리고 가변차선을 운영하는 것과 유사하다"며 "이 기술 덕분에 더 원활한 LTE 서비스를 할 수 있게 됐다"고 설명했다. KT는 삼성전자 갤럭시S2 LTE, 갤럭시 노트, 팬택 베가LTE 등 스마트폰 3종과 갤럭시탭 8.9를 3일부터 판매한다.

◆대동소이한 LTE요금제

KT는 3만4000원 월 정액제부터 10만원까지 7단계의 요금제를 마련했다. 월 5만2000원 정액 요금제부터는 KT 가입자 간 무료 음성통화 혜택이 대폭 늘어난다. 5만2000원 요금제는 1000분이 추가되고, 6만2000원 요금제는 3000분이 추가된다. 10만원 요금제는 무려 1만분이 추가된다.

파격적인 혜택일 수도 있지만 생색내기라는 지적도 있다. 업계 관계자는 "현재 이동통신 이용자 평균 통화량이 200분 안팎에 불과해 소비자 입장에서 누릴 혜택은 별로 없다"고 지적했다.

KT는 2월 말까지 가입하는 사람들에게 요금제별 데이터량의 50%를 추가 제공한다. 2월 말까지 가입자 전원에게 150%의 데이터량을 제공하는 LG유플러스에는 미치지 못한다. 대신 KT는 월 5000원만 추가하면 30GB 용량의 데이터를 쓸 수 있는 와이브로 에그(와이브로를 와이파이로 변환하는 장치)를 주기로 했다.

◆무료전화 VoLTE전쟁

관심을 끈 것은 KT가 LTE에서 모바일 인터넷전화를 할 것인지 여부였다. 일명 'VoLTE'로 불리는 LTE에서의 모바일인터넷전화 서비스는 음성을 데이터처럼 패킷으로 처리하기 때문에 지금처럼 음성과 데이터를 구분할 필요가 없다. 요금제에서도 당연히 구별할 필요가 없다. 데이터

요금만 받으면 전화를 할 수 있기 때문에 음성통화는 사실상 공짜가 된다. 표 사장은 "VoLTE가 가능하려면 전국적으로 LTE망이 촘촘하게 깔려야 하기 때문에 올 하반기나 돼야 서비스가 가능하지만 확실하게 준비하고 있다"고 말했다. 이미 LG유플러스는 지난해 11월 VoLTE를 올 하반기에 하겠다고 발표했다. SK텔레콤 역시 VoLTE 도입을 검토 중이다.

이런 추세라면 올 하반기에는 데이터요금만 내면 음성통화를 인터넷으로 하는 사실상의 공짜 통화 시대가 열리는 것이다.

업계 관계자는 "4세대 통신 LTE망이 전국적으로 깔리면 속도도 빠르고 데이터 패킷을 나눠 처리할 수 있기 때문에 굳이 음성통화를 지금처럼 데이터와 구별할 필요 없다"며 "통신사들이 음성통화로 돈 버는 시대가 종말을 고하고 있다"고 말했다.

김태훈 기자 wonkis@hankyung.com

이석채 KT 회장이 2일 서울 광화문 KT 사옥 1층 올레스퀘어에서 열린 기자간담회에서 롱텀에볼루션(LTE) 서비스에 대해 설명하고 있다. /김은구 기자 egkang@hankyung.com

통신 3사 LTE 요금제 비교

월정액요금	SK텔레콤 기본 제공량			LG유플러스			KT			
	음성(분)	문자(건)	데이터	음성	문자	데이터	음성	가입자간 무료	문자	데이터
34,000	120	200	350MB	160	200	500MB	160		200	500MB
42,000	180	200	700MB	200	200	1GB	200		200	1GB
52,000	250	250	1.2GB	250	250	1.5GB	250	1000	250	1.5GB
62,000	350	350	3GB	350	350	4GB	350	3000	350	3GB
72,000	450	450	5GB	450	450	6GB	450	5000	450	5GB
85,000	650	650	7GB	750	750	8GB	650	7000	650	7GB
100,000	1050	1050	10GB	1200	1000	11GB	1050	10000	1050	10GB
120,000				무제한	무제한	24GB				
특이사항	가입자간 무료 요금제별 추가혜택			2012년2월까지 가입시 데이터 150% 추가제공			5만2000원 요금제 이상부터 가입자 간 음성통화 사실상 무제한			

아날로그에서 디지털로 바뀌면서 주파수에 데이터를 패킷화해서 실어 보낼 수 있게 됐다. 데이터를 보내는 것 자체는 2G 시대부터 가능해졌다. 하지만 2G 시대에는 데이터 압축 기술이 발달하지 않은데다 통신신호를 송출하는 기술도 미비했고, 모바일 전용 서비스가 활성화되지 않아 데이터를 쓸 일이 거의 없었다. 때문에 2G까지는 대부분의 사람들이 휴대폰을 음성통화와 함께 문자메시지를 주

고받는 용도로만 사용했다. 2003년 SK텔레콤이 세계 최초로 WCDMA(광대역부호분할다중접속) 상용화에 성공하면서 지금 가장 많은 사람들이 쓰고 있는 3G(세대) 이동통신 시대가 막을 올렸다. 3G부터 휴대폰의 용도는 크게 넓어졌다. 데이터 압축 기술이 고도화되고 통신장비 기술이 발달해 전국 어디에서나 데이터를 주고받을 수 있게 됐다. 이때부터 휴대폰으로 모바일 인터넷에 본격 접속할 수 있게 됐다. 영상통화도 이때부터 가능해졌다. 2011년 SK텔레콤과 LG유플러스가 ★LTE(롱텀에볼루션)를 상용화하면서 국내에서도 LTE 시대가 열렸다. LTE는 '4G'로 불린다. 3G와 4G는 주파수도 다르지만 데이터 전송 속도의 차이가 가장 크다. 다운로드 속도 기준으로 3G에 비해 4G는 5배나 더 빠르다. SK텔레콤은 2013년 기존 LTE보다 다운로드 속도가 10배 이상 빠른 'LTE-Advanced'를 상용화할 계획이어서 통신 속도는 획기적으로 진화할 것으로 예상된다.

LTE는 속도가 빠르고 데이터 압축 기술 등이 더욱 진화해 음성통화도 데이터처럼 패킷으로 처리할 수 있다. 음성을 데이터로 전송하는 것을 VoLTE(Voice over LTE)라고 한다. 음성을 데이터로 전송할 경우 다른 데이터와 함께 처리할 수 있기 때문에 통신 요금이 크게 낮아질 수 있다. 때문에 통신사들은 LTE망에서는 기존 3G에 비해 음성통화 제공량을 대폭 늘리거나, 요금을 낮추는 방안을 내놓고 있다.

데이터 전송 속도가 빨라지면서 새로운 문제가 발생하기도 한다. 데이터를 너무 많이 씀에 따라 제한된 주파수에서 데이터를 수용하지 못할 가능성이 제기되는 것이다. 주파수는 일종의 고속도로와 같아 정해진 폭이 있다. 이 한도 내에서만 데이터를 수용할 수 있다. 다른 주파수와의 간섭 문제, 효율성 등의 문제로 주파수는 임의로 확대하거나 다른 주파수를 붙여서 확장해 쓰기가 쉽지 않다. 때문에 데이터가 몰리면 데이터 전송이 어렵게 되거나 네트워크가 끊기는 일도 생긴다. 이를 막기 위해선 데이터 압축을 더 고도화하거나 장비를 확충해야 한다.

KEY WORD ★ LTE(롱텀에볼루션)

Long Term Evolution의 약자. 3G(세대) 이동통신 서비스를 장기적으로 진화시킨다는 뜻에서 나온 용어다. WCDMA(광대역부호분할다중접속)와 CDMA(코드분할다중접속) 2000으로 대변되는 3세대 이동통신의 뒤를 잇는다는 뜻에서 '4세대 이동통신'으로 불리기도 한다. 기존 3세대 WCDMA망(HSUPA)보다 다운로드가 5배, 업로드는 7배 속도가 빠르다. 다운로드 속도는 최대 75Mbps, 업로드는 최대 37.5Mbps다. WCDMA망을 통해 800MB 상당의 영화 한 편을 다운로드 받는 데 약 7분 24초가 걸리는데 비해, LTE망을 통해서는 1분 25초 만에 내려받을 수 있다.

* SNS와 소셜 3.0 시대

스마트폰, 태블릿PC로 트위터나 페이스북에 접속해 글과 사진을 올리는 사람을 언제 어디서나 쉽게 볼 수 있다. '소셜네트워크서비스(SNS)'로 통칭되는 이 같은 서비스들은 더 이상 낯설지가 않다. 유명 연예인이나 스포츠 스타도 SNS를 통해 팬들과 소통하며, 소셜테이너라는 용어까지 만들어냈다. 이러한 SNS가 국내에서 자주 언급되기 시작한 것은 트위터와 페이스북이 대중화된 2009년 이후다.

소수 1%가 장악한 트위터 … 여소야대 '여론 쏠림' 극심

① 국내 SNS 특징

회사원 강성원 씨(39)는 매일 아침 6시30분 눈을 뜨자마자 스마트폰으로 '트위터'부터 연결한다. 간밤에 특별한 뉴스가 없었는지 확인하기 위해서다. 아침에 조간신문이나 TV뉴스 대신 트위터로 세상 흐름을 읽는 지는 1年이 넘었다. 트위터엔 정치 경제 사회 연예 등 각 분야 핫 뉴스가 트위터리안(트위터 이용자)들의 손을 거쳐 링크로 실시간 올라온다. 그가 팔로잉(following·친구 맺기)하는 국회의원과 소설가 사회평론가 등 유명인 '트친(트위터 친구)'들이 담아놓은 날카로운 논평까지 읽을 수 있다는 건 트위터의 매력을 대변한다.

트위터 페이스북 등 소셜네트워크서비스(SNS)는 한국에서 친구들과의 대화방이나 인맥관리용 온라인 네트워크 서비스 수준으로 나아선지 오래다. 지금은 신문 방송과 비례 영향력이 뒤지지 않을 만한 미디어로 자리 잡았다. 인터넷을 상징하는 윈도(Windows)가 '세상을 보는 창'이라면 SNS는 '세상을 보는 눈'(세계 PC 자판에서 SNS를 한글로 치면 '눈')이다. 가입자 1000만명 시대를 연 SNS를 소셜분석업체들이 그루터기와 분석한 결과, '한국 SNS'만의 세 가지 두드러진 특징이 드러났다.

◆'90대9대1 법칙' 그대로 적용돼

첫 번째 특징은 한국의 SNS는 전형적인 '90대9대1 사회'란 점이다. 그루터기 분석에 따르면 올 1~11월 국내 트위터 가입자 (550만명·오이로열 집계)의 1%가 작성한 트위터 글이 47830만개로 전체 트위터 글의 60.7%를 차지했다. 또 10%의 가입자가 전체 트위터 글의 95%를 썼다. SNS 이용자의 90%는 관망하고, 9%는 소극적으로 재전송이나 하는 정도로 참여하고, 1%만 적극적으로 콘텐츠를 창출한다는 '90대9대1의 법칙'이 실증된 셈이다. 리트위트(RT·재전송)도 마찬가지다.

90대9대1 법칙
가입자 90% 관망 · 9% 소극적
1%만 적극적 콘텐츠 창출

외국보다 좁은 커뮤니티
팔로잉 2.8단계만 거치면
국내 트위터 가입자 모두 '트친'
미국은 4.7단계 필요

강한 야당 성향
의원 1인당 트위트수
민노당 1383개·민주당 747개
한나라당은 292개 불과

규년 1~11월 중 한 번이라도 리트위트된 트위터 글은 5624만개로 전체 트위터의 7.1%였다. 한 번이라도 리트위트된 글을 쓴 사람은 72만5000명으로 가입자의 13%였다. 이 중에서도 1%(72500명·전체 가입자의 0.13%)의 트위터러가 쓴 글이 전체 리트위트 글 중 60%를 차지했다. 또 10% 트위터러의 글이 전체 리트위트 중 92%였다. 메시지나 정보가 확대재생산되는 리트위트에서도 '90대 9대 1의 법칙'은 어김없이 적용됐다.

◆외국보다 좁은 커뮤니티

두 번째는 한국의 SNS 바닥은 좁아 두 번째 특징은 외국의 SNS보다 가입자 관계가 훨씬 좁다는 것이다. 한국에선 트위터 팔로잉 관계가 평균 2.8단계만 거나면 가입자 모두가 연결된다. 내 트위터 팔로어의, 팔로어의 팔로어로 가면 한국 트위터 가입자가 모두 '트친'이 된다는 얘기다.

그루터기 지난 8월 말 현재 트위터 가입자 약 500만명 중 임의로 (1만명을 뽑아 분석한 결과다. 트위터 사용자들은 단계로 관계에서 0.01%(500명)만 연결됐다는 것으로 나타났다. 그러나 친구의 친구까지 2단계로 넓어기면 40.5%(3038명)가 연결되고, 3단계까지 가면 84.7%(424만명)가 친구 관계로 이어진다. 4단계가 되면 99.9%(499만5000명)가 트위터 팔로어로 이어진다.

이두번 그루터 소셜분석팀장은 "조사 대상 1만명을 각각 연결하는 9999만건 선을 분석하면 우리나라 트위터에서 전체 가입자에 도달하는 데 평균 4단계로 2.7단계가 걸리는 것으로 분석됐다"며 "트위터에서 어떤 메시지를 쓸 때 리트위트하면 국내 모든 가입자에게 퍼진다는 뜻"이라고 설명했다. 미국에선 트위터 전체 가입자에 도달하면 평균 4.7단계의 팔로잉이 필요하다는 연구결과가 있다.

◆사이버 쏠림현상 심화

세째 한국 SNS에선 보수보다는 진보, 여당보다는 야당 성향이 상당히 강하다. 그루터 분석 결과 트위터에선 여소야대가 뚜렷했다. 지난 11월 말 현재 정당별로 트위터를 이용한 국회의원 수는 한나라당(의석 169명) 118명, 민주당(87명·통합 이전) 53명, 자유선진당(17명) 6명, 민주노동당(6명·통합 이전) 5명이었다. 의석 수 대비

트위터 사용률 비율은 여야가 비슷하다.

그러나 의원 1인당 작성한 트위터 글을 보면 큰 차이가 난다. 올 1~11월 중 의원 1인당 트위트 수는 민노당이 1383개로 가장 많았다. 다음은 민주당 747개, 선진당 688개, 한나라당 292개 순이었다. 여당인 한나라당 의원들은 민노당 의원에 비해 5분의 1, 민주당에 비해 3분의 1밖에 글을 쓰지 않은 셈이다.

올린 글의 리트위트 때 퍼진 정도도 야 나라들은 야당에 훨씬 뒤졌다. 의원들을 쓴 글이 얼마나 많이 리트위트됐는지를 보여주는 평균 확산지수(리트위트 수·트위트 수)는 민노당이 15.6으로 가장 높았다. 민노당 의원이 올린 트위터 글은 평균 15.6회 리트위트되며퍼졌다는 뜻이다. 이에 비해 한나라당 의원들의 확산지수는 2.060이었다. 김영석 연세대 언론홍보영상학부 교수는 "트위터와 같은 SNS에서 소수의 영향력이 크고, 여소야대 현상마저 나타난 것은 심각한 사이버 쏠림 현상을 방증한다"고 지적했다.

郭秉熙 기자 chabo@hankyung.com

1세대 SNS의 원형은 과거 PC통신에서 찾을 수 있다. 미국에선 1985년 커뮤니티 서비스 '더 웰(The Well)'이 처음 등장했고 국내에선 1988년 KETEL을 시작으로 하이텔, 천리안, 나우누리 등 PC통신이 잇따라 등장했다. '번개', '정모' 등의 단어들도 이때 처음 등장했다. 1990년대 후반 들어 웹 기반 인터넷 서비스가 활성화되면서 PC통신이 쇠퇴하기 시작했지만, 초창기 인터넷 서비스는 PC통신의 시스템을 그대로 가져왔다. 다음 '카페'와 프리챌 '커뮤니티' 등이 대표적이다.

인터넷 도입과 함께 공통의 '관심' 보다 개인 간의 '관계' 에 초점을 맞춘 서비스들이 등장하기 시작했다. 이른바 '2세대 SNS' 의 등장이다. 미국에선 1997년 '식스디그리즈닷컴(SixDegrees.com)' 이란 사이트가 출현했다. 친구 리스트와 추천 시스템이 있고 개인 프로필을 만들 수 있다는 점이 오늘날의 SNS와 비슷했다. 국내에선 1999년 아이러브스쿨과 2000년 싸이월드가 잇따라 문을 열었다. 2세대 SNS의 특징은 개인 간 친목을 위한 각종 도구를 제공한다는 점이었다. 아이러브스쿨은 출신 학교를 매개로 사람들을 구분했다. 싸이월드는 '1촌' 제도를 도입해 사진 등 게시물을 '1촌' 에게만 공개할 수 있도록 했다. 식스디그리즈닷컴은 2000년 후반에 문을 닫았다. 하지만 그 이후 등장한 대부분의 SNS에 영향을 미쳤다. 이를 바탕으로 2003년 마이스페이스, 링크드인, 2006년 페이스북, 트위터 등 다양한 서비스들이 생겨날 수 있었다. 반면 국내에선 싸이월드의 독주가 계속됐다. 싸이월드는 국내의 폐쇄적인 인터넷 환경과 맞물려 이후 진행된 모바일 시대로의 변화에 제대로 대처하지 못했다는 평가를 받고 있다.

2007년 6월 출시된 애플의 아이폰은 정보기술(IT) 역사에 새로운 이정표를 남겼다. 본격적인 모바일 시대로의 대전환을 이끌어낸 것이다. SNS가 3세대로 진화하는 데도 영향을 미쳤다. 이전까지 랜선이 연결된 컴퓨터 환경에서만 SNS를 이용했던 것에 비해 스마트폰과 기존 통신망보다 빠른 3세대(3G) 통신망의 도입은 언제, 어디에서나 접속을 가능하게 했다. 기존 서비스 가운데 모바일로의 전환에 성공한 서비스들이 3세대로 진화한 반면, 그렇지 못한 서비스는 도태됐다.

가장 대표적인 3세대 SNS는 트위터다. 2006년 문을 트위터는 스마트폰이 보편화된 뒤로 급격하게 세를 불려나갔다. 유례없이 빠른 전파력 덕분에 SNS가 새로운 미디어가 될 수 있다는 사실을 증명해내기도 했다. 페이스북은 2004년 하버드대학교 내에서 처음 서비스된 뒤 2006년에 이르러 일반에 공개됐다. 강력한 친구 찾기 서비스를 바탕으로 마이스페이스를 제치며 전 세계적으로 가장 많은 사람이 이용하는 서비스가 됐다.

KEY WORD ★ 소셜 3.0

SNS(social network service)는 온라인에서 사람과 사람을 연결해주는 네트워크 서비스다. 그런 점에서 1980년대 동호회 수준의 PC통신 게시판에서부터 '다음 카페' 까지를 SNS 1세대라고 부른다. '소셜(Social) 1.0' 이다. 2000년대 초반 아이러브스쿨, 싸이월드 등 인간관계를 중시하는 SNS가 등장하면서 SNS 2세대(소셜 2.0)가 시작됐다. 이어 나타난 페이스북과 트위터 등은 2007년 스마트폰 보급과 맞물려 '1인 미디어' 로서의 기능도 갖게 됐다. SNS 3세대, 소셜 3.0으로 구분할 수 있다.

* 특허약과 제네릭

의약품은 '오리지널'과 '제네릭'으로 구분해볼 수 있다. 오리지널은 특허를 가진 신약을 뜻하고, 제네릭은 특허가 만료된 오리지널 의약품의 효능을 복제한 약을 뜻한다. 따라서 오리지널과 제네릭의 시판 과정은 약간 다르다. 신약이 출시되기 위해서는 제약사가 임상 과정을 거쳐 식약청 등으로부터 시판 허가를 받아야 한다. 복제약은 생물학적 동등성 시험을 통과하면 출시해 시판할 수 있다.

정부, 약가인하 강행…7500개 평균 14% 내려갈 듯

내년 4월부터…필수의약품은 제외
업계 "2조5000억원 손실" 강력 반발

정부가 제약업계의 반발에도 불구하고 내년 4월부터 약가를 일괄적으로 내리기로 했다. 전체 약값은 내년부터 평균 14% 정도 내려간다. 보건복지부는 1일 이 같은 내용의 '약가제도 개편을 위한 세부규정(고시)'을 입안예고한다고 31일 밝혔다. 복지부는 제약업계의 반발을 감안, 당초 8776개였던 인하 품목을 7500개로 줄이고 기초 수액제 등을 약가 인하 대상에서 제외했다.

제약업계와 의약품 도매상들은 복지부 발표에 즉각 반발하고 나섰다. 제약업계는 당장 2조5000억원 규모 손실을 감내해야하는 탓에 내년 초부터 구조조정에 들어갈 수밖에 없기 때문이다.
◆ "리베이트 한 번 적발돼도 퇴출"
복지부는 단독 등재 의약품, 퇴장방지 의약품, 기초수액제 등 안정적 공급이 필요한 필수의약품을 약가 인하 대상에서 제외시켰다.

또 3개사 이하에서 생산하는 희귀의약품은 약가를 우대 적용(오리지널 70%, 제네릭 59.5%)하기로 했다.

제약사의 기술 개발을 유도하기 위해 개량신약과 혁신형 제약기업의 복제약·원료합성 복제약 등도 우대 대상에 포함시켰다. 정부 관계자는 '이번 방침으로 인한 연간 약가 절감액은 총 1조7000억원으로, 지난 8월 발표한 2조1000억원보다 4000억원가량 줄어든다'고 설명했다.

정부는 또 보건의료계가 모두 참여하는 '리베이트 근절을 위한 대협약' 체결을 연말까지 추진하고, 리베이트 적발 시 건강보험 급여를 정지하는 한편 품목허가를 취소하는 등 '원스트라이크아웃' 제도를 새로 도입하겠다고 밝혔다.
◆ "제약업계 기반 무너진다"
제약업계는 복지부 발표 직후 "업계를 죽이는 '반토막 약값' 정책"이라며 격한 반응을 내놨다.

입법예고안에 따르면 국내에서 가장 많이 팔리는 약인 혈전용해제 '플라빅스(한독약품)'는 1정에 2014원에서 내년 4월부터 1164원으로 42% 떨어진다. 이 약의 복제약인 플라리스(삼진제약)는 현재 1732원인데, 신약 플라빅스와 동일하게 1164원이 돼 가격이 33% 내려간다.

대표적인 고지혈증치료제 리피토(화이자)는 917원에서 663원으로 28%, 리피토의 복제약인 리피논(동아제약)도 835원에서 663원으로 21% 저렴해진다.

업계 관계자는 "오리지널 의약품을 보유한 다국적제약사나 제네릭(복제약)이 많은 국내 제약사 모두 타격이 큰 정책"이라고 말했다.

제약협회는 이날 복지부 발표에 맞춰 홈페이지에 성명서를 내고 "이대로 약가를 인하하면 제약산업 전체가 무너질 것"이라며 "100만인 서명운동, 제약인 총궐기대회, 의약품 생산 중단, 법적 대응 등 가능한 모든 방법을 강구하겠다"고 주장했다.

중견 제약사의 한 관계자는 "정부가 (약가) 인하 폭을 줄였다고 하지만 어차피 막대한 피해를 입기는 마찬가지"라며 "정부가 내세운 각종 예외조항도 대부분 1년간 한시적 예외이기 때문에 결국 제약사들이 구조조정을 통해 손실을 감내할 수밖에 없다"고 토로했다.

제약협회에 따르면 내년도 국내 제약사의 합산 예상 손실액은 (보험의약품) 매출총액 12조8000억원 중 2조5000억원으로 전체의 19.5%를 차지할 것으로 전망된다.

정소원/이준혁 기자 ram@hankyung.com

내년 4월부터 가격 내려가는 주요 약품

회사	분류	이름	기존가(원)	인하가(원)	인하율(%)
한국화이자제약	고지혈증 치료제	리피토정 10mg(오리지널)	917	663	28
동아제약	고지혈증 치료제	리피논정 10mg(제네릭)	835	663	21
한독약품	혈전용해제	플라빅스정 75mg(오리지널)	2014	1164	42
삼진제약	혈전용해제	플라리스정(제네릭)	1732	1164	33

*1정 기준

신약 시판 허가를 위해 제약회사는 임상 단계 이전 기초연구와 동물시험을 통해 신약 후보물질을 발굴해야 하고, 이후 식약청으로부터 1상부터 3상까지의 임상 승인을 받은 뒤 환자를 대상으로 안전성과 유효성을 검증한 뒤 신약으로 내놓는다.

임상은 약을 만들 때 연구·개발(R&D) 단계에서 실시되는 효능 적합성 실험이다. 임상 1상은 건강한 지원자를 대상으로 약물에 대한 부작용이 없는지, 약물이 체내에 들어가 독성물질로 변하지 않는지 등 안전성을 확인하고 적정투여량을 결정하는 임상시험이다. 2상은 소규모 환자를 대상으로 단기 투약에 따른 유효성과 부작용을 확인하는 시험이다. 3상은 대규모 환자를 대상으로 효능·효과, 용법·용량, 사용 시 주의 사항, 장기 복용 시 나타날 수 있는 부작용을 확인하는 임상시험이다.

다국적 제약회사가 미국 식품의약국(FDA) 등 기관을 통해 같은 절차를 거친 경우도 '오리지널' 의약품에 속한다. 단 인종별 차이를 감안해 외국에서 허가받은 신약이 국내 환자에게도 유효한지 알아보는 가교시험(3상)의 절차를 거쳐야 한다.

★제네릭은 기초연구와 임상 등의 절차를 거치지 않은 약물이다. 신약의 경우 특허가 만료되면 다른 제약사가 같은 물질의 약을 카피해 만들 수 있다. 이 경우 여러 단계에 걸친 임상 대신에 '생물학적 동등성 시험(이하 생동성 시험)'을 거치면 출시할 수 있다. 생동성 시험은 오리지널 제품과 제네릭 제품을 투여해 두 약물이 동등함을 입증하는 절차다. 피험자가 제네릭을 복용했을 때 약물이 몸에 흡수되는 속도와 농도가 오리지널 의약품의 80~125% 범위 안에 들어오면 적합 판정을 받게 된다.

오리지널은 제네릭과 달리 임상을 통해 약효와 안전성을 검증 받은 약물이다. 특허가 유지되는 기간 동안 독점적으로 판매할 수 있다. 한 제약사가 신약 하나를 개발하기 위해서는 통상적으로 10년 이상의 기간과 수백억 원의 비용이 투입된다. 약가인하 정책이 시행되면 특허가 만료된 의약품은 제네릭과 오리지널 모두 원래 특허약 값의 53.5%를 넘어선 안 된다. 예컨대 그동안 1000원짜리 오리지널 약의 경우 특허가 만료되면 800원, 제네릭 제품은 680원 미만의 가격으로 약가 책정을 받았지만, 정책 시행 이후에는 모든 약이 535원의 상한가를 적용받게 된다. 이 같은 정책은 건강보험 적용을 받는 '급여의약품'에만 해당한다. 의약품은 크게 건강보험을 통해 지급되는 '급여의약품'과 약값을 환자가 모두 부담하는 '비급여의약품'으로 나뉜다. 급여의약품은 주로 병 치료 목적으로 사용되고, 발기부전 치료제 등 생명이나 건강 유지와 직결되지 않는 품목은 비급여의약품에 포함된다. 급여의약품은 보험급여를 받기 때문에 정부가 약가를 책정한다. 하지만 비급여의약품은 제약사가 판매가를 정할 수 있다. 때문에 정부의 약가 인하 정책의 영향을 받지 않는다.

KEY WORD ★ 제네릭(generic)

특허가 만료된 오리지널 의약품의 복제약. 특허가 만료됐거나 특허가 만료되기 전이라도 제법 변경을 통해 만든 의약품을 말한다. 의약품 역사는 영국, 독일 등에서 시작돼 오리지널 의약품도 주로 서구에서 개발됐다. 현재 국내 제약회사가 개발한 오리지널 신약은 18종에 불과하다. 국내 제약사는 대부분 제네릭을 많이 개발했다.

* 증시는 경제의 거울

자본주의 꽃이라는 주식시장. 주식시장의 동향은 언제나 사람들의 이목이 집중된다. 경제 관련 뉴스에 항상 빠지지 않는 것이 그날의 주가 상황이다. 그것을 통해 경기의 좋고 나쁨을 판단하기도 한다. 주식시장은 경제 상황을 반영해 움직인다. 경기가 좋아지면 기업 실적이 개선되고, 이는 주가상승으로 이어진다. 다만 주식시장은 실제 경제 상황이 수치로 확인될 때보다 한 박자 빨리 움직이는 경향이 있다.

코스피, 유가·환율 '복병'
"당분간 옆으로…"

주가 숨고르기 2007P

유로존 구매관리자지수(PMI)
기술적 지표로는 쉬어갈 조짐

잘나가던 한국증시에 대외 악재가 또다시 얼굴을 드러내고 있다.

유로존의 구매관리자지수(PMI)가 '수축' 국면을 벗어나지 못한 것으로 확인되자 증시가 조정을 받았다. 글로벌 경기 회복에 대한 기대감이 시장에 너무 앞서 반영됐다는 지적도 나오고 있다. 이럴 경우 외국 불안으로 촉발된 최근 유가 급등세는 증시의 '발목'을 잡을 최대 복병으로 떠올랐다.

◆대외 악재에 발목 잡힌 증시
23일 코스피지수는 20.85포인트(1.03%) 하락한 2007.80으로 장을 마쳤다. 지난 10일 이후 코스피지수는 상승세를 타다가 4~5거래일에 한번씩 20포인트 안팎 하락하는 움직임을 반복하고 있다.

이처럼 증시가 오를 만하면 고꾸라지는 일이 반복되는 건 한동안 유동성의 힘에 가려졌던 대외 악재의 영향력이 다시 커지고 있어서다. 최근 증시에 가장 큰 악재로 떠오른 것은 급등하는 유가다.

국내 수입 원유의 대부분을 차지하는 두바이유 현물가격은 배럴당 120달러에

유가 치솟고 유럽 PMI지수 부진
단기 급등 따른 피로감 작용
"엔저 등 변수…쉬어가기에 무게"
┊
건설·화학株 등 늘려볼 만

육박하는 수준으로 치솟았다.

김영준 트러스톤자산운용 대표는 "올해 증시가 상고하저(上高下低) 흐름을 보일 것으로 예상하고 있는데, 하반기 악재를 예상하는 가장 큰 이유가 최근의 유가 흐름"이라며 "원유가격이 급등하면 가계의 가처분 소득이 줄어드는 효과가 나타나 글로벌 경기 회복에 찬물을 끼얹게 될 것"이라고 우려했다.

유로존을 비롯한 글로벌 주요 지역의 경기 회복세가 기대했던 것보다 더딘 것도 부담이다. 이날 증시 조정은 S유로존 서비스업 PMI가 당초 예상과 달리 기준선 밑인 49.5로 나온 점 S미국의 지난달 기존 주택 판

매분이 457만채로, 예상치(466만채)를 밑돈 점 등이 직접적인 원인으로 작용했다.

◆코스피지수 1950까지 밀릴 수도
전문가들 사이에서는 "증시가 당분간 조정과 회복을 반복하며 '게걸음'을 할 것"이라는 의견이 지배적이다. 상당수 전문가들은 이 과정에서 코스피지수가 1950 근처까지 조정받을 수 있다고 예상했다. 일부는 1900선 밑으로 밀릴 수 있다고 내다봤다.

강현철 우리투자증권 투자전략팀장은 "최근 단기 급등에 따른 부담과 두터운 매물벽을 감안할 때 국내 증시는 1분기 말까지는 등락을 거듭하는 원보세를 보일 것"이라며 "코스피지수 하단은 1950으로 예상한다"고 말했다. 김학균 대우증권 투자전략팀장은 "코스피지수가 일시적으로 1850~1900 구간으로 밀릴 수 있다"고 전망했다. 김 팀장은 "유가와 엔화 환율의 움직임, 선거에 따른 불확실성 등이 리스크로 작용할 것"이라고 지적했다.

기술적 지표로 봐도 '증시가 당분간 쉬어갈 것'이라는 데 무게가 실린다. 유가증

권시장의 상승 종목 수를 하락 종목 수로 나누는 등락비율(ADR)은 지난해 11월 초 이후 처음으로 최근 120%를 넘어섰다. 이는 증시가 단기 과열 국면에 진입했음을 의미한다.

◆포트폴리오 조정 기회로 삼아야
김 대표는 "증시가 잠시 조정을 받더라도 상반기 중 강세를 예상한 기존 전망을 수정할 생각은 없다"며 "상반기 코스피지수 상단은 2250에 달할 수 있을 것"이라고 말했다. 그는 "투자자 입장에서는 뚜렷한 실적 개선이 기대되는 정보기술(IT) 건설업종 비중을 높이는 방향으로 포트폴리오를 조정할 기회로 삼아야 할 것"이라고 설명했다.

오승훈 대신증권 투자전략부 팀장은 "대외 악재에 따른 증시 조정기에는 대외 경기 불안에 영향을 상대적으로 덜 받는 유통 유통업종과 내수주가 부각될 가능성이 높다"며 "화학 건설업종 등 대형주 중심의 포트폴리오를 구성하되, 이들 업종도 일부 편입할 필요가 있다"고 말했다.

송종현/김유미 기자 scream@hankyung.com

KEY WORD

★ 엔 캐리 트레이드

금리가 낮은 일본의 엔화를 빌려 다른 나라에 투자하는 금융거래를 말한다. 초(超)저금리로 엔화를 빌려 상대적으로 금리가 높은 국가의 금융상품에 투자하면 일본과 다른 나라와의 금리 차이만큼 수익을 얻게 된다. 투자국 통화가 엔화에 비해 강세를 보이게 되면 환차익까지 덤으로 얻을 수 있다.

★ 긴축

재정긴축과 금융긴축이 있다. 둘 다 시중의 돈을 줄이는 수단이다. 재정긴축은 경기가 호황일 때 경기과열을 막기 위해 정부가 돈의 지출을 줄이는 것을 말한다. 금융긴축은 금리를 올리거나 대출을 규제해 금융회사가 대출을 줄이도록 하는 것을 가리킨다. 이를 위해 중앙은행은 국채를 팔거나 지급준비율(은행이 고객으로부터 받은 예금 중에서 중앙은행에 의무적으로 적립해야 하는 비율) 인상, 기준금리 인상 등의 조치를 취한다.

주 가상승에 영향을 미치는 주요 경제변수는 경제성장률과 금리, 환율, 원자재 가격 등 다양하다. 경제성장률은 경기 상황을 보여 주는 대표적 지표다. 경기는 저점을 찍고 회복된 뒤 고점에 이른 뒤에는 또다시 하강해 저점으로 내려간다. 이를 '경기의 순환'이라고 한다. 일반적으로 증시는 경기 움직임보다 앞서 반응한다. 경기가 바닥일 때는 통상 중앙은행이 기준금리를 인하하고 정부가 경기부양을 위해 재정을 풀기 때문에 시중에 돈이 풍부해지고, 이 '돈의 힘'에 의해 주가가 서서히 상승한다. 이를 '금융장세'라고 한다. 경기가 살아나면서 기업의 실적이 좋아지면 증시가 본격적으로 상승하는 '실적장세'가 나타난다. 이후 경기과열을 진정시키기 위해 정부가 긴축에 나서면서 증시가 하향세로 돌아서는 '역금융장세', 유동성 축소로 인해 기업 실적이 나빠지면서 펼쳐지는 '역실적장세'로 이어진다.

금리도 증시에 큰 영향을 미친다. 금리가 올라가면 기업들은 이자부담이 커져 돈을 덜 빌려 쓰게 된다. 이는 설비투자 축소로 이어져 기업 생산이 줄고, 주가하락의 원인이 된다. 반대로 금리가 낮으면 기업들의 자금조달과 설비투자가 늘어나고 주가가 상승하게 된다. 또 금리가 낮을 때는 은행에 돈을 맡겨도 이자수익이 많지 않기 때문에 투자자들이 위험자산인 주식으로 눈을 돌리게 된다. 주식에 투자하겠다는 돈이 증시로 몰리면 주가는 오르게 마련이다.

원·달러, 엔·달러 등 환율도 증시의 주요 변수다. 우리나라는 '수출로 먹고 사는 나라'라고 한다. 2011년 2분기(4~6월)엔 실질 국내총생산(GDP) 가운데 수출이 차지하는 비중이 50%를 넘었다. 원·달러 환율이 오르면(원화 약세) 국내 수출기업들이 만드는 제품의 가격경쟁력이 높아져 수출이 늘어나게 된다. 반면 엔·달러 환율(엔화 약세)이 오르면 한국과 경쟁 관계에 있는 일본 기업들의 수출 단가가 내려가 국내 수출기업의 경쟁력이 약해지는 요인이 된다. 또 엔·달러 환율의 하락은 ★엔 캐리 트레이드를 촉진시켜 세계 자산 가격의 상승을 유발하기도 한다.

원자재 가격도 국내 경제와 증시에 큰 영향을 미친다. 증시는 원자재 가격과 거꾸로 움직인다. 국제 원자재 가격이 오르면 국내 제품 가격이 상승하고 판매 부진과 주가하락으로 이어진다. 2012년 3월 한국 증시가 미국에 비해 상승폭이 부진했던 것은 국제유가 상승에 대한 부담이 작용했기 때문이다. 반면 원자재 가격이 하락하면 국내 제품 가격도 떨어져 소비 여력이 커지고, 주가상승으로 연결된다.

이 밖에 통화량과 물가 등도 주가에 영향을 주는 주요 경제변수로 꼽힌다.

* 시황기사 읽는 법

시황(市況)의 사전적 의미는 '주식이나 상품 따위가 시장에서 거래되는 상황'이다. 영어로는 'market condition'이라고 한다. 증권기사는 시황기사를 비롯해 증권 관련 제도와 금융·투자 업계 동향 기사 등 다양한 내용으로 구성된다. 이 가운데 시황기사는 증권기사를 구성하는 '뼈대'다. 독자들에게 증시의 움직임과 관련해 이해와 판단의 근거를 동시에 전달해야 하기 때문이다.

유동성 끌고 실적이 밀고 ··· 코스피, 내친 김에 2228 돌파 도전

(전고점)

국내증시 전망

코스피지수 2000을 중심으로 박스권 등락을 지속하던 국내 증시가 위쪽으로 방향을 잡았다. 코스피지수는 14일 장중 2057.28까지 오르는 강세를 보인 끝에 20.04포인트(0.99%) 오른 2045.08에 마감했다. 종가 기준으로 연중 최고치이자 지난해 8월 1일(2066.26) 이후 최고치다. 대체로 삼성전자는 125일평균선에 걸쳐대도 시 사상 최고가를 경신했다.

외국인 매수가 지속되는 가운데 기업 실적 전망치도 상향 조정되는 추세다. 주가가 단기 조정을 겪더라도 중장기적인 상승세는 이어질 것이라는 전망이 힘을 얻고 있다.

■ 상승 배경은 유동성과 외국인
코스피지수를 끌어올리고 있는 '유동성과 외국인'으로 요약할 수 있다. 선진국 중앙은행들의 대규모 통화 공급이 글로벌 금융시장의 위험자산 선호도를 높였고, 이런 현상이 국내 증시에서는 외국인의 공격적인 주식 순매수로 나타나고 있다는 분석이다.

한국 등 신흥국시장에 투자하는 글로벌이머징마켓(GEM) 펀드에는 지난달 12월 말부터 줄곧 8주 연속 자금이 순유입됐다. 지난 달 중순 일시적으로 자금이 순유출됐다가 이내 돌아서 다시 2주 연속 순유입을 기록했다.

유가증권시장에서 외국인은 이달 10조5775억원을 순매수했다. 이날 초 순매도 흐름이 나타났다 13일과 14일을 기준 12조6억원(1569억원)의 매수 우위를 보였다. 한국 증권 리서치센터장은 "미국 경제 회복이 지속돼 투자심리를 자극하고 있다"며 "외국인 매수세에도 큰 변화는 없을 것"이라고 말했다.

■ 상장사 이익 (글로벌인플 대침체)
신흥국 대비 주가 수익성 배당수익률 등 가치도 높다. 코스피지수는 주당순이익(PER)이 2009년 이후 평균인 10배를 넘는다는 것이다. 하지만 주요국 증시와 비교하면 국내 증시는 여전히 저평가 되었다는 분석이다. 지난 13일 기준 코스피지수의 PER은 10.19배로 미국(12.63) 독일(10.89) 등 선진국을 밑돈다.

외국인 올 10조 '사자'
상장사 영업익 추정치 2주연속으로 상승
고유가·엔低가 복병

본 브라질(11.14) 인도네시아(13.84) 등 신흥국보다도 낮다.

■ 실적 전망도 밝아졌다
기업 실적 등 펀더멘털이 개선됨과 지수를 보더라도 주가 상승에 대한 기대는 커진다고 말한다. 그동안은 주가가 오르는 중에도 기업 실적에 후했던 국내 기업이 최근 연준의 출렁별대한 국내 기업의 실적 전망도 배부슬 지고 상승세로 반전됐다.

증권정보 집계업체인 권한와이즈와 신영증권은 이에 대한 유가증권시장 상장사의 연간 영업이익 추정치는 지난 2일 22조6730억원에서 9일 22조 3678억2900원, 13일 22조8299억원으로는 2주 연속 증가세를 보였다. 올해 연간 영업이익 추정치 역시 2일 145조1671억원에서 13일 145조1673억원으로 늘었다. 수출전기가 달러한 연준을 끌고는 경제협력개발기구(OECD) 선행지수도 지난해 11월부터 3개월 연속 상승했다.

모의든 현대증권 리서치센터장은 "유동성 장세에 이어 실적 장세까지 나타날 가능성이 있다"며 "코스피지수는 이날 장중 2090선까지 오를 것으로 본다"고 말했다. 유 센터장은 "코스피지수는 연중 정신적인 상승세를 유지할 것이라며 "지난해 기록한 사상 최고치를 넘어 2280선까지 상승할 것"으로 예상했다.

■ 국제 유가 상승, 엔 약세가 복병
국제 유가 상승세와 엔화 약세는 국내 증시의 부담으로 꼽힌다. 오 센터장은 "서부텍사스원유(WTI)가 배럴당 120달러, 두바이유가 배럴당 130남나에 이르면 주가가 조정을 받을 수 있다"고 내다봤다. 13일 WTI 거래월물은 배럴당 106.71달러, 두바이유는 104.21달러였다.

엔화 약세는 국내 정보기술(IT)과 자동차 관련주에는 부담스러운 요인이다. 국내 기업의 경쟁력이 향상되고 있지만 다변화됐던 엔화 약세가 장기화되면 투자 심리 측면에서 서두르박일 영향을 줄 수 있다는 게 전문가들의 설명이다.

코스피지수가 14일 20.04포인트(0.99%) 오른 2045.08에 마감, 연중 최고치를 기록했다. 이를 확인받은 외환은행 딜링룸 직원이 환하게 웃고 있다.

PC시대서 모바일 시대로

2000년과 다르다
구글·애플 '대표주자' 부상

1990년대 말 정보기술(IT)붐과 12년이 지난 지금의 IT붐은 인터넷과 맞물려 있는 공통의 키워드를 갖고 있다. "세상의 모든 지식과 정보를 연결하겠다"는 이 비전은 두 시대 모두 같았다. 하지만 IT 비전의 중심축을 이루고 있다.

하지만 이 비전이 구현되는 양상은 완연히 다르다. 1990년대 말의 PC의 시대였다면 지금은 모바일 시대다. 팀 버너스 리가 1991년 공개했던 '월드와이드웹(www)' 이 인터넷 혁명의 시작이었고 그 중심엔 PC가 있었다. IBM과 마이크로소프트 인텔 등 빅3가 PC 시대를 이끌었고 HP 델 등의 PC제조업체들이 새 별로 띄올랐다.

오라클 EMC 등 소프트웨어 업체들이 뒤따랐고 인터넷에서는 야후 라이코스 등 검색 회사들 브라우저 업체 넷스케이프 등이 인터넷 혁명의 대변사가 됐다. 커머스 분야에서는 이베이가 시장을 주도했고 AOL과 마후 마이크로소프트의 메신저가 절정이었던 새로운 통신 수단으로 떠올랐다.

하지만 2000년을 전후로 버블이 터지면서 인터넷 혁명이 신기루가 아니냐는 의구심이 IT업계를 덮쳤다. '인터넷은 결코 아무 것도 이루지 못한다'는 비관론도 나왔다. 인터넷 속도는 기대만큼 빨라지지 않았다. 그렇게 수많은 인터넷 기업들이 사라졌다. 식스디그리닷컴은 소셜네트워크서비스(SNS)를 표방했지만 실패한다. 분을 탔으나 아후는 포털을 고집하던 서서히 두각이고 있다. 넷스케이프는 브라우저 시장에서 마이크로소프트에 밀렸고 핀터넷과 데이터베이스 핵심을 잃은 인텔 새들기술을 구하는 모델 부채로 불삭했다.

지금 글로벌 IT업계를 주무르고 있는 기업들은 이 같은 인터넷 니즈의 한계를 해소하는 새 비즈니스의 한계를 해결하는 기업들이다. 검색의 새 지평을 연구글, 온라인 콘텐츠 생태계를 만든 애플 아마존 등이 대표적인 회사다. 이제 인터넷은 스마트 융·복합기술과 모바일 기기와의 강력한 결합을 통해 새로운 비즈니스를 창출하고 애플 아이폰이 촉발한 모바일 혁명은 '언제 어디서나 세상의 모든 정보를 인터넷으로 본다'는 꿈을 실현했다.

IT업종 올 코스피 상승 이끌었다

삼성전자 올 18% 상승
건설·車·금융도 시장 견인

정보기술(IT) 업종이 올해 코스피지수 상승을 이끈 것으로 나타났다. 업황 회복 전망에 힘입어 근심있 증가 투자자들 몰려 반전 침에서 IT 업종이 차지하는 비중이 가장 컸다. 삼성전자와 같은 대형주의 움직임은 물론 중소형 IT업종 종목의 움직임도 코스피지수 움직임에 영향을 미쳤다는 의미다.

14일 한국거래소는 올 들어 이달 13일까지 전기전자 업종 상승률이 17.31%에 달해 코스피지수 상승 13개 업종 가운데 가장 높았다고 발표했다. 이 기간 코스피지수는 10.92% 오른 원금 감안하면 6.38%포인트 초과 상승한 것이다.

유가증권시장 시가총액의 15%를 차지하는 삼성전자의 기록 행진이 이런 위협을 했다는 분석이다. 삼성전자는 2.38%(2만9000원)를 오른 125만원에 거래됐다. 올해 상승률은 18.14%에 달했다. LG전자와 하이닉스 등은 올해 최근까지 전기전자 업종의 상승세를 이어가고 있다. 유가증권시장 IT 업종에서 삼성전자가 차지하는 비중은 23.51%로 올 들어 1.4%포인트 높아졌다.

건설업종이 올해 16.37% 올라 상승률 2위에 올랐다. 해외 수주 기대감 속에 현대건설 삼성엔지니어링 등이 힘을 받았다. 이어 운수창고(14.46%) 금융(13.51%) 비금속광물(13.40%) 기계(12.12%) 등 6개 업종이 시장 대비 초과 수익을 올렸다.

올해 하락한 업종은 의료정밀(-11.42%) 전기가스(-7.68%) 통신(-6.87%) 유통(-3.00%) 등 4개에 그쳤다. 한국은행 등 인가스 업종은 낙폭이 방어주 규제 등 리스크가 불거지다는 원래주의 부각됐다. 통신 업종은 기본료 인하에 따른 실적 부진이 분석했다.

시 황기사는 증시 움직임, 증시가 그렇게 움직인 이유, 증시 전망 등 크게 세 가지로 구성된다. 증시의 움직임은 국내 증시를 대표하는 코스피지수와 ★코스닥지수의 등락을 설명하는 내용이 주를 이룬다. 증시 움직임을 좌우한 업종이나 종목이 있다면 업종과 종목의 흐름도 함께 언급된다.

독자들이 증시에서 일어난 현상을 제대로 이해하려면 △코스피지수 등 시장을 대표하는 지수의 요즘 흐름은 어떤지 △유가증권시장 또는 코스닥 시장을 구성하는 주요 업종이나 종목에는 어떤 것들이 있는지 △특정 업종, 또는 종목 관련 이슈는 무엇인지 등을 파악하는 게 중요하다. 증시의 과도한 변동성을 막기 위해 주가가 전날보다 상하로 15%를 초과해 움직일 수 없도록 규정한 상·하한가 제도, 미리 짜놓은 컴퓨터 프로그램에 의해 자동으로 매매가 이뤄지는 ★'프로그램 매매' 등의 기본적인 용어의 정의를 알아두면 시황기사를 이해하는 데 큰 도움이 된다. 증시 움직임의 배경에 대한 내용을 이해하려면 △유가나 환율 같이 한국 증시에 영향을 미치는 대외변수 흐름 △증시의 매매 주체인 개인, 기관, 외국인의 수급현황 △현물시장에 영향을 미치는 선물시장 움직임 등을 관심 갖고 지켜봐야 한다.

증시 움직임과 배경 부분이 '이해'와 관련된 영역이라면 증시 전망은 독자들의 '판단'과 관련한 것이다. 시장전망과 관련해 한경은 검증된 전문가들의 견해를 전달하기 위해 노력하고 있다. 하지만 전문가들의 전망이 언제나 옳은 것은 아니다. 투자에 대한 판단 책임은 투자자 스스로 지는 것이니만큼 평소 증시에 영향을 미치는 주변상황에 대해 관심을 갖고 자신만의 확고한 투자 철학을 세워놓는 게 중요하다.

KEY WORD ★ 코스닥지수

코스닥시장에 상장된 기업들의 주식 가격에 주식수를 가중 평균한 시가총액지수다. 기준시점인 1996년 7월 1일의 시가총액을 분모로 하고, 산출시점의 시가총액을 분자로 해 지수화한다. 1996년 7월 1일 100포인트로 시작했지만, 기준이 되는 이 시점의 지수를 2004년 1월 26일부터 1000포인트로 상향 조정해 그 이전 자료에도 모두 소급 적용했다.

★ 프로그램 매매

투자전략을 컴퓨터에 미리 입력한 뒤 시장 상황에 따라 사전에 결정된 프로그램으로 자동 거래하는 것을 말한다. 보통 기관이나 외국인 등 큰 자금을 운용하는 곳에서 많이 활용한다. 프로그램 매매는 크게 차익거래와 비차익거래로 나뉜다. 차익거래란 코스피200지수 등의 현물과 선물 가격 차이를 이용해서 돈을 버는 거래를 말한다. 선물 가격은 미래가치를 반영한 가격이기 때문에 현물가격보다 다소 높은 것이 정상이다. 현물가격과 선물 가격은 어느 정도 차이를 두고 같이 움직이고, 선물 만기 때 같아져야 하는데 실제는 꼭 그렇지 않다. 이를 이용해 선물이 비싸지면 선물을 팔고 싼 현물을 사고(프로그램 매수), 반대로 현물이 비싸지면 현물을 팔고 싼 선물을 사게 된다(프로그램 매도). 비차익거래는 선물과는 상관없이 현물만 몇 개의 종목들을 묶어서 대량으로 매매하는 것을 말한다. 프로그램매매는 주식시장 가격은 효율적으로 조정하는 긍정적인 면이 있는 반면, 코스피지수를 급변하게 만들어 시장을 혼란시킨다는 부정적인 측면도 있다.

*증시의 얼굴, 시세표 읽는 법

한국경제신문 지면에는 매일 두 페이지에 걸쳐 주식 시세표가 실린다. 시세표에는 유가증권시장과 코스닥 시장 상장종목의 액면가와 그날 종가, 하루 주가등락폭, 거래량, 최근 20일간의 최고가와 최저가 등이 표시된다. 시세표는 단순한 숫자들로 채워지지만 개별 종목은 물론 시장 전체의 흐름을 보여주는 중요한 자료다.

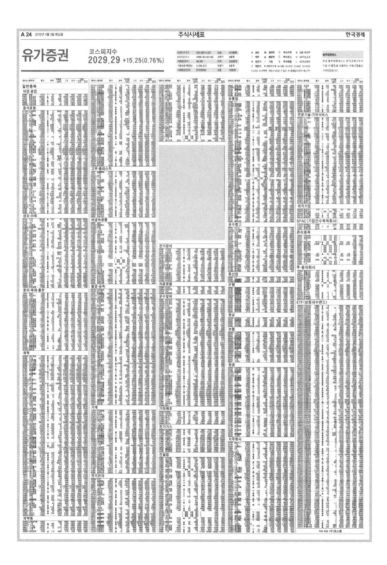

 KEY WORD

★ 관리종목

관리종목으로 지정되는 유형은 다양하다. 사업보고서를 제출하지 않거나 회계법인으로부터 적절한 의견을 받지 못할 경우, 자본금의 50% 이상이 잠식되거나 주된 영업활동이 정지됐을 경우 관리종목으로 지정받는다. 한국거래소의 공시의무를 위반하거나 거래량이 미진할 경우, 주가 또는 시가총액이 일정 수준 밑을 맴돌 경우에도 관리종목이 된다.

유가증권시장의 관리종목은 일반종목과 같이 거래할 수 있지만, 코스닥 관리종목은 거래에 제한이 따른다. 오전 9시부터 오후 3시까지 30분 단위로 단일가에 매매할 수 있다.

투 자자들은 시세표를 '증권시장의 얼굴'이라고 부른다. 매일 아침 배달되는 신문의 시세표를 그날 투자전략을 짜기 위한 '작전 지도'로 삼는 투자자들도 있다.

유가증권시장 시세표는 크게 일반종목과 ★관리종목, 기업인수목적회사(SPAC), 투·융자회사, 상장지수펀드(ETF) 등으로 나뉜다. 시장에서 정상적으로 거래되는 대부분의 종목들이 일반종목이다. 일반종목은 철강·금속, 전기전자 등 다시 업종별로 분류된다. 외국기업이 처음으로 한국거래소에 상장한 2007년 이후에는 외국기업들도 하나의 업종으로 묶여 시세표에 소개되고 있다.

관리종목은 여러 가지 문제점을 갖고 있어 상장폐지 기준에 해당되지만 주주 피해 등의 문제를 감안해 일단 일정 기간 동안 상장을 유지하는 종목을 말한다. 이 기간에 문제를 해결하면 일반종목으로 바뀐다. 대개 일반종목에 비해 투자 위험성이 높은 종목들이다.

투·융자회사는 투자나 융자를 전문으로 하는 종목이다. 주로 무형의 상품들이다. 부동산투자회사(REITs)와 뮤추얼펀드 등이 여기에 속한다. 도로, 항만 등 인프라에 주로 투자하는 인프라 투·융자회사도 있다.

코스닥 상장종목들은 코스닥시장의 대표 격인 30개 우량기업들이 속한 스타지수종목과 소속부제에 따라 소개된다. 소속부제는 △우량기업부 △벤처기업부 △중견기업부 △신성장기업부로 나뉜다. 우량기업부는 자기자본이 700억 원 이상이거나 시가총액이 1000억 원을 넘어야 하는 등 일정 규모 이상의 조건을 갖춘 기업들로 구성된다. 우량기업부에 비해 규모는 작지만 성장성을 인정받는 기업들이 벤처기업부, 녹색(친환경) 기술 등 별도의 기술평가를 통과해 특례로 증시에 입성한 기업들이 신성장기업부, 나머지가 중견기업부에 속한다.

코스닥시장은 관리종목 외에 투자주의 환기종목도 별도 시세표로 다뤄진다. 관리종목보다는 위험도가 낮지만 투자 시 기업의 계속성이나 경영투명성에 주의를 기울여야 하는 기업을 말한다. 한경은 상장 종목 외에 장외·기업공개(IPO) 종목 시세표도 싣고 있다. 비상장종목 중 투자자들끼리 거래하는 주요 종목이나 상장진행 종목 등을 골라 별도로 소개한다. 시세표에는 여러 가지 기호도 등장한다. ×표는 기세를 말한다. 그날 팔려는 가격과 사려는 가격차가 너무 커서 거래가 이뤄지지 않았다는 뜻이다. ★표도 있다. 이는 배당락을 뜻한다. 결산기일이 지난 주식이어서, 그 주식을 보유하고 있더라도 그 회계연도에는 배당받을 수 없다는 표시다.

✽ 파생상품, 선물과 옵션

경제신문 독자라면 지면에서 파생상품의 생소한 용어들과 간간이 마주치게 된다. 매달 두 번째 목요일인 '옵션 만기일' 을 즈음해선 특히 그렇다. 옵션 계약이 이날 만료되면서 거래가 집중되고, 주식시장에도 예측 불허의 영향을 미친다. 2010년 11월 11일, 별다른 악재 없이 장 마감 직전에 주가가 폭락했던 '옵션 쇼크' 도 만기일에 벌어졌던 일이다.

강세장 이끌던 '프로그램 매매' 부메랑 되나

**외국인 8일 만에 '팔자' 전환
프로그램 매매도 순매도로
차익실현에 '2조 폭탄' 우려
다음달 옵션 만기일 '경계'**

지칠 줄 모르던 프로그램 매수 행진이 최근 주춤해지면서 수급에 '노란불'이 커졌다. 증시 외국인 순매수의 대부분이 프로그램으로 유입됐던 만큼 단기 조정의 빌미가 될 수 있다는 진단이다.

✽'터질것이터지나' 프로그램 폭탄우려
16일 코스피지수는 27.87포인트(1.38%) 내린 1997.45로 마감, 나흘 만에 2000선 아래로 밀려났다. 전날 미국 증시가 그리스 문제 지연 등으로 하락한 여파로 초반부터 약세였다. 외국인이 8거래일 만에 720억원어치를 팔아치우며 매도 우위로 돌아섰고 프로그램 매매도 하루 만에 1215억원 순매도로 돌아섰다.

프로그램 매수는 연초 강세장을 연출했던 '보이지 않는 힘'이었다. 프로그램 차익거래(지렛가된 현물을 사고 고평가된 선물을 팔아 무위험 차익을 얻는 것)가 본격적으로 시작된 지난해 11월28일 이후 최근까지 누적된 차익 순매수는 6조8000억원에 이른다. 외국인의 선물 매수가 집중되며 현물 대비 저평가 상대(베이시스 하락)이 높았기 때문이다. 비차익 매매에서도 글로벌 유동성 자금이 풀리면서 연일 순매수를 기록했다.

하지만 지난 9일 이후 프로그램 순매수가 꺾이면서 분위기가 바뀌기 시작했다.

이효상 한화증권 연구원은 "2월 옵션만기일 이후 처음으로 이날 외국인의 프로그램 매매가 342억원 마이너스였다"며 "베이시스가 지금보다 나빠질 경우 프로그램 매도가 이어지면서 수급에 부담을 줄 것"이라고 설명했다.

✽'장기 자금 시각은 여전히 긍정적'
지난달 옵션만기일에도 연말 배당차익 청산 등이 우려됐지만 높은 베이시스 덕에 무사히 넘어갔다. 하지만 이번에 코스피지수가 단기 급등하며 조정 부담이 높아지고 있는 게 문제다.

심상범 대우증권 연구원은 "당장 주의해야 할 프로그램 매도 여력은 외국인과 국가(우정사업본부)가 보유한 1조8600억원"이라며 "다음달 옵션 만기에 가까워지면 차익 순매도의 위험 구간에 들어설 수 있다"고 내다봤다.

충격을 크게 우려할 필요는 없다는 지적도 있다. 박문서 KTB투자증권 연구원은 "외국인이 크게 시각을 바꾼 것 같지 않다"며 "선물 매도 규모도 연초 이후 차익 실현에 그치고 있다"고 강조했다.

✽코스피지수 PER 과거 평균치 근접
증시 조정 여부는 밸류에이션에도 달려 있다. 지수가 2000에 도달하면서 코스피지수의 주가수익비율(PER)은 9.7배로 상승, 지난 5년간의 평균인 10배에 근접했다. 대부분의 종목이 지난해 하락폭을 만회해 국내 증시의 저가 매력이 줄어들었다는 의미다.

그러나 PER을 통해 주가 수준을 평가하는 것은 어디까지나 상대적이라는 지적이다. 시장 여건에 따라 주가가 적정 수준

이상으로 오를 수도 있기 때문이다. 임수균 삼성증권 연구원은 "코스피지수 PER은 2007년 하반기 13배가 넘었고 지난해 상반기에도 10배를 초과했다"며 "선진국 중앙은행의 양적완화에 따른 유동성 장세가 좀더 지속될 것"으로 전망했다.

김유미/유승호 기자 warmfront@hankyung.com

가격 부담 높아진 코스피지수

흔들리는 프로그램 매수 행진
(단위:억원)
2월 9일 -3562
10일 +737
13일 1062
14일 -2068
15일 2232
16일 -1215

KEY WORD

★ **선물거래**

특정 상품을 미리 정한 가격으로 미래 어느 시점에 주고받기로 약속하는 거래다. 농부와 중간상인이 수확기 농산물 가격을 미리 정해 매매 계약하는 '밭떼기' 거래를 생각하면 된다. 국내에서는 코스피200지수를 기초자산으로 삼는 지수선물이 대표적이다. 주식에서 파생된 주식선물, 금과 돈육 등을 거래하는 상품선물 등 다양하다.

선물은 3, 6, 9, 12월에 만기가 돌아오는데, ★옵션과 선물 만기가 겹치는 날은 '네 마녀의 날(쿼드러플위칭 데이)' 이라고 부를 정도로 악명이 높다. 지수선물과 지수옵션, 주식선물과 주식옵션이 마치 '마녀(witch)' 가 휘젓고 다니는 것처럼 주식시장을 흔들곤 하기 때문이다.

선물옵션 시장이 주식시장에 영향을 미치는 원리는 복잡하다. 하지만 일반 독자는 '매물 부담이 얼마나 되나' 정도에 초점을 맞추면 된다. '이번 ★만기일은 매물 부담이 높다' 는 기사는 증시가 일시적

으로 힘을 못 쓸 가능성이 있으니 매매에 주의하라는 메시지다.

그렇다면 어떨 때 만기일 부담이 높을까. 주로 '차익거래' 시장의 투자자들이 매도보다 매수를 많이 했을 때(차익 순매수)다. 차익거래란 같은 코스피200지수를 대상으로 현물(주식)과 선물의 가격 차이가 벌어졌을 때 그 차이를 먹는 투자 방식이다. 만기일이 되면 현물과 선물의 가격은 결국 같아진다. 따라서 현물이 선물보다 쌀 때는 저평가된 현물을 사고, 고평가된 선물을 파는 '매수' 차익거래를 하게 된다.

매수 차익거래가 청산되면 현물이 매물로 나오기 때문에 증시에 하락 요인으로 작용한다. 매수 차익거래가 매도 차익거래보다 많을 때(차익 순매수) 주의해야 하는 이유다. 다만 쌓여 있는 매물도 일정 조건을 만족해야 나온다. 예컨대 차익거래 투자자들은 현물과 선물의 가격 차이(베이시스)가 불리하게 형성돼 있을 경우엔 청산보다 만기 연장(롤오버) 등을 택한다. 이 경우 만기일도 별 충격 없이 무난하게 넘기게 된다.

차익거래에 따른 매물은 '프로그램 매매'로 나온다. 프로그램 매매란 컴퓨터 프로그램으로 여러 가지 주식을 묶어서 주문하는 방식인데, 선물과 현물을 동시에 매매하려면 이 같은 방식이 필수적이기 때문이다.

프로그램 매매는 평소에도 차익거래 투자자들의 움직임에 따라 증시에 '보이지 않는 힘'으로 작용한다. 막대한 프로그램 매물이 한꺼번에 터져 나올 때는 증시에 충격을 주기 때문에 '프로그램 폭탄'이라고 표현하기도 한다. 폭탄이 터지는지 여부는 베이시스에 달려 있고, 베이시스는 선물시장의 외국인들이 열쇠를 쥐고 있을 때가 많다. 예를 들어 외국인이 선물을 갑자기 많이 팔면 선물이 현물보다 일시적으로 저렴해진다(베이시스하락). 그러면 고평가된 현물을 팔고 저평가된 선물을 사는 '매도' 차익거래가 일어나면서 프로그램 매도가 늘어나는 식이다. 국내 차익거래 시장은 단기투자 성향을 가진 외국인이 대부분을 차지하고 있고, 선물시장 역시 외국인의 영향력이 높다.

KEY WORD ★ 옵션

기초자산을 만기일에 미리 지정된 가격으로 사거나 팔 수 있는 권리다. 코스피200을 대상으로 하는 지수옵션은 거래량 기준으로 세계 1위(2011년)일 정도로 거래가 활발하다. 투자자들은 기초자산의 가격 변동에 대비해 위험을 회피(헤지)하는데 선물·옵션을 활용한다. 적은 돈으로 큰 수익을 올리는 레버리지 효과(지렛대 효과) 때문에 투기적 거래도 활발하다.

★ 만기일

각 선물·옵션의 계약이 종료돼 인수 및 인도가 이뤄지는 시점을 말한다. 만기일이 가까운 선물계약은 '근월물', 만기일이 많이 남은 계약은 '원월물'이라고 부른다.

＊ 'E씨 3형제', ELS · ETF · ELW

경제신문의 증권면이나 재테크 기사를 읽다보면 ELS(주가연계증권), ETF(상장지수펀드), ELW(주식워 런트증권)란 용어를 자주 접하게 된다. 이들은 모두 영어 알파벳 E로 시작해 증권업계에서 'E씨 3형제' 로 부르기도 한다. 하지만 상품마다 성격은 완전히 다르다. 상품별 특징을 잘 파악하면 자신의 성향에 맞게 다양한 투자를 할 수 있다.

에어백 베스트 … 조기분할상환 … KO조기종료

금융상품 '특허' ELS가 접수

(주가연계증권)

금투협 인정 배타적 사용권
작년이후 6건 중 4건이 ELS

'에어백 베스트 관찰형, 조기분할상환, K O조기종료, 유효구간 누적수익지급식.'
주가연계증권(ELS) 시장의 성장 속에 ELS에 대한 신상품 배타적 사용권 인정이 잇따르고 있다. 신상품 배타적 사용권은 일종의 단기 상품 특허로, 상품의 독창성을 인정해 일정 기간 해당 상품을 개발한 회사에 독점 판매권을 주는 제도다. 금융투자협회가 증권사나 자산운용사 등에 배타적 사용권을 인정해주고 있다.
◆ELS 관련 배타적 사용권 증가세
13일 금융투자협회에 따르면 2009년 금융투자협회 출범 이후 업계 신상품 배타적 사용권은 모두 11건이다. 2009년 펀드에 대해 부여한 2건에 이어 2010년 3건, 작년 4건 등으로 소폭 증가하는 추세다.
상품별로 보면 ELS(DLS)와 펀드(상장지수펀드 포함)가 각각 4건이며 랩어카운트 2건, 신탁이 1건이다. 최근 들어 ELS 관련 배타적 사용권이 부쩍 증가하는 추세다. 작년 5월 유효구간 누적 수익지급식 원금보장 조기상환형 'CD-에쿼티 듀엣'을 시작으로 전체 6건의 배타적 사용권 중 4건이 ELS와 관련이 있다.

회사	상품명	비고
하이자산운용	하이패캣크루즈 증권투자신탁 1호	펀드
드림자산운용	드림 Trend Following 글로벌 자산배분 증권투자신탁	펀드
한국투자증권	I'MYOU자산배분형	랩어카운트
우리자산운용	우리 KOSEF 통안채 ETF	ETF
현대증권	Repo운용 증권신탁	신탁
대우증권	유효구간누적수익지급식 원금보장 조기상환형 'CD-Equity Duet'	DLS
한국투자증권	K.O.조기종료 ELS	ELS
동양증권	MYW 월지급식 Magic 랩	랩어카운트
하나UBS자산	하나UBS Smart Change 증권 투자신탁(주식혼합-파생형)	펀드
삼성증권	에어백 베스트 관찰형 ELS	ELS
우리투자증권	조기 분할상환 ELS	ELS

'2월 13일 기준' 자료 : 금융투자협회

올해도 삼성증권의 '에어백 베스트 관찰형 ELS'와 우리투자증권의 '조기 분할상환 ELS'가 배타적 사용권을 추가로 인정받았다. '에어백 베스트 관찰형 ELS'는 조기(만기)상환 조건을 충족하지 못하더라도 조기(만기)상환 결정일마다 두 개의 기초자산 중 어느 하나가 조기(만기)상환 행사가격 이상인 경우, 그 발생 횟수만큼 일정수익(에어백 쿠폰)을 더해 지급하는 상품이다. 자동차 에어백처럼 만기 손실이 발생할 경우 충격(손실)을 줄여준다는 의미에서 붙여진 이름이다.
우리투자증권의 '조기 분할상환 ELS'

는 조기상환 결정일에 조기상환 조건은 충족하지 못했으나 회사가 사전에 정한 특정 조건을 충족하는 경우 원금의 일부(미리 정한 일정 수익 포함)를 자동 상환하는 ELS다.
◆파생상품 활용한 개발 용이
ELS는 채권에다 옵션을 가미해 일정 조건을 충족하면 수익률을 지급하는 구조다. 이도연 금융투자협회 자율규제심사부장은 "ELS는 파생상품이어서 다양한 상품 개발이 용이하다"며 "ELS의 인기를 타고 시장이 급성장하면서 배타적 사용권 부여 사례도 늘고 있다"고 말했다.
ELS는 작년 사상 최대인 34조8222억원으로 급증한 후 지난달엔 2조7569억원이 발행됐다. 올해도 발행 규모는 30조원을 웃돌 것으로 전망된다.
업계에서는 배타적 사용 기간이 너무 짧다는 지적을 하고 있다. 독점기간이 최장 6개월인 데다 그나마 대부분은 1~3개월 이내다. 업계 관계자는 "초기 마케팅 기간 등을 감안할 때 독점권을 부여받는다고 해도 실질적인 판매 실익은 없다"고 지적했다. 이 부장은 "기간은 창의성의 정도를 보고 정하는 것"이라며 "상품 개발 촉진 차원에서 배타적 사용권을 적극 부여할 예정"이라고 설명했다.

서정환 기자 ceoseo@hankyung.com

KEY WORD

★ 기초자산

underlying asset. 선물, 옵션, ELS, ELW 등 파생상품을 발행할 때 그 근거가 되는 대상자산을 말한다. 파생상품의 가격과 수익률은 기초자산의 움직임에 따라 결정된다. 예컨대 주가지수선물은 코스피 200지수 같은 주가지수를 기초자산으로 만든 선물이다. 파생상품에 활용되는 기초자산은 주식, 채권(금리), 통화에서부터 금, 은 같은 귀금속, 구리 · 니켈 같은 원자재, 곡물 등 매우 다양하다.

E LS(equity linked securities)는 쉽게 말해 채권과 주식의 중간 정도 위험과 수익을 갖춘 신종 채권이다. 2011년 34조 8000억 원어치가 발행됐을 정도로 '은행금리+알파(α)'를 추구하는 투자자에게 확실한 대안 상품으로 자리 잡았다. 채권은 발행할 때 정해진 수익률(금리)이 있다. 하지만 ELS는 일종의 파생상품을 가미해 ★ '기초자산'이라고 불리는 특정 주가지수나 개별종목의 움직임에 따라 수익

률이 달라진다. 2003년 국내에 처음 ELS가 등장했을 때 기초자산은 코스피200과 같은 주가지수가 대부분이었고, 최악의 상황에서도 원금은 보존할 수 있는 상품이 절대 다수였다. 하지만 이후 상품구조가 다양화됐다. 기초자산은 삼성전자 같은 개별종목으로 확장됐고, 기대수익률을 높인 대신 원금은 보장되지 않는 상품도 나왔다. 일정 조건을 충족하면 만기가 되지 않아도 가입 후 3~6개월 만에 조기 상환해주거나 매달 수익금을 주는 ELS도 등장했다.

ETF(exchange traded fund)는 수익률이 주가지수나 특정자산의 가격 움직임을 그대로 쫓아가도록 운용된다. 자산운용회사들의 ★인덱스펀드와 비슷하지만, 주식처럼 실시간으로 사고팔 수 있다. 2012년 2월 말 현재 한국거래소에 상장된 ETF는 114개다. 코스피200지수 등 주가지수는 물론 자동차·반도체·통신·은행 등 특정업종지수, 금·원유·밀 등 원자재 가격, 채권 가격 등 다양한 자산의 움직임을 추종하는 ETF도 있다. 코스피지수가 1% 오르면 수익률은 약 2%가 나는 레버리지ETF, 지수가 떨어질 때 오히려 이익이 나는 인버스ETF 등 상품 다양성이 갈수록 확대되는 추세다.

ELW(equity-linked warrant)는 특정 주식(기초자산)을 사전에 정한 가격(행사가격)으로 일정 기간 동안 살 수 있거나(콜), 팔 수 있는(풋) 권리를 갖는 유가증권이다. 옵션과 비슷한 파생상품이다. 어떤 종목이 오를 것으로 예상할 때 해당 종목을 직접 사지 않고 일부 자금만 투자해 수익을 낼 수 있다. 2005년 도입된 뒤 개인들이 투자했다가 손실을 본 경우가 많았다. 2011년 6월엔 일부 ELW 전문투자자를 위해 일반인보다 속도가 빠른 전용회선을 제공하는 등의 부당거래 혐의로 12개 증권회사 대표가 검찰에 기소되기도 했다. 증권회사 대표들은 법원 1,2심 판결에서 모두 무죄를 선고받았지만, 이를 계기로 금융 감독당국이 ELW 규제를 강화해 거래량이 크게 위축됐다.

KEY WORD ★ 인덱스펀드

목표로 설정해놓은 주가지수(인덱스)의 움직임을 그대로 쫓아가도록 운용되는 펀드를 말한다. 우리나라에선 코스피200지수, KRX100지수 등을 활용한 인덱스펀드가 출시돼 있다. 인덱스펀드는 추종하는 지수에 속한 종목을 시가총액 비중 만큼 매입해 해당 지수의 움직임을 복제할 수 있다. 펀드매니저가 유망종목을 골라 운용하는 일반 주식형 펀드와 달리, 수동적으로 지수의 움직임을 쫓아가기 때문에 패시브(passive : 수동적) 펀드라고도 불린다.

＊ 해외증시를 알면 국내증시가 보인다

'미국 증시가 기침을 하면 국내 증시는 감기에 걸린다'는 말이 있다. 국내 증시가 미국 증시의 등락에 민감하게 반응하는 현상을 일컫는 말이다. 국내 증시의 기초체력이 강해져 더 이상 미국 증시의 영향을 크게 받지 않는다는 주장도 나오고 있지만, 여전히 국내 증시와 미국 증시의 상관관계는 높다. 세계 최대 경제 규모를 갖고 있는 미국의 경기 및 증시상황에 영향을 받을 수밖에 없기 때문이다.

미국 다우지수가 3년9개월 만에 13,000선을 회복했다. 뉴욕증권거래소(NYSE) 시황판이 28일(현지시간) 다우지수 종가인 13,005.12를 나타내고 있다.
뉴욕AP연합뉴스

KEY WORD

＊ 코스피지수

국내 증시의 전반적 동향을 가장 잘 나타내는 대표적 지수다. 유가증권시장에 상장된 모든 종목을 대상으로 산출한다. 산출방법은 1980년 1월 4일을 기준(지수=100)으로, 당시 상장종목들의 시가총액(주가×상장주식수)과 비교시점 상장종목들의 시가총액을 대비해 산출한다. 시장 전체의 주가 움직임을 측정하는 지표로 이용된다. 또 투자성과 측정, 다른 금융상품과의 수익률 비교 척도, 경제 상황 예측 지표로도 활용된다.

다우 13,000 돌파 … 코스피 탄력 붙나

美 주택·고용지표 개선 '뚜렷'
한국증시는 작년 7월에도 못미쳐
中 긴축완화가 상승폭 좌우할 듯

미국 다우지수가 28일(현지시간) 2008년 금융위기 이후 처음으로 심리적 기준선인 13,000선을 돌파했다. 미 증시의 고공행진이 한국을 비롯한 글로벌 증시의 '견인차' 역할을 할 수 있을지 주목된다.

◆다우지수 13,000선 돌파
다우지수는 지난 5거래일 동안 장중 13,000선을 넘나들다가 28일 0.18%(23.61포인트) 상승한 13,005.12에 장을 마쳤다. 다우지수의 13,000선 돌파는 2008년 5월 이후 3년9개월 만이다. 월스트리트저널(WSJ)은 "지난해 여름 투자자들을 불안에 떨게 했던 미국 더블딥(경기 일시회복 후 재침체)과 유로존(유로화 사용 17개국) 붕괴 공포가 대부분 사라졌음을 의미한다"고 분석했다.

주가가 오른 가장 큰 이유는 호전되는 미국 경제지표다. 이날도 미국의 2월 소비자신뢰지수가 70.8로 1년 만에 최고치를 기록했다는 소식이 전해지면서 투자심리를 북돋았다. 전월의 61.5를 크게 웃도는 수준인데다 전문가 예상치인 63도 훌쩍 뛰어넘었다. 소비는 미국 국내총생산(GDP) 70%

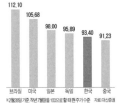

주요국 증시 작년 7월말대비 주가 수준

브라질	미국	일본	독일	한국	중국
112.10	105.68	98.00	95.89	93.40	91.23

2월28일 기준 작년7월말을 100으로 한 현재주가 수준   자료 대신증권

를 차지한다.

주택, 고용 등 실물지표도 나아지고 있다. 그리스에 대한 2차 구제금융안이 확정되고 유럽중앙은행(ECB)이 2차 장기대출프로그램(LTRO)을 통해 유럽 은행권에 유동성을 공급할 것이라는 기대감도 투자심리에 힘을 보탰다.

◆주요국 증시 회복은 더딘 편
미 증시는 2008년 금융위기 이전 수준을 회복했지만 대부분 국가는 유로존 붕괴 위기가 고조되기 직전인 작년 7월 말 수준에도 미치지 못한 상태다. 대신증권에 따르면 전 세계 주요 52개국 중 33개국(63.46%) 증시(28일 기준)가 작년 7월 수준을 밑돌고 있다. 작년 7월 말을 100이라고 할 때 한국은 93.40에 머물고 있다. 일본(98) 인

도(97.25) 홍콩(95.87) 대만(92.08) 중국(91.23) 등도 당시보다 낮다.

조재민 하이투자증권 리서치센터장은 "미국은 전 세계에서 가장 경기가 좋은 나라 중 하나"라며 "최근엔 부동산 경기까지 회복 구간에 진입해 소비 심리 개선을 이끌고 있다"고 말했다. 하지만 수출 위주 경제인 한국은 미국을 제외한 전반적 글로벌 경기 둔화의 영향을 받고 있어 상대적인 상승률이 낮다는 분석이다.

◆중국 경기 회복이 관건
13,000선을 회복한 미 증시가 상승 추세를 이어갈 경우 국내 증시에 긍정적 영향을 줄 것이라는 점에는 전문가들 사이에 이견이 없다. 오승훈 대신증권 연구위원은 "코스피 지수가 2000선을 넘은 후 밸류에이션 부담이 있었는데 미 증시가 고점을 뚫고 올라가면 이런 부담을 덜어줄 수 있다"고 말했다. 12개월 예상 실적 기준 코스피지수 주가수익비율(PER)은 9.5배다. 1990년 이후 평균 PER인 10배를 적용하면 2150선까지는 부담스러운 수준이 아니라는 설명이다. 선진국이긴 하지만 미국의 PER는 12.7배다.

미국이 끌어주는 만큼 중국이 얼마나 밀어줄지가 추가 상승폭을 정하는 주요 변수로 지목된다. 조 센터장은 "긴축 완화를 통해 중국 경기가 살아나야 주가도 탄력적으로 오를 것"이라고 전망했다.

서정환 기자/뉴욕=유정재 특파원 ceoseo@hankyung.com

K O S P I

20 11년 8월 미국의 신용등급이 강등됐을 때 미국 증시뿐 아니라 국내 증시 역시 급락했다. 이처럼 해외 증시와 국내 증시가 같은 방향으로 움직이는 것을 '동조화(커플링)'라고 한다. 각국의 주식시장이 따로따로 움직이는 것이 아니라 서로 유기적으로 연결돼 있다는 의미다. 우리나라는 대외교역 의존도가 큰 개방경제 국가다. 국내총생산(GDP)에서 수출이 차지하는 비중이 높다 보니 세계 최대 경제국이자 주요 교역 상대국인 미국 경제의 영향을 크게 받는다. 미국 경제지표가 나빠지면 전반적인 국내 경기도 둔화될 수밖에 없다. 또 미국 경제지표 악화로 미국 증시가 불안해지면 외국인들이 우리나라를 비롯한 신흥시장 주식을 팔고 안전자산에 대한 투자를 늘리려고 한다. 미국 증시가 하락하면 국내 증시가 부정적 영향을 받는 또 하나의 이유다.

최근에는 중국 증시에도 관심이 쏠리고 있다. 중국은 한국의 최대 교역국이자 산업별 연관성도 크다. 다만 중국의 긴축 등 경제정책에는 국내 증시가 민감하게 반응하지만, 중국 증시의 움직임이 국내 증시에 미치는 영향력은 미국 증시에 비해 상대적으로 약한 편이다.

미국의 대표적 주식시장은 뉴욕증권거래소(NYSE)와 나스닥(NASDAQ)이다. 뉴욕증권거래소는 뉴욕 월가에 있는 세계 최대의 증권거래소다. 1792년 증권거래업자들이 자발적으로 설립했다. 전통적으로 크고 오래된 미국기업과 외국기업 증권을 상장해 유통시킨다. 나스닥은 첨단 벤처기업들이 상장돼 있는 미국 제2의 주식시장이다. 1971년에 출범했으며, 전 세계 벤처기업들이 자금조달을 위한 활동기반으로 삼고 있다. 미국 주식시장에서 사용되는 대표적인 종합주가지수로는 다우지수와 나스닥지수, S&P500지수가 있다. 다우지수가 30개의 한정된 종목 주가로 지수를 만들기 때문에 미국 증시 전체의 흐름을 파악하기 위해서는 나스닥지수와 S&P500지수를 함께 보는 것이 좋다.

이 밖에 독일 DAX지수, 프랑스 CAC40지수, 영국 FTSE100지수 등이 대표적인 유럽의 주가지수다. 일본 닛케이지수와 홍콩 항셍지수 등 다른 아시아 국가들의 증시도 미국 증시의 영향을 받아 국내 증시와 비슷한 흐름을 보이기도 한다.

'다우 13,000 돌파… 코스피 탄력 붙나'라는 기사에서 미국 증시가 상승세를 이어갈 경우 국내 증시에도 긍정적인 영향을 줄 것이라는 내용은 글로벌 증시의 동조화 맥락으로 이해하면 쉽다. 미국 경제지표들이 좋아지면 미국 증시가 호전되고, 국내 증시에도 상승 동력을 가져다줄 것이라는 논리다. 단기적으로도 우리나라 시간으로 새벽에 마감되는 전날 미국 증시의 등락에 따라 국내증시가 움직일 때가 많다.

＊증시 3대 축, 기관·외국인·개인

주식시장에는 수많은 투자자들이 참여한다. 2011년 말 기준으로 국내 기업의 주식을 보유한 주주는 482만여 명이다. 전년도에 비해 28만여 명 늘어난 수치로, 국민 열 명 중 한 명 정도는 주식투자를 하고 있다고 봐도 무방하다. 그만큼 점점 더 주식시장에 관심을 갖는 투자자들이 늘고 있다는 뜻이다. 그렇다면 어떤 사람들이 주식투자를 하는 것일까?

'외바라기' 증시에 ··· 기관 '몸풀기' 시작했다

（외국인 중심 매수）

이틀간 3600억어치 사들여
세아제강 등 34개 종목 최고가

1·2월 매도로 실탄 확보
본격 매수 타이밍 '임박'

올 들어 순매도 기조를 유지해온 기관이 증시의 구원투수로 복귀할 태세다. 최근 한 달 동안 2조4500억어치를 팔아치워 충분한 '실탄(현금)'을 확보한 기관이 사흘 연속 순매수 랠리를 이어가고 있다.

외국인에 이어 기관이 '쌍끌이'에 가세하면서 코스피지수는 지난 2일 작년 8월3일 이후 최고치인 2034.63으로 올랐다. 전문가들은 고유가와 엔화 약세 등이 새로운 변수로 등장한 가운데 기관의 순매수 전환 및 매수 강도가 지수 추가 상승의 모멘텀이 될 것으로 전망했다.

◆기관 '러브콜'에 사상 최고가 속출

지난 주말 기관은 매수 강도를 줄이며 158억원을 순매수했다. 지난달 28일 10거래일 만에 순매수로 돌아선 기관은 이틀 동안 3616억원어치를 사들이며 지수를 39.09포인트 끌어올리는 데 일조했다.

기관의 가세로 고유가와 엔저 등으로 지지부진한 흐름을 보였던 증시에 활기가 돌고 있다. 이들의 매수세가 집중된 종목 대부분은 신고가를 연일 갈아치우고 있다. 에이블씨엔씨 코리아홀딩스 한세실업은 2일(종가 기준) 주가 신기원을 새로 열었다. S&TC 대덕GDS 삼립식품 카울증권 한국금융지주 등도 기관 매수세 덕분에 52주 신고가기록을 경신했다.

이 밖에 기관의 순매수로 방향을 틀면서 세아제강 우진세렉트 등 유가증권시장 34개 종목이 올 들어 사상 최고가에 올라 있다.

기관은 지난달 2일부터 한 달 동안 현대중공업(1450억원)을 비롯해 대우조선해양 현대미포조선 등을 순매수 상위 10위권에 4개 조선주가 포함됐다. 기관은 또 LG전자 기아차 SK이노베이션 우리금융 두산인프라코어 현대건설 등을 집중적으로 순매수했다.

◆'방아쇠' 당길 기관은 누굴까

지난해 외국인의 떠난 증시에서 '수급을 책임졌던 연기금이 조금씩 '입질'을 시작하고 있는 것으로 관측된다. 연기금은 지난달 29일 885억원어치를 사들이며 11거래일 만에 순매수로 돌아섰다.

지난달까지의 매도 기조로 연기금은 실탄을 충분히 확보한 것으로 분석된다. 연기금은 올 1월 3849억원을 판 데 이어 2월에는 8980억원으로 순매도 규모를 키웠다. 김세잔 신영증권 투자전략팀장은 "주가가 1월부터 가파르게 상승하자 연기금이 지난해 사들였던 주식 중 일부를 팔아 차익을 실현하는 과정에서 순매도 규모가 커진 것"이라며 "1~2월 매도로 현금을 확보했고, 주식 비중을 낮아진 만큼 연기금의 매수 타이밍이 임박했다"고 말했다.

수급에 미치는 영향력이 큰 자산운용사의 주식형 펀드도 환매 강도가 약해지고 있다. 4일 금융투자협회에 따르면 주식형 펀드 판매 잔액은 1월 말 현재 94조1638억원으로 최고치였던 2008년 8월 말의 140조1661억원과 비교해 46조23억원(32.8%) 줄었다. 주식형 펀드 판매 잔액이 3년5개월 만에 46조원급감한 것이다.

박정우 SK증권 투자전략팀장은 "코스피지수가 2000선에 안착하면 대세 상승에 대한 기대감이 높아지면서 주식형 펀드로의 자금 유입 규모가 더 커질 것"으로 예상했다.

손재화 기자 mrhand@hankyung.com

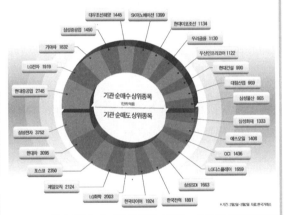

기관 순매수 상위종목
（단위：억원）

기관 순매도 상위종목

대우조선해양 1445　SK이노베이션 1399
삼성중공업 1450　현대미포조선 1134
기아차 1832　우리금융 1130
LG전자 1919　두산인프라코어 1122
현대중공업 2745　현대건설 990
대림산업 969
삼성물산 865
삼성화재 1333
에쓰오일 1406
OCI 1436
LG디스플레이 1659
삼성전자 3752
현대차 3095
포스코 2350
제일모직 2124
LG화학 2003　삼성SDI 1663
한국타이어 1924　한국전력 1801

※기간 : 2월1일~3월2일 자료:한국거래소

KEY WORD

★ 개미투자자

주식시장에서 개인투자자를 비유적으로 일컫는 말이다. 수는 많지만 각각의 투자 규모는 크지 않다는 의미를 담고 있다. 일부 개인투자자는 수백억 원대 자산을 운용하면서 기업의 주요 주주 자리에 오르는가 하면, 경영권을 요구하기도 해 '슈퍼개미'로 불리기도 한다.

★ 순매수

한 투자자가 주식을 매수한 금액이 매도한 금액보다 많은 상태를 순매수라고 한다. 반대의 경우는 순매도라고 한다. '외국인이 국내 주식을 순매수한다'는 것은 주식을 사는 외국인이 파는 외국인보다 많아 외국인 전체적으로는 매수 우위에 있다는 것을 의미한다.

주식 투자자는 크게 기관, 외국인, 개인 세 부류로 나뉜다. 기관투자가는 은행, 보험회사, 자산운용회사, 연기금 등을 말한다. 은행과 보험사는 예금이나 보험료 등 고객으로부터 받은 돈의 일부를 주식에 투자하고, 자산운용사는 주식형 펀드 투자자로부터 받은 돈으로 주식을 산다. 국민연금 등 연기금은 가입자가 낸 돈으로 높은 수익을 내 더 많은 돈을 돌려주려는 목적에서 주식투자를 한다.

외국인 투자자는 해외에 근거지를 둔 투자자를 뜻한다. 2012년 2월 말 기준 국내 주식투자 등록증을 받은 외국인 투자자는 3만 3976명이다. 이 가운데 기관은 2만 4622명, 개인은 9354명이다. 외국인 중 기관투자가는 주로 펀드, 은행, 보험사, 연기금 등이다.

개인투자자는 흔히 ★'개미투자자'로 불리는 일반인 투자자를 말한다. 재테크 목적으로 주식을 사는 사람들이 개인투자자에 속한다. 개인은 기관이나 외국인에 비해 투자 규모가 작고, 대형주보다는 중소형주에 많이 투자해 주가에 미치는 영향력은 크지 않다. 기관이나 외국인에 비해 짧은 기간 내에 주식을 샀다 팔았다 하는 단타매매를 하는 것도 개인의 특징이다.

기관, 외국인, 개인의 비중은 유가증권시장 시가총액 기준으로 각각 3분의 1가량이다. 하지만 증시에 미치는 영향력은 기관과 외국인이 압도적이다.

외국인은 수적으로는 많지 않지만 투자 규모가 커 주가에 막대한 영향을 미친다. 2011년 2월 말 기준 외국인의 보유주식은 유가증권시장 시가총액의 33%를 차지하고 있다. 특히 삼성전자 등 주요 대기업 주식의 50% 이상을 갖고 있다. 헤지펀드 등 글로벌 차원에서 자금을 운용하는 외국인 투자자는 국내 투자자에 비해 정보력이 앞서고, 다양한 금융기법을 동원한다. 한국 경제의 대외의존도가 높은 것도 외국인의 증시 영향력이 큰 이유다. 글로벌 경제가 호황일 때는 한국 경제가 빠르게 성장하면서 외국인 자금이 국내 증시로 유입돼 주가가 상승하지만, 글로벌 경제가 불황에 빠져들면 외국인 자금이 급속히 유출돼 주가가 하락한다.

국내 기관도 투자 규모가 커지면서 증시에 미치는 영향력이 확대되고 있다. 한경 2012년 3월 5일자 A21면 톱기사는 투자주체 간 수급 구도가 증시에 어떻게 영향을 미치는지를 보여준다. 외국인이 국내 주식 ★순매수를 유지하는 가운데 기관도 주식 매수에 적극적으로 나서기 시작해 주가상승이 예상된다는 내용이다.

＊어닝 시즌 파헤치기

주가는 미래가치를 앞서 반영하기 때문에 실적시즌을 앞두고는 증권사의 실적 추정치를 바탕으로 실적이 좋아지거나 나빠질 것으로 예상되는 종목들을 미리 선별해 전망하는 기사도 싣는다. 실적이 좋게 발표되는 기업의 주가는 오르고, 반대의 경우는 주가가 떨어질 가능성이 크기 때문에 투자자들에게 유용한 정보가 될 수 있다.

"작년 실적 잊어라" … 어닝 쇼크株, 주가는 '서프라이즈'

4분기 실적 중간 점검
70%가 전망치 밑돌았지만
대림산업 등 주가 급등

:

1분기 눈높이 낮아지고
실적개선 기대감 커

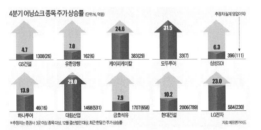

지난해 4분기 실적 발표 시즌이 중반에 접어들었다. 현재까지 실적을 발표한 66개 상장사(컨센서스 종목 기준) 가운데 46.9%(31개)가 4분기 영업주이이 증권사들의 기대치보다 20% 이상 낮은 '어닝 쇼크'를 나타냈다. 증권사 예상치를 웃돈 기업은 7곳에 불과했다. 하지만 4분기 어닝 쇼크를 나타낸 종목 위주로 최근 주가 상승이 두드러진다. 투자자들이 과거 부진했던 실적보다는 향후 개선 기대감에 주목하고 있기 때문이다.

◆4분기 실적 '쇼크', 주가는 '강세'
6일 증권정보업체 에프앤가이드에 따르면 지난해 4분기 실적을 내놓은 컨센서스 종목 66개 중 48개는 영업이익이 증권사 예상치를 밑

돌았다. 국제회계기준(IFRS) 연결 실적 발표 기업 가운데는 케이피케미칼 삼성SDI 대림산업 금호석유 LG전자 등 18개 종목이 어닝쇼크를 기록했다. IFRS 별도 실적 발표 기업 중에는 GS건설 유한양행 SBS 모두투어 등 13개사가 증권사들의 전망치에 훨씬 못 미치는 실적을 발표했다.

반면 삼성전기 제일기획 인터플렉스 호텔신라 등은 예상보다 10% 이상 높은 영업이익을 달성해 '어닝 서프라이즈'를 기록했다. 이에 대해

한 증권사 전문가는 "4분기는 성과급 지급과 부실 자산 정리 등 일회성 비용이 급증하는 시기이기 때문에 증권사의 영업이익 추정치와 실제 기업 실적 간에 괴리율이 클 수밖에 없다"고 설명했다.

이번 어닝시즌에는 실적 부진 종목들의 주가가 강세인 점이 특징이다. LG전자를 비롯해 대림산업 케이피케미칼 금호석유 모두투어 대한항공 유한양행 등이 해당한다. LG전자는 증권사 예상보다 60% 이상 낮은 230억원의 영업이

익을 냈지만 최근 단가 주가가 23% 뛰었다. 4분기 영업이익 흑자 전환에 따라 향후 실적 회복 기대감이 부각됐기 때문이다. 금호석유도 지난해 4분기 예상(1707억원)보다 61.4% 낮은 영업이익(658억원)을 올렸으나 1분기 실적 개선에 대한 기대감으로 최근 단가 7.9% 상승했다.

◆2분기 이후 실적 개선에 '베팅'
박연채 키움증권 리서치센터장은 "4분기 실적 부진은 이미 주가에 반영된 상태라 향후 좋아질 것이란

기대감에 시장의 초점이 맞춰져 있다"고 말했다. 전문가들은 4분기에 이어 1분기 실적에 대한 눈높이도 낮아지고 있다며 유동성 랠리 속에서 당장의 실적이 좋은 종목보다는 밸류에이션(실적 대비 주가 수준) 매력이 높은 종목들의 주가 상승세가 가두러질 것으로 전망했다.

1분기 실적에 대한 눈높이는 한 달 전보다 소폭 낮아졌다. 에프앤가이드에 따르면 135개 종목의 1분기 영업이익 추정치(3일 기준)는 한 달 전(1월5일)보다 3.3% 감소했

다. 업종별로는 의료가 18.4%, 소재 13.7%, 산업재 4.6%, 통신서비스는 11.8% 감소했다. 반면 정보기술(IT) 업종의 1분기 영업이익 추정치는 2.3% 상향 조정됐다.

강현철 우리투자증권 투자전략팀장은 "1분기는 전통적인 비수기로 투자자들은 2, 3분기 실적 회복에 미리 베팅하고 있다"며 "실적 개선이 기대되는 철강 화학 정유 비철금속 등의 소재주가 1분기 주도주로 부각될 것"으로 전망했다.

연상미 기자 saramin@hankyung.com

주가는 '기업 실적의 거울'이라고 한다. 기업의 실적에 따라 해당 기업의 주가가 민감하게 움직이기 때문이다. 기업들은 분기(3개월), 반기(6개월), 연간(12개월) 영업실적을 금융감독원 전자공시시스템(http://dart.fss.or.kr)에 공개한다. 실적기사는 이 사이트에서 발표되는 매출액과 영업이익, 순이익 등의 수치를 토대로 작성된다. 실적기사를 쉽게 이해하기 위해선 매출액, 영업이익, 순이익의 개념부터 알아야 한다. 매출액은 회사가 만든 상품을 팔거나 서비스를 제공하고 받는 대가로서, 그 회사의 외형을 나타낸다. 매출액 증가를 통해 해당 기업의 '성장성'을 가늠할 수 있다.

주식 투자자에게는 외형(매출)보다는 이익(영업이익, 순이익) 규모가 더 큰 관심사다. 이윤(이익) 창

출이 기업의 존재 목적이기 때문에 매출이 아무리 커진다고 해도 이익이 적거나 손실이 난다면 기업의 존재 가치는 떨어지게 마련이다.

영업이익과 순이익은 어떻게 나올까. 매출액에서 원재료비 등 매출 원가를 빼면 매출 총이익이 나온다. 여기에서 광고비 등 각종 판매관리비를 제외하면 영업이익이 나온다. 또 영업이익에서 영업활동과 관련이 없는 각종 영업 외 수익, 비용과 법인세 등을 더하고 빼면 당기순이익이 도출된다. 계산방법은 복잡하지만 기업들이 각각의 수치를 공시하기 때문에 일일이 계산할 필요는 없다. 단 개념을 알고 있으면 회사 측이 영업이익, 순이익의 급증이나 급감 이유를 설명할 때 더욱 쉽게 이해할 수 있다. 실적기사에선 절대적인 수치보다 실적 개선과 악화 여부를 판단할 수 있는 전년 동기 대비 증감률이 중요시 된다. 분기 실적을 분석할 때 전년 동기 대비로 비교하는 것은 정보기술(IT), 유통, 자동차 등 업종별로 계절적 요인(비수기, 성수기)이 있어 이런 왜곡을 없애기 위해서다.

실적 관련 기사 제목을 보면 '어닝 서프라이즈(깜짝실적)'나 '어닝 쇼크'란 용어가 종종 등장한다. '어닝 서프라이즈'는 실제 발표된 실적이 시장의 예상치(★컨센서스)를 10~20%이상 초과하는 것이고, '어닝 쇼크'는 반대로 예상치보다 10~20% 이상 밑도는 것을 말한다. 기업의 주가는 실적이 예상을 크게 웃돌면 호재로 작용해 상승하고, 반대 경우면 급락할 가능성이 높다. 실적이 나빴다가 좋아질 것으로 예상되는 '턴어라운드' 기대 종목들은 당장 발표된 실적이 좋지 않더라도 주가가 상승하는 경우가 많다. 기업들의 실적 공시는 ★국제회계기준(IFRS) '연결' 기준과 '별도' 기준으로 나뉘어 발표된다. 연결재무제표는 지배 지분만큼 종속 자회사와 관계회사의 실적을 반영한 것이고, 별도는 종속 자회사, 관계회사의 실적을 제외하고 집계한 재무제표다.

KEY WORD ★ 컨센서스

증시에선 시장의 예상치, 또는 시장의 추정치를 이렇게 부른다. 3곳 이상의 증권사 애널리스트들이 추정한 매출, 영업이익, 순이익 수치를 평균 집계한 것으로 국내 증시에서는 증권정보업체(에프앤가이드, 와이즈에프앤)의 집계 자료를 활용한다. 이들 업체는 증권사들이 매일 내놓는 기업 분석 리포트의 실적 전망치를 업데이트해 컨센서스를 발표하고 있다.

★ 국제회계기준(IFRS)

International Financial Reporting Standards. 기업의 회계 처리와 재무제표에 대한 국제적 통일을 위해 국제회계기준위원회(IASC)에서 마련한 회계기준이다. 한국에서는 2007년 3월 15일 '국제회계기준 도입 로드맵'이 발표됐고, 2009년부터 2011년까지 순차적으로 국내 상장사들이 도입했다.

* 뜨거운 감자, 테마주

테마주는 주식시장에 새로운 사건이나 현상이 발생해 증시에 영향을 주는 일이 발생할 때 이에 따라 움직이는 종목군을 일컫는다. 업종에 관계없이 특정 주제를 중심으로 엮인다. 어떤 것이든 사람들의 주목을 받는다면 테마가 될 수 있다. 선거를 앞두고 새로 각광받는 정치인이 나타나면 해당 정치인과 친분이 있는 인물이 대표로 있는 기업들이 정치인 테마주로 등장한다.

인사이드 Story   정치인 테마주는 신기루

安·朴 포옹하던 날…주가는 이별했다

안철수硏 하한가 급락·웅진홀딩스는 상한가
"인기 먹고사는 테마"~박근혜株 200개 넘어

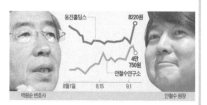

안철수 서울대 융합과학기술대학원장은 지난 2일부터 6일 서울시장 선거에 출마하지 않고 박원순 변호사를 지지하겠다고 발표했다. 이들 지켜본 박경철 안동신세계연합클리닉 원장은 눈물을 흘렸다. 그만이 아니었다. 안철수연구소를 비롯한 이른바 '안철수 테마주'에 투자한 주주들도 눈물을 삼켜야 했다.

지난 2일부터 사흘간 38.23% 급등했던 안철수연구소는 7일 가격제한폭까지 떨어졌다. 안철수연구소와 보안관련 공동사업 계약을 맺었다는 이유로 안철수주로 분류됐던 클루넷도 하한가를 쳤다. 반면 박변호사가 사외이사인 풀무원홀딩스와 재단 임원을 맡은 웅진홀딩스는 지난 6일부터 이틀 연속 상한가를 나타내며 명암이 엇갈렸다.

◆인맥·정책으로 엮이는 테마

정치인 테마주는 인맥과 정책으로 형성된다. 최근 며칠간 급등락한 '안철수주'와 '박원순주'는 모두 인맥 테마로 볼 수 있다. 해당 정치인이 중요한 위치에 오르면 간접적으로라도 기업에 호재가 될 수 있지 않겠느냐는 기대감이 작용한 탓이다. 웅진홀딩스 관계자는 "웅진재단은 비영리법인인 만큼 박 변호사가 서울시장이 되더라도 웅진그룹이 수혜를 볼 일은 없다"고 말했지만, 개인투자자들은 "친밀한 관계를 유지하고 있으니 떠고볼 일이 있을 것"이라고 기대했다.

박근혜 전 한나라당 대표의 동생인 박지만 씨가 최대주주인 EG, 최대주주가 손학규 민주당 대표와 같은 정치담서에서 활동한 예스24 등도 인맥에 따른 정치인 테마주로 분류된다.

각 정치인이 내건 정책과 관련된 종목도 정치인 테마로 엮인다. 김문수 경기지사는 수도권 광역급행철도를 적극적으로 추진하면서 대아티아이, 세명전기 등 철도 관련주가 '김문수주'라는 명찰을 달았다. 4대강 사업과 관련된 특수건설주들은 이명박 대통령의 대선 후보시절 '한반도 대운하주'로 출발, 테마의 명맥을 유지하고 있다.

◆옷깃만 스쳐도 테마주

문제는 친분과 정책에 따른 수혜를 평가하는 것이 모호하다는 점이다. 그러다 보니 하루가 멀다하고 정치인테마주가 쏟아진다. 지난 7월부터 '문재인주'로 분류되며 급등했다가 지난달 말 이후 주가가 반토막난 섬유업체 대현이 대표적이다. 문재인 노무현재단 이사장과 사진을 찍은 정체불명의 남성이 대현의 최대주주라는 소문이 퍼졌다가 사실무근으로 밝혀진 데 따른 것이다.

인연이 전혀 없는 종목이 정치인 테마주로 탈바꿈하기도 한다. 쌍방울트라이는 박 전 대표의 측근인 이규택 미래희망연대 대표를 사외이사로 선임했다. 박근혜주로 분류되면서 주가는 2배 가까이 뛰었다. 이와중에 회사의 최대주주는 지분 일부를 처분, 26억원이 넘는 차액을 남기기도 했다.

정치인 테마주가 횡행하다 보니 정치권에서는 얼마나 테마주를 많이 갖고 있느냐가 정치인의 대중적 영향력을 증명하는 잣대로 해석되기도 한다. 박 전 대표의 경우 관련 테마주가 200개에 달한다는 얘기도 나온다. 증권업계에서는 그러나 허무맹랑한 이유로 정치인 테마주에 편승하는 종목이 상당한 만큼 투자에 신중해야 한다고 지적하고 있다.

노경목 기자 autonomy@hankyung.com

공산권 국가들과 관계가 개선되던 1987년 말. 중국 정부가 만리장성에 바람막이를 설치한다는 이야기가 증시에 돌았다. 대한알루미늄 주가가 급등하기 시작했다. 바람막이 설치에 필요한 알루미늄 새시를 전량 납품하기로 했다는 소문 때문이었다. 태화는 바람막이 설치 작업에 참여하는 노동자들의 검정고무신을 독점 납품하게 됐다는 풍문에 주가가 크게 올랐고, 삼립식품은 노동자들이 먹을 호빵을 제공

한다는 얘기에 따라 올랐다. 마지막에는 이들이 먹다 체할 경우 소화제를 납품하기로 했다며 한독약품의 주가까지 상승세를 탔다. 물론 소문은 소문으로 끝났다. 알루미늄과 고무신, 빵, 소화제 등 생산품은 가지각색이었지만 이들 기업은 '만리장성 4인방'으로 한데 묶였다. 지금도 '주제(테마)'를 바꿔가며 증시를 달구고 있는 테마주의 단적인 예다.

2011년 하반기 서울시장 보궐선거부터 시작해 2012년 국회의원 총선거와 대통령 선거 등 국내 정치일정이 이어지면서 '안철수주(株)' '박근혜주' '문재인주' 등 정치인 테마주들이 증시를 달궜다. 세종시 건설이나 4대강 사업 등 대규모 국책사업이 추진될 때도 해당 사업과 조금이라도 연관이 있을 만한 종목들은 테마주로 분류된다. 연평도 포격 사건 등 북한의 위협이 높아지면 방위산업 관련 기업들이 부각되는 것도 같은 맥락이다.

미래의 리스크와 수익 가능성을 미리 반영하는 주식의 특성이 테마주가 나타나는 토양이 된다. 당장 회사 실적에는 나타나지 않지만, 앞으로 상황 전개에 따라 회사의 수익성이 좋아질 '가능성'을 테마주 투자자들은 쫓는다.

재미있는 것은 테마주에 목돈을 투자하는 이들조차 그 가능성이 현실화될 것이라는 믿음은 크지 않다는 점이다. 이들의 목표는 테마가 힘을 받아 주가가 오르면 이에 편승해 시세차익을 거둔 뒤, 테마의 허구성이 밝혀지기 전에 팔고 나오는 것이다. 만리장성 테마를 등에 업고 급등했던 태화가 8년도 채 안 돼 상장폐지 되는 등 증시에서 수많은 테마주의 거품이 꺼졌지만, 테마주 열풍이 좀처럼 사그라지지 않는 이유다. 한편 테마주가 기승을 부릴 땐 거짓 정보를 흘리거나 시세조종 등의 ★불공정거래를 통해 부당한 차익을 챙기는 소위 '작전'이 개입할 여지가 커진다.

독자들은 경제신문의 테마주 기사를 읽으면서 잘못된 투자행태를 타산지석(他山之石)으로 삼을 수 있을 것이다. 아울러 테마주 기사는 세태와 경제 현상을 읽는 거울이 될 수 있다. 테마주는 주식 투자자는 물론, 일반인들의 관심이 가장 높은 사안을 주제로 형성되기 때문이다.

🔍 KEY WORD ★ 불공정거래

시장원리인 수요와 공급에 의하지 않고 인위적이거나 부정한 방법으로 가격을 왜곡하는 행위를 말한다. 증권시장에서의 불공정거래로는 통정매매(주식을 같은 시기에 같은 가격으로 특정인과 사전에 짠 뒤 매매하는 행위) 및 가장매매(외형적으로 거래가 형성된 것 같이 가장해 매매하는 행위), 시세조종(주가조작) 행위, 사기적 행위에 해당하는 거래, 시세의 고정 또는 안정 행위 등이 있다. 이 같은 행위는 법으로 금지돼 있으며, 위반자는 불공정거래로 피해자가 발생했을 경우 손해배상 책임을 지게 된다. 한국거래소, 시장감시위원회와 금융감독원은 불공정거래를 적발해 조치한다.

*정보의 보물창고, 공시

공시란 기업의 사업내용이나 재무상황 등 주요 정보를 공개하는 제도다. 주주와 채권자뿐 아니라 잠재적인 투자자들까지 기업의 모든 이해관계자에게 동시에 공평한 정보를 제공하자는 취지다. 공시는 전자공시 시스템인 금융감독원의 '다트(dart.fss.or.kr)'와 한국거래소의 '카인드(kind.krx.co.kr)'에서 확인할 수 있다. 이곳에는 하루 수백건의 공시가 쏟아진다.

유가증권시장

종시메모=(9일) ◇보통주추가상장=동부하이텍(전환) 대한제강 대우신소재(이상 BW행사) 금호타이어 슈넬생명과학 우리들생명과학(이상 신주인수권행사)

기업공시 ▲신풍제약=보통주 60원, 우선주 75원 주당 현금배당 결정. ▲일진전기=주당 80원 현금배당 결정. ▲일진홀딩스=주당 50원 현금배당 결정. ▲일진다이아몬드=주당 100원 현금배당 결정. ▲이엔쓰리=시스폴리곤 외 3인이 40억원 규모 한일

그린텍 지분 29.63% 수증. ▲인지컨트롤스=주당 100원 현금배당 결정. ▲현대미포조선=2215억원 규모 선박 유럴서 수주. ▲키스톤글로벌=포스코와 115억원 규모 석탄 판매계약 체결. ▲한신기계공업=주당 45원 현금배당 결정. ▲화풍집단KDR=임시주총 소집 위해 의결권행사 소유자확정 기준일 3월8일로 설정. ▲티에이치엔=주당 55원 현금배당 결정.

코스닥시장

종시메모 ◇무상기준일=티피씨글로벌 ◇구주주청약=에스엔

증자공시 ▲비엔비성원=25억원 규모,3자배정 유상증자 결정.

기업공시 ▲대신증권그로쓰스퍼=현대스위스저축은행이 기존7.3%에서 4.84%로 지분축소. ▲라이프엔비=주 수산업과 117억원 규모 패구리 공급계약 체결. ▲에스텍파마=주당 75원 현금배당 결정. ▲지엔에스티=50억원 규모 LED 조명 공급계약 체결. ▲지타리엔티=뱅산업체 비엔비쏠르션 지분 60.34%분 20억원에 취득. ▲케이씨더블유물류=주당 75원 현금배당 결정. ▲AJS=30억원 규모 BW 사모발행 결정.

어김없이 쏟아진 악재성 '올빼미 공시'

연말 휴장일이 낀 주말을 앞두고 슬그머니 악재성 공시를 내는 '올빼미 공시'가 이번에도 어김없이 쏟아졌다.

한국거래소 폐장일과 휴장일이었던 지난달 29일과 30일 이틀간 금융감독원 전자공시 시스템에는 11건의 단일판매·공급계약 해지 내용이 공시됐다. 단일판매·공급계약 변경(기재정정) 공시는 63건에 달했다.

게임업체 게임하이는 29일 장 마감 후 CJ E&M과 맺은 50억원 규모의 게임 퍼블리싱 계약이 해지됐다고 밝혔다. 기대를 모았던 온라인게임 '서든어택2' 개발 일정 지연이 원인이었다.

자동차 부품업체 루보는 법원으로부터 지난달 15일 20억원 규모의 부동산 가압류 판결을 받은 사실을

연말 공급계약 해지 공시 (단위:억원)

회사	계약내용	해지금액
오리엔탈정공	오일과화학 탱커	1841
SKC솔믹스	태양전지용 웨이퍼	390
현진소재	선박엔진 부품	359
신성솔라에너지	태양전지	190
	태양전지	73
용현BM	풍력발전기 부품	147
게임하이	게임 퍼블리싱	50
에이프로테크	DVR카메라	16
희림종합건축	설계용역	4

30일 공시했다. 한국거래소는 이들 회사를 포함, 모두 6개 회사에 대해 공시 번복 또는 지연으로 인한 불성실공시법인 지정을 예고했다.

올빼미 공시는 업황 침체에 빠진 신재생에너지 또는 조선업종과 관련된 경우가 많았다. 태양광 소재업체 SKC솔믹스는 지난달 29일 390억원의 실리콘웨이퍼 공급계약이

해지됐다고 밝혔다. 2010년 매출의 63%에 해당하는 물량이다.

다음날에는 태양광 전문기업 신성솔라에너지가 중국 캐나디언솔라(190억원), 불가리아 BG솔라패널(73억원)과 맺었던 태양전지 공급 계약이 해지됐다고 밝혔다. 풍력발전 부품업체 평산은 29일 3건의 계약금액 정정 공시를 냈다.

풍력 부품 단조업체인 용현BM도 같은 날 중국 기업과 맺은 147억원의 발전기 부품 공급계약이 해지됐다고 밝혔다.

선박용 구조물을 만드는 오리엔탈정공은 선주사 선박금융에 차질이 생겨 2011년 8월 체결했던 오일과 화학 탱커 15척에 대한 공급계약이 해지됐다고 공시했다.

이태호 기자 thlee@hankyung.com

KEY WORD

★ 타법인 출자

기업 인수·합병(M&A)이나 지분 매입 등을 통해 다른 기업에 자금을 투입하는 것을 말한다. 대규모의 타법인 출자는 새로운 사업에 진출한다는 의미도 있지만, 재무구조가 부실해지는 원인이 되기도 한다.

★ 조회공시 요구

증권거래소가 상장법인의 기업 내용에 관한 풍문이나 언론보도에 대해 사실 여부를 확인해 달라고 요구하는 것을 말한다. 조회공시 요구 시 공시시한을 함께 공시한다. 기업들은 보통 하루 안에 조회공시 요구에 답변해야 한다.

2009년 개봉한 영화 〈작전〉은 개미투자자인 강현수(박용하 분)가 전직 조폭인 황종구(박희순 분), 증권브로커 조민형(김무열 분), 자산관리사 유서연(김민정 분) 등과 600억 원짜리 작전을 도모해 대박을 노린다는 내용이다. 이 영화는 당시 주식시장에서 벌어지는 작전의 움직임을 비교적 상세하게 묘사해 화제가 됐다. 그러나 이 영화엔 허점이 있다. 주인공 강씨가 독방에 갇혀 종목을 대량으로 사고팔아 주가를 끌어올리는데, 이랬다간 한국거래소에 뒷덜미를 잡히기 십상이다. 한국거래소는 인터넷 프로토콜(IP) 추적으로 홈트레이딩 시스템(HTS)을 통한 소수지점, 소수계좌 집중 매매종목을 찾아내 공시하고 있기 때문이다.

또 영화에서 작전세력들은 부실 건설업체인 '대산토건'이 미생물연구소에 투자한다는 소문을 퍼뜨리면서 일반 투자자들을 유혹한다. 이 역시 현실에선 ★타법인 출자 결정이나 풍문에 대한 ★조회공시 요구에 걸려 해당 기업은 구체적 내용을 공시해야 한다.

일례로 한국거래소는 2012년 2월 14일 삼성전자에 액정표시장치(LCD) 분사(分社)설에 대한 조회공시를 요구했다. 다음 날 삼성전자는 "LCD 사업부 분할에 대해 검토 중이나 확정된 바는 없다"고 답변했다. 통상 '검토 중'이라는 답변은 소문이나 보도내용에 대한 '긍정'의 의미로 해석된다. 이어 2월 20일 삼성전자는 4월 1일자로 LCD사업부를 분할해 삼성디스플레이주식회사(가칭)를 설립한다고 공시했다. 또 같은 날 삼성LED를 흡수 합병한다고 공시했다. 증시 전문가들은 삼성전자가 수익성 낮은 LCD사업을 떼어내고 LED(발광다이오드)에 집중하는 사업재편에 착수했다며 긍정적인 의견을 쏟아냈고, 주가는 사상 최고치를 경신했다. 사업재편과 같은 경영상의 중요한 결정은 물론 기업의 실적, 투자계획, 배당정책, 대주주 지분 변동 등 상장사들에 관한 모든 투자정보를 공시에서 속속들이 확인할 수 있다.

한경 증권부는 매일 전자공시시스템을 체크한다. 중요하고 특이한 공시에 대해선 해당 기업을 추가 취재해 깊이 있는 분석 기사로 다룬다. 또 전날 공시를 한눈에 볼 수 있는 공시 요약도 매일 증권면에 게재한다. 공시는 유가증권시장과 코스닥시장을 분류하고, 증자공시와 기업공시를 나누어 정리한다. 증자공시는 주식을 발행해 자금을 조달하는 기업에 관한 정보가 담겨 있다. 기업공시는 증자 이외 기업의 모든 활동이 들어 있다.

예컨대 2012년 3월 9일 유가증권시장 기업공시에는 현대미포조선이 2215억 원 규모의 선박을 유럽에서 수주했다는 소식이 있다. 조선업체에 선박수주는 실적과 직결되는 사항이다. 때문에 현대미포조선 투자자라면 유의 깊게 살펴볼 필요가 있다. 이처럼 공시는 한두 줄에 불과하더라도 공신력을 가진 핵심 투자정보가 될 수 있다.

* 간접투자 상품의 대표 주자, 펀드

펀드는 가장 대표적인 간접투자 상품으로, 많은 사람들로부터 돈을 모아 주식이나 채권, 금, 부동산 등에 투자해 수익을 얻어 실적에 따라 배당한다. 개인이 직접 투자할 때보다 대규모 자금을 끌어 모을 수 있기 때문에 여러 자산이나 종목에 분산투자가 가능하며, 적은 금액으로도 비싼 상품에 투자할 수 있는 장점이 있다. 또한 종류도 다양하기 때문에 개인 취향에 따라 알맞은 상품을 선택할 수 있다.

코스피 11% 올랐는데 내 펀드는 왜?

중소형·가치주·바이오펀드
작년 수익률 상위서 하위권 추락

올 들어 코스피 지수가 11%가량 올랐음에도 불구하고 이에 미치지 못하는 펀드가 속출하고 있다. 지난해 조정장에서 선방했던 중소형주, 가치주, 바이오 펀드 등이 대표적이다.

19일 펀드평가사 에프앤가이드에 따르면 27개 중소형주 펀드는 연초 이후(지난 16일 기준) 평균 6.6%의 수익을 올렸다. 전체 국내주식형 수익률(11.4%)의 절반 수준이다. '하이 중소형주플러스1 A'는 4.8%, '삼성 중소형FOCUS 1 A'는 5.6%의 수익률에 그쳤다. '알리안츠 Best중소형 C/C2'(6.2%) '우리 스몰뷰티플러스' (6.2%) 등 작년 한 해 수익률 상위권을 차지했던 중소형주 펀드들이 올해는 하위권으로 밀려났다.

중소형주 펀드의 부진한 수익률은 작년 하반기 강세를 보인 중소형주의 주가 흐름이 올 들어 약세로 돌아섰기 때문이란 분석이다. 다만 증시가 폭락했던 작년 하반기를 포함하면 대형주와 중소형주 간에 큰 격차가 없다. 윤제민 메리츠종금증권 연구원은 "지난해 6월 이후 중소형주 강세장이 나타나면서 중소형주가 대형주에 비해 비싸졌다"며 "올해 대형주 중심으로 오른 것은 그만큼 낙폭이 더 컸기 때문"이라고 말했다.

메리츠종금증권에 따르면 2009년 이후 중소형주는 대형주에 비해 주가수익비율(PER)에서 평균 8.6%를 할인받아왔으나, 작년 8월 이후에는 20%가 할증돼 오히려 중소형주가 더 비싸게 평가받는 상황이 발생했다.

가치주와 바이오펀드 수익률도 저조하다. '한국밸류 10년투자 C'와 '신영 마라톤 A1' 수익률은 각각 4.6%와 6.1%에 머물렀다. 특히 '동부 바이오헬스케어 A'는 -2.4%로 상승장에서 오히려 손실을 냈다. 약값을 일괄적으로 인하하는 신약가제도 탓에 제약회사들이 타격을 받은 데다 바이오주들이 개발하는 신약의 수익성과 성장성에 의문이 제기되면서 투자심리가 위축됐기 때문이다.

전문가들은 중소형주 펀드의 경우 계속 비중을 유지할 것을 권했다. 유동성에 의한 지수 상승이 주춤해지면서 시장의 관심이 다시 대형주에서 중소형주로 옮겨갈 것이란 이유에서다.

배성진 현대증권 연구원은 "업종 간 차별화와 순환매로 일반 액티브펀드들도 코스피지수를 못 따라가는 현상이 나타나고 있다"며 "당분간 뚜렷한 방향성 없이 수익률 게임이 진행될 가능성이 높아 중소형주 펀드에 대한 비중을 계속 가져가는 게 좋다"고 말했다.

이익모멘텀 측면에서 중소형주가 대형주에 앞선다는 분석도 있다. 윤 연구원은 "현재 중형주의 12개월 주당순이익(EPS) 증가율은 21.6%지만 대형주는 -0.6%"라며 "전년 동월과 비교한 경기선행지수도 정체를 나타내는 만큼 대형주 이익 증가율이 쉽게 반등하기는 어려울 것"이라고 설명했다. 다만 중소형주 내에서도 차별화가 진행되고 있어 최근 수익률이 양호한 펀드 위주로 대응해야 한다는 조언이다.

바이오펀드의 경우 장기 성장성은 유망하지만 신약 출시 시기에 변동성이 심해질 수 있어 주의해야 한다는 지적이다.

임근호 기자 eigen@hankyung.com

연초 이후 수익률 하위 펀드 (단위: 억원, %)

펀드	설정액	연초후	1년
동부 바이오헬스케어 1 A	65	-2.4	17.8
삼성 코리아소수정예1 A	1,080	3.3	4.5
한국밸류 10년투자 C	7,583	4.6	10.3
하이 중소형주플러스 1 A	1,108	4.8	-8.4
이스트스프링 코리아리더스	1,597	5.4	9.3
삼성 중소형FOCUS1 A	1,967	5.6	17.3
우리프런티어배당한아름1 C5	223	5.8	2.3
신영 마라톤 A1	5,456	6.1	1.0
알리안츠 Best중소형 C/C 2	1,657	6.2	4.9
우리 스몰뷰티플러스	310	6.2	-0.9

'3월16일 기준. *설정액50억원 이상 국내주식형 펀드
자료:에프앤가이드

가령 삼성전자 1주를 직접 사려면 100만 원이 넘는 돈이 필요하지만, 삼성전자를 보유한 펀드에 가입하면 몇 만 원을 갖고도 삼성전자에 투자한 것과 같은 효과를 얻을 수 있다. 펀드수익률은 주가와 비슷한 개념인 기준가를 통해서 결정된다. 펀드가 처음 설정될 때 기준가는 1000원으로 출발한다. 보유종목들의 주가가 오르면 기준가도 오르고, 반대로 보유종목 주가가 떨어지면 기준가도 떨어진

다. 예컨대 기준가가 1000원에서 1100원이 되면 10% 수익이 나게 된다.

기준가와 관련해 알아두면 좋은 개념으로 '좌수(座數)'라는 것이 있다. 이는 펀드의 지분을 말한다. 펀드에 가입한다는 말은 펀드의 지분을 산다는 의미로, 이 좌수를 얻게 된다. 주식과 마찬가지로 펀드 기준가에 따라 살 수 있는 좌수의 양이 달라진다. 기준가가 1000원일 때 10만 원을 넣으면 10만 좌(입금금액÷기준가×1000)를 살 수 있다. 하지만 기준가가 1200원으로 오르면 같은 10만 원을 넣어도 8만 3333좌밖에 살 수 없다. 반대로 기준가가 내리면 더 많은 좌수를 살 수 있게 된다.

따라서 저가 매수와 같이 같은 금액을 펀드에 넣더라도 기준가가 내려갔을 때 더 많은 좌수를 살 수 있다. 나중에 기준가가 회복되면 더 큰 수익을 낼 수 있는 방법이다. 이를 '적립식 효과'라고 부른다. 기준가가 1000원일 때 100만 원을 넣으면 100만 좌를 얻을 수 있지만, 기준가가 1000원일 때와 800원일 때 50만 원씩 분할해서 넣으면 총 112만 5000좌(50만 좌+62만 5000좌)를 얻을 수 있다.

신문기사에서 펀드 이름은 '미래에셋 디스커버리5 A'식으로 표현하고 있다. 미래에셋은 운용회사 이름, 디스커버리5는 '디스커버리증권투자신탁5호'를 말한다. 증권투자신탁이 펀드를 뜻하기 때문에 줄여서 사용하는 것이다. 뒤에 A는 ★펀드 클래스를 나타낸다.

펀드의 종류는 투자 지역에 따라 국내와 해외로 나뉘고, 주식과 채권의 투자 비중에 따라서 주식형(주식비중 60% 이상), 혼합형, 채권형(채권비중 60% 이상)으로 분류할 수 있다. 그 밖에도 펀드가 투자하는 종목의 특성에 따라 중소형주펀드, 그룹주펀드, IT펀드, 배당주펀드, 자산배분형펀드, 럭셔리펀드 등 다양한 펀드 상품이 있다.

KEY WORD ★ 펀드 클래스

펀드수수료를 부과하는 방식에 따른 분류다. 펀드수수료는 크게 판매회사에 돌아가는 판매수수료와 운용회사에 돌아가는 운용보수로 구성된다. A클래스는 선취 판매수수료를 떼 가지만 연간 보수가 낮고, C클래스는 판매수수료가 없지만 연간 보수는 A클래스에 비해 높다. B클래스는 A클래스와 반대로 펀드 환매 시에 후취 판매수수료를 떼 간다. D클래스는 선취와 후취 수수료를 모두 징수한다. E클래스는 인터넷으로만 가입할 수 있는 온라인 전용 펀드로 판매수수료가 낮다.

*헤지펀드 이해하기

헤지펀드는 한국에서 '위험한 투기자본'이라는 부정적 이미지가 씌워져 있다. 하지만 이런 이미지는 헤지펀드의 실상을 보여주는 한 단면에 불과하다. 헤지펀드는 대규모 자산을 안정적으로 굴리는 글로벌 연기금들이 단골손님으로 찾는 주요 상품이다. 해외 일류 대학을 졸업한 엘리트들이 가장 선호하는 직장이기도 하다.

한국형 헤지펀드에 '개인 큰손' 몰린다

한번에 20억 가입하기도
'삼성 헤지1호' 650억 돌파
운용사 10곳 설정액 3194억

초기 반응 예상보다 뜨거워

운용사별 헤지펀드 설정액 (단위:억원, 20일 기준)

신한BNP파리바	삼성	우리	한국	KB	미래에셋맵스	한화	미래에셋	동양	하나UBS
860	650	301	300	300	325	200	150	104	4

자료:각사

지난주 개인 거액자산가를 대상으로 처음으로 헤지펀드 판매에 나선 삼성증권 AI(대체투자)팀은 깜짝 놀랐다. 기관투자가들의 한국형 헤지펀드 가입이 부진한 상황에서 개인투자자들의 초기 반응이 예상보다 뜨거웠기 때문이다. 금융자산 30억원 이상 초고액자산가(UHNW)를 대상으로 만든 삼성증권의 'SNI코엑스인터컨티넨탈'점에서는 한 개인 투자자가 20억원의 뭉칫돈을 넣은 것으로 알려져 전 SNI지점에서 화제가 되기도 했다. 적격투자가로 구분되는 일반법인도 50억원을 투자했다.

25일 업계에 따르면 삼성자산운용의 헤지펀드인 '삼성 H클럽 에쿼티 헤지 제1호'는 지난 20일 설정액이 650억원으로 늘었다. 단일 헤지펀드로는 최대 규모다. 작년 12월23일 한국형 헤지펀드가 출범한 이후

신한BNP파리바자산운용의 '신한BNPP 명장 한국주식롱숏 제1호'가 570억원으로 최대 펀드 자리를 유지해왔다.

◆개인 '큰손'들의 헤지펀드 관심
삼성자산운용 헤지펀드 설정액이 증가한 것은 '왕개미 군단' 덕분이다. 35명 안팎의 개인들이 20일 추가 설정인에 맞춰 220억원을 넣었다. 금융당국은 헤지펀드가 초기인 점을 감안, 개인은 가입금액을 최소 5억원 이상으로 정했다.

삼성증권 관계자는 "이달부터 거액자산가들을 소규모 그룹으로 나눠 직접 접촉했다"고 전했다. 20일 설정액의 절반에 가까운 90억원 가량은 '삼성SNI' 지점에서 유치한 것으로 알려졌다.

헤지펀드는 기관투자자 등 전문

투자자를 제외하곤 49인 이하로 투자자 수에 제한이 있어 삼성자산운용은 추가 펀드 출시를 준비하고 있다. 삼성자산운용 관계자는 "오는 30일 추가 가입이 가능하지만 투자자 수제한에 걸릴 수 있어 다른 전략을 쓰는 2호 펀드를 선보여야 할 것 같다"고 말했다. 규정상 6개월내 같은 전략의 헤지펀드를 출시할 수 없기 때문이다.

◆헤지펀드 설정액 3000억원 넘어
10개 자산운용사 헤지펀드 설정액은 지난달 23일 1500억원에서 이달 20일엔 3194억원으로 한 달 새 1694억원 증가했다. 초기 종잣돈 성격의 '시드(seed)머니'와 초기투자자금인 '앵커(anchor)머니'는 어느 정도 들어온 상태다.

연기금 중에는 정부기금 한 곳과

우정사업본부만 투자를 적극 검토하고 있다.

심윤보 우리자산운용 마케팅전략팀장은 "거액자산가들은 물가상승률을 소폭 웃도는 7~8% 수익률에도 만족한다"며 "개인들 사이에도 수요가 있다는 것을 보여준 셈"이라고 설명했다.

우리자산운용과 하나UBS자산운용도 내달부터 각각 우리투자증권·한국투자증권과 하나은행 PB지점을 통해 개인을 상대로 판매를 본격화할 예정이다.

헤지펀드 가입과 해지는 일반 주식형펀드와 다르다. 동양자산운용의 '동양 MY ACE 일반형 1호'는 매일 가입과 환매가 가능하지만 일반적으로는 월 2~3회 정도로 가입과 환매가 제한된다. 삼성운용은 매달 10일과 20일, 최종 영업일 전날 등 3회에 걸쳐 가입과 환매 신청을 받는다.

신한BNP파리바운용은 매달 5일과 20일 두 번 가입과 환매 신청이 가능하며 우리자산운용은 가입의 경우 월 3회(5·15·25일), 환매신청은 25일 하루만 받는다.

서정환/임근호 기자 ceoseo@hankyung.com

▶마켓인사이트 1월25일 오후 3시15분 보도

일반적으로 헤지펀드는 '시장의 방향성과 관계없이 수익을 내는 펀드'를 말한다. 시장 가격이 내리거나 오르는 경우 모두 수익을 낸다는 의미다. 이를 '절대수익률'이라는 개념으로 포장하는 전문가들도 있다. 최근 들어서는 시장수익률보다 높은 수익률이라는 의미가 더 일반화돼 있다.

헤지펀드는 수익을 내기 위해 다양한 투자전략과 기법을 구사한다. 이런 투자전략은 헤지펀드를 다른 금융상품과 차별화시키는 주된 요인이다. 헤지펀드가 사용하는 가장 고전적이면서 일반화된 투자전략은 ★공매도를 활용한 롱쇼트 전략(long short strategy)이다. '롱(long)'은 매수를, '쇼트(short)'는 매도 전략을 말한다. 예를 들어 삼성전자 우선주가 과거 경험상 보통주 가격의 70~80% 사이를 오르내린다고 가정하자. 삼성전자 보통주가 100만 원이면 우선주 가격은 70만~80만 원 사이에서 형성된다는 뜻이다. 우선주는 의결권이 없기 때문에 통상 보통주보다 싸게 거래된다. 우선주와 보통주는 삼성전자라는 동일한 기업 가치에 뿌리를 두고 있기 때문에, 일시적으로 가격이 크게 벌어지면 다시 근접할 것이라고 예상할 수 있다. 롱쇼트 전략은 우선주와 보통주의 가격비율이 70%까지 떨어지면 삼성전자 우선주를 매수(롱)하고 동시에 보통주를 공매도(쇼트)한다. 거꾸로 우선주와 보통주 비율이 80%에 육박하면 우선주를 공매도하고 보통주를 매수한다. 삼성전자 주가가 오르든 내리든 관계없이 수익을 낼 수 있는 구조다.

헤지펀드의 투자기법은 롱쇼트 외에도 선물과 현물 가격 차이를 활용한 차익거래, 경영권 매각 등 특별한 사건을 이용한 이벤트 드리븐(event driven), 국가별 금리와 환율 차이를 이용하는 글로벌 매크로 전략 등 다양하다. 대략 300여 가지의 투자전략을 구사하는 것으로 알려져 있다. 헤지펀드가 차별화되는 또 다른 큰 특징은 레버리지(차입투자)다. 레버리지는 자기 돈이 아닌 남의 자금을 빌려 투자해 수익률을 끌어올리는 기법이다. 기본원리는 부동산 투자에서 흔히 볼 수 있는 주택담보대출과 같다. 아파트를 5억 원에 사서 15억 원에 팔았을 때 모두 자기 돈을 주고 산 사람의 수익률은 3배다. 반면 대출 3억 원과 자기 돈 2억 원으로 아파트를 사면 집을 판 돈에서 대출금을 갚아도 6배의 수익을 거둔다. 레버리지는 투자수익률을 대폭 끌어올리는 지렛대 효과를 내지만, 지나치게 사용하면 독이 된다. 수익과 마찬가지로 투자 손실도 기하급수적으로 늘어날 수 있기 때문이다. 헤지펀드가 '수익률이 높은 대신 리스크(위험)가 크다'는 인식이 생긴 데는 레버리지로 인한 투자 손실 탓이 크다.

 KEY WORD ★ 공매도

주식을 실제 보유하지 않은 상황에서 남의 주식을 빌려 시장에 내다 판 뒤, 주가가 나중에 떨어지면 되사서 차익을 남기는 투자기법이다. 주식시장이 하락하는 경우나 특정 종목의 주가가 떨어질 때 이익을 거둘 수 있다. 하지만 예상과 달리 주가가 오르면 손해를 본다.

* M&A란 무엇인가

M&A라는 용어는 합병(merger)과 인수(acquisition)의 합성어다. 합병은 쉽게 말해 '1+1=1'이 되는 기업결합을 말한다. 예컨대 삼성전자가 별도 법인이던 삼성LED를 없애고 전자의 한 사업부로 흡수한 것이 대표적인 사례다. 이에 비해 인수는 계약이 끝난 뒤에도 인수한 기업이 법적으로 독립적인 주체로 남는다는 점이 합병과 다르다. 물론 기업의 사정에 따라 인수 뒤에 합병이 이뤄지는 경우도 종종 있다.

하이마트 인수전 막 올랐다

투자안내문 국내외 업체에 배포
3월말~4월초 본입찰 실시

상반기 인수·합병(M&A) 시장의 최대어로 꼽히는 하이마트가 19일부터 본격적인 매각 절차에 들어간다.

18일 증권업계에 따르면 하이마트 매각자문을 맡은 씨티글로벌마켓증권은 19일 매수 의향을 가진 국내외 업체를 대상으로 티저레터(투자안내문)를 배포할 예정이다. 오는 2월 초께 관심 있는 투자자를 중심으로 비밀유지계약(CA)을 체결한 후 투자안내서(information memorandum)를 발송한다.

2월 말에 인수의향서(LOI)를 접수해 예비입찰을 실시한 후 쇼트리스트(최종 후보 명단)를 선정한다. 이후 3월 말~4월 초에 본입찰(binding bid)을 실시할 예정이다.

하이마트 매각 관계자는 "늦어도 6월 말까지 우선협상대상자 선정과 실사, 본계약 체결, 잔금 지급 등 모든 일정을 마친다는 방침"이라고 설명했다. 이 관계자는 "상반기 대형 M&A 매물 중 경영권을 포함하는 바이아웃(buy-out)딜은 하이마트와 동양생명 정도밖에 없다"며 "유통업체뿐만 아니라 사모펀드(PEF) 중에도 관심을 가진 곳이 많다"고 덧붙였다.

티저레터는 공개적으로 관심을 밝힌 롯데쇼핑과 신세계 GS 등 국내 주요 유통업체 및 하이얼 등 해외 유통업체, 국내외 PEF 등에 배포될 전망이다.

하이마트의 매각 대상 지분은 유진기업과 선종구 하이마트 회장, 하이켐소시엄, 아이에이비홀딩스, 유진투자증권 등의 지분 62.5%다. 김석 기자 skim@hankyung.com

▶마켓인사이트 1월18일 오후 3시37분 보도

▶ 증 권

신문에선 주로 인수와 관련된 사건들에 초점을 맞춘다. 인수 대상 기업의 주식이나 자산을 매입해 경영권을 획득하는 과정에서 펼쳐지는 다양한 전략과 협상의 기술들은 그 자체로 살아 있는 경영학 교과서다. 기업이 M&A에 나서는 이유는 크게 두 가지다. 첫째, 회사의 덩치를 키워 시장에서 경쟁력을 높일 수 있다는 점이다. 대기업이 유망한 기술을 갖고 있는 중소기업을 사들이는 것은 이런 이유에서다. 때로는 M&A 타깃 기업의 '돈'을 보고 인수에 나설 때도 있다. 이럴 경우 인수 대상 기업이 매각 의사가 없는 경우가 종종 있는데, 이를 '적대적 M&A'라고 부른다.

신문에 등장하는 M&A 기사는 대부분 'A기업이 매물로 나왔다'는 '팩트(사실)'에서부터 시작한다. 2012년 1월 18일자 '하이마트 인수전 막 올랐다'는 기사가 대표적 사례다. 그리고 수개월이 지난 뒤 'B가 A를 인수했다'는 기사가 나오면 해당 M&A는 완료되는 셈이다. 그 사이에 인수 후보 기업들이 벌이는 치열한 경쟁과 매각, 매수 기업 간에 주고받는 협상의 생생한 과정들이 기사화되기도 한다.

M&A 절차의 첫 번째 단계는 매각 주관사라고도 불리는 자문사 선정이다. 기업은 매각에 앞서 높은 가격을 받기 위한 전략을 짜고 인수 후보 기업들을 물색해야 하는데, 이를 위해 투자은행(IB)의 전문가들을 고용한다. 이때 매각 측(seller)은 제안서를 내라는 의미의 요청서(Request for Proposal, RFP)를 IB들에 돌리는데, 기자들은 RFP를 M&A의 출발점으로 본다. 매각 주관사로 선정된 IB는 매각 대상 기업의 재무, 영업, 기술, 설비, 시장 지위 등과 관련한 자세한 정보를 담은 IM(Information Memorandum)을 작성해 잠재 인수 후보 기업들에 뿌린다.

이때쯤엔 매물로 나온 기업의 인수에 관심을 가진 기업들도 자문사를 선정하고, M&A 전략 수립에 나선다. 본격적인 인수 타깃 기업에 대한 탐색은 IM을 받은 다음에 이뤄진다. 인수 희망 기업은 이를 위해 매각 측과 비밀유지협약(Non Disclosure Agreement, NDA)을 맺거나 인수의향서(Letter of Intent, LOI)를 제공해야 한다. 이 과정까지가 예비입찰 단계다.

팔려는 기업과 사려는 기업이 테이블에 얼굴을 맞대고 앉는 시점은 본 입찰 후 여러 기업 중에서 우선협상대상자 한 곳이 정해지면서부터다. 중요한 거래 조건을 담은 양해각서(Memorandum of Understanding, MOU)를 작성하고, 매수 측(buyer)이 매각 대상 기업에 대한 정밀 실사를 마무리하면 이때부터 본격적인 가격 협상이 시작된다. 마지막으로 주식인수계약서, 합병계약서, 영업양수도계약서 등의 M&A 본 계약이 체결되면 해당 M&A가 마무리된다. M&A에선 기업이 아니라 ★사모펀드(PEF)가 인수 주체가 되는 경우도 있다.

* 기업공개와 증자

소셜네트워크서비스(SNS) 기업인 미국 트위터의 가치는 얼마나 될까? 많은 사람들에게 친숙한 기업이기는 하지만 트위터의 가치가 얼마인지 잘 아는 사람은 드물다. 얼마나 돈을 버는지도 잘 모르는 사람이 대부분이다. 삼성전자와 달리 주식시장에 상장돼 있지 않기 때문이다. 일각에서 트위터는 약 10조 원의 가치가 있다는 평가가 나오기는 하지만, 시장 평가가 제대로 반영되지 않아 크게 의미 있는 숫자는 아니다.

대기업 계열사 상장 채비…공모주시장 '기지개'

'렌털 1위' KT렌탈, 주관사 선정 착수
코오롱패션·CJ헬로비전 등도 IPO 추진

대기업 계열사들이 기업공개(IPO)시장의 문을 두드리고 있다. '대어급' 기업들이 상장에 나서면서 공모주시장이 다시 활기를 띨 것이란 기대감이 높아지고 있다.

19일 투자은행(IB)업계에 따르면 KT렌탈은 지난 17일 미래에셋증권 신한금융투자 우리투자증권 HMC투자증권 현대증권 등 국내 증권사들로부터 상장 주관사 선정을 위한 프레젠테이션을 받았다.

◆KT렌탈 이달 말 주관사 선정

KT렌탈은 이달 말 주관사를 선정한 후 연내 상장을 목표로 하고 있다. KT렌탈은 차량과 통신장비, 건설장비 렌탈사업을 하는 국내 렌털 1위 업체다. KT와 케이알아이(MBK파트너스)가 지분을 각각 58%, 42% 보유하고 있으며 이번 상장으로 MBK파트너스는 투자자금 회수에 나설 전망이다.

KT는 2010년 3월 사모투자펀드(PEF)인 MBK파트너스와 컨소시엄을 구성해 금호렌터카를 약 3000억원에 인수했다. 이후 KT렌탈에서 캐피털 사업부를 떼어내고 금호렌터카를 합병했다.

IB업계 관계자는 "KT렌탈은 렌털업계 1위 업체인 만큼 시장의 관심이 높다"며 "구주매출과 신주발행 규모는 추후 정해질 것으로 보이며 공모 규모 2000억원, 시가총액 6000억원가량으로 추정된다"고 말했다.

일각에서는 KT렌탈이 렌터카업계 2위인 AJ렌터카의 상장 추진을 의식해 상장 작업을 서두르는 것이라는 해석도 있다. AJ렌터카는 아주그룹에서 분리된 아주엘앤에프(LNF)그룹 계열로 한국투자증권을 주관사로 선정했다. AJ렌터카가 상반기 내 상장에 성공하면 렌터카 업계 처음으로 IPO에 성공하게 된다.

코오롱그룹 계열인 코오롱패션머티리얼은 4월 이내 상장을 목표로 이달 말 증권신고서를 제출할 계획이다. 코오롱패션

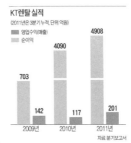

KT렌탈 실적
(2011년은 3분기 누적, 단위 억원)
■ 영업수익(매출)
■ 순이익

	2009년	2010년	2011년
영업수익(매출)	703	4090	4908
순이익	142	117	201

자료:분기보고서

대기업 계열 IPO 추진 현황

상장예정기업	상장일정	예상공모규모	주관사
코오롱패션	4월 이내	400억원	우리투자증권
CJ헬로비전	연내	2000억원	대우증권
KT렌탈	연내	2000억원	선정중

자료:IB업계

머티리얼은 지난해 10월 한국거래소 상장예비심사를 통과했다. 코오롱인더스트리와 캠브리지코오롱 등 코오롱 계열사들이 지분 100%를 보유하고 있다.

◆CJ헬로비전 상장작업 재추진

케이블TV 종합유선방송사업자(SO)인 CJ헬로비전은 지난달 중순 지상파와 케이블 방송사 간의 재송신 분쟁으로 보류됐던 상장작업을 다시 추진할 예정이다. 2005년 CJ헬로비전은 세이블아시아 AA머천트뱅킹 포모사케이블인베스트먼트 유진투자증권등 재무적투자자(FI)로부터 IPO를 조건으로 2014억원을 지원받았다. 2009년이었던 상장 기한은 이미 여러 차례 연기됐다. 주관사는 대우증권이다.

지난해 IPO시장의 최대어 중 하나로 꼽혔던 LG실트론도 대기 상태다. 업황이 악화되면서 상장작업이 늦춰졌지만 주관사인 우리투자증권과 함께 적당한 시기를 모색 중이다. AK켐텍, 애경화학 등 애경그룹 계열사들도 대신증권을 상장 주관사로 선정하고 회사 내부 상황과 시장을 점검하고 있다.

IB업계 관계자는 "공모금액이 큰 대기업 계열사들의 상장작업이 지지부진했다가 최근 일부 기업을 중심으로 IPO를 추진하는 모습이 나타나고 있다"며 "대어급 기업들이 상장에 성공하면 IPO시장도 점차 활기를 찾게 될 것"이라고 내다봤다.

하수정 기자 agatha77@hankyung.com

삼성전자의 기업가치는 얼마쯤 될까. 삼성전자는 정규직 근로자만 10만 명이 넘는다. 관계사는 80개에 달하며, 120여 개국에 해외법인을 두고 있다. 스마트폰부터 반도체, TV, 냉장고, 세탁기 등 온갖 전자제품을 만드는 이 회사의 가치를 정확하게 측정하기란 쉽지 않다. 하지만 주식시장에서 삼성전자 주가가 얼마인지를 보면 대략의 기업가치가 나온다. 2012년 3월 20일 현재 삼성전자 주가는 126만 7000원이다. 총 발행주식수가 1억4730만 주쯤 되니까 여기에 주가를 곱하면 약 186조 원이란 숫자

가 나온다. 이것이 흔히 '기업가치'로 불리는 시가총액의 개념이다.

　기업공개(Initial Public Offering, IPO)는 트위터처럼 소수 주주에 의해 폐쇄적으로 운영되던 기업을 일반 대중에 널리 알리고 지분을 분산시키는 것을 뜻한다. 상장과 비슷한 개념이라고 할 수 있다. 차이가 있다면 IPO는 주식을 처음으로 일반에 공개하는 것이고, 상장은 공개된 주식을 거래할 수 있게 시장에 내놓는다는 점이다. 쉽게 비유해 삼성전자가 열심히 개발한 3D(3차원) TV를 처음 시장에 내놓으면 IPO이고, 이를 대리점에 진열하면 상장이다. IPO의 효과는 무엇보다 삼성전자처럼 기업가치를 측정하기 좋다는 데 있다. 값이 정해져 있으니 주식을 매매하기도 쉽고, 투자자를 끌어 모으기도 어렵지 않다. 삼성전자에 투자하고 싶은 사람은 자신이 생각하는 가격이 주가보다 높으면 사고, 낮으면 안 사면 그만이다. 하지만 트위터에 투자하려는 사람은 정해진 기준(주가)이 없으니 일단 가격부터 고민해야 할 것이다.

　IPO는 또 기업 이미지 상승, 유능한 인재 확보 등에도 도움이 된다. 반면 원치 않는 영업 기밀이 노출될 수 있다는 점이나 지분이 낮은 대주주가 ★적대적 인수·합병(M&A)에 취약할 수 있다는 점 등은 IPO의 단점으로 꼽힌다. 이해관계자들이 많아지면서 경영자가 단기적인 성과에 치중할 가능성 또한 커진다.

　증자는 IPO와 비슷하지만 차이가 있다. 주식을 새로 발행한다는 점은 닮았다. 대부분의 IPO는 신주(공모주)를 발행해서 투자자를 모으고, 이 주식으로 지분을 분산한다. 증자 또한 신주를 발행해 기존 주주나 외부 투자자에게 공짜로 주거나 파는 형태다. 증자는 IPO 여부와 관계없이 가능하다. 증자는 크게 유상증자와 무상증자로 나뉜다. 유상증자는 신주를 발행해서 돈을 받고 파는 증자다. 주식수가 늘어나면서 동시에 자본도 늘어난다. 반면 무상증자는 신주를 주주들에게 공짜로 나눠주는 것을 뜻한다. 실질적으로 회사에 유입되는 자금은 없지만 주식수가 늘어나는 효과가 있다.

KEY WORD ★ 주식분산

기업공개(IPO) 요건을 갖추기 위해서는 지분을 분산해 일정 수 이상의 주주가 있어야 한다. 우리나라의 경우 유가증권시장은 1000명, 코스닥시장은 500명 이상의 소액주주를 필요로 한다.

★ 적대적 인수·합병(M&A)

특정 회사의 지분을 매집해 경영권을 빼앗는 행위를 뜻한다. 주주총회에서 표 대결을 통해 최종 승자를 가리는 게 일반적이다.

* 채권 ABC

채권은 특정기간 동안 정해진 이자를 받는 금융상품이다. 이자율이 연 5%이고 만기가 3년인 채권을 1억 원어치 사면 3년간 원금과 이자로 모두 1억 1500만 원을 돌려받는다. 이자율은 '금리' 또는 '수익률'이라고도 부른다. 채권은 보통 3년, 5년, 10년 만기 단위로 많이 발행되며 '3년물', '5년물' 등으로 표현한다.

주가 오르니 채권 열기 '시들' 외국인, 단기물로 갈아타

채권 금리 상승세(채권값 하락)는 이달에도 지속될 전망이다. 유럽 재정위기 진정과 경기 회복 기대감이 커지면서 안전자산인 채권의 투자 매력이 떨어지고 있어서다. 외국인은 가격 변동성이 큰 장기 채권 투자를 줄이고 단기 채권을 늘리는 방식으로 금리 상승에 대비하기 시작했다.

1일 증권업계에 따르면 채권시장의 지표금리인 국고채 3년물은 지난달 연 3.45%로 마감했다. 채권 가격과 반대로 움직이는 채권 금리는 지난해 말 연 3.34%에서 올 1월 0.03%포인트, 2월 0.08%포인트 각각 상승했다. 코스피지수가 두 달간 11.2% 오르면서 안전자산에 대한 선호도가 약해진 탓이다.

우리나라 국고채의 15%를 보유하고 있는 외국인은 올 들어 원화채권 보유 잔액을 소폭 늘렸지만 금리 상승 때 손실 위험이 작은 단기물을 선호하고 있다. HMC투자증권은 외국인 보유 채권의 가중평균만기(듀레이션)가 지난달 27일 현재 2.20년으로 지난해 말 2.27년에서 0.07년 짧아졌다고 분석했다.

이 증권사 이정준 연구원은 "외국인이 2년 이하 단기물 매수에 집중하며 보유 채권의 듀레이션을 줄이고 있다"며 "그동안 우호적이던 채권시장의 변화가 시작됐으며 앞으로도 지속될 가능성을 크게 보고 있다는 뜻으로 해석할 수 있다"고 말했다.

전문가들은 채권 가격 부진이 3월에도 이어질 가능성이 높다고 전망했다. 미국을 중심으로 경기 회복 기대감이 커진 가운데 유럽 재정위기는 진정 조짐을 보이고 있기 때문이다. 국내 경기 회복세가 뚜렷해지면 한국은행이 물가를 잡기 위해 기준금리를 인상할 수 있는 점도 변수다.

이태호 기자 thlee@hankyung.com

금융기사에 자주 등장하는 '채권금리' 또는 '시장금리'는 보통 정부가 발행하는 국고채 금리를 가리킨다. 금융투자협회가 매일 고시하는 국고채 금리 중에서도 거래량이 많은 3년물과 5년물이 지표 역할을 한다. 국고채는 2011년 말 현재 우리나라 채권 발행 잔액 1300조 원의 25%, 하루 평균 채권 거래대금 20조~30조 원의 절반 정도를 차지한다.

투자자 입장에서 채권의 가장 큰 매력은 '안전자산'이라는 점이다. 2008년 9월 미국의 투자은행 리

먼브라더스가 파산했을 때 주식시장은 연일 급락했고, 주식 투자자들은 큰 손실을 봤다. 하지만 당시 국고채를 매입한 뒤 만기까지 보유했던 투자자들은 원금 손실 없이 정해진 이자를 모두 챙길 수 있었다. 이런 매력 때문에 투자자들은 경기가 안 좋을 것으로 예상되면 국고채와 은행채처럼 안전한 채권에 돈을 묻어두려 한다.

경기가 불안해 낮은 이자에도 채권을 사겠다는 수요가 많아지면 채권금리는 하락한다. 2010년 하반기엔 유럽 재정위기 확산으로 채권금리가 꾸준히 내림세를 탔다. 반대로 경기회복 기대감이 커지면 채권금리는 상승한다. 소비가 늘고 물가가 오르면 한국은행이 기준금리를 올려 시장금리 상승을 유도하기도 한다. 이런 이유로 2012년 초 채권금리는 빠른 상승세를 나타냈다.

채권 거래 가격은 관행적으로 금리로 표시하는데, 금리는 채권 가격과 반대로 움직인다는 점에 주의해야 한다. 가령 이자와 원금을 모두 만기 때 돌려주는 1만 원짜리 1년 만기 채권 금리가 오전에 연 5%에서 오후에 연 6%로 급등했다면, 오전에 채권을 산 사람이 오후에 팔 땐 95원 손실을 보고 9905원에 채권을 팔아야 한다. 그래야 원금 1만 원짜리 채권을 9905원에 산 투자자 입장에서 연 6% 수익률(9905×1.06=10500)을 챙길 수 있기 때문이다.

채권을 사고팔 때 이익이나 손실의 크기는 만기가 길수록 커진다. 위 예에서 채권이 3년물이었다면 매도 가격은 9655원(9655×1.06^3=11500)으로 1년물일 때보다 손해가 크다. 이 때문에 투자자들은 채권금리가 오를 것 같을 때 보유 채권의 평균 만기를 줄여 손실위험을 축소한다. 반대의 경우엔 만기를 늘려 이익기회를 확대한다.

보유 채권의 평균 만기가 길고 짧음으로 인해 손익 규모가 커지는 정도를 전문용어로 ★ '듀레이션(duration)' 이라고 한다.

KEY WORD ★ 듀레이션(duration)

시장금리가 상승하면 만기가 긴 채권의 값어치가 짧은 채권보다 많이 떨어진다. 반대로 금리가 하락하면 더 많이 오른다. 보유하고 있는 채권 가격이 금리변동에 얼마나 민감하게 움직이는지를 파악하기 위해 고안한 지표가 '듀레이션'이다. 이자와 원금을 모두 만기 때 돌려주는 단리채(單利債)의 듀레이션은 보유 채권의 평균 만기와 일치한다. 하지만 실무에서 듀레이션 계산은 채권마다 다른 이자지급 방식 때문에 훨씬 복잡하다. 가중평균 만기와도 상당한 차이가 있다.

*집값 잡기 위한 정부의 부동산 대책들

집값은 급등해도 골칫거리지만 급락해도 문제다. 부동산이 가계 자산의 대부분을 차지하는 우리나라에서는 더욱 그렇다. 부동산 거품이 발생하면 전세난, 금융회사 부실화, 물가불안 등의 부작용이 나타난다. 집값이 너무 떨어지면 거래량이 줄고, 이자부담의 압박이 늘어나며, 경기가 침체된다. 이런 이유로 정부는 집값의 급등락을 막기 위해 다양한 부동산 정책을 내놓고 있다.

강남 투기과열지구 해제 다주택 양도세 중과 폐지

부동산 대책 오늘 발표 올해 들어 여섯번째

서울 강남 3구(강남·서초·송파구)도 투기과열지구에서 해제된다. 다주택자에게 양도세를 무겁게 매기는 양도세 중과 제도는 7년여 만에 폐지된다.

6일 여권에 따르면 정부는 7일 오전 권도엽 국토해양부 장관 등이 참석한 가운데 이 같은 내용을 담은 '건설시장 안정화 및 서민 주거지원 방안'을 발표한다.

▶관련기사 A31면

정부의 부동산·건설경기 활성화 대책은 세 차례의 전·월세시장 안정대책을 포함해 올 들어 모두 여섯 번째다. 이번 대책은 주택 거래를 활성화하고 건설산업을 살리는 데 초점을 맞췄다.

국토부와 기획재정부는 주택시장 하향 안정세 등을 감안, 다주택자 양도세 중과 제도를 폐지하기로 했다. 양도세 중과는 2주택자에겐 양도차익의 50%를, 3주택 이상자는 60%를 각각 중과하는 것으로 내년 말까지 적용을 유예한 상태다.

양도세 중과 제도 폐지로 다주택자의 세금 부담이 줄어들면 주택시장 매수세가 강화돼 거래가 활성화하고, 전세 물건 공급도 늘어나는 효과가 있을 것으로 국토부는 기대했다.

강남 3구에만 적용하고 있는 투기과열지구도 해제된다. 투기과열지구에서 풀리면 분양권 전매 제한 및 청약자격 제한 완화와 함께 재건축 조합원이 보유한 아파트도 팔 수 있다. 정부는 강남 3구를 가장 강력한 DTI(총부채상환비율) 규제(40%)를 적용하는 투기지역에서 제외하는 방안도 논의했으나 재정부 반대로 반영하지 않은 것으로 알려졌다.

주택 구입을 지원하기 위해 내년부터 생애최초주택 구입자금 대출도 부부 합산 소득 4000만원에서 5000만원 이하로 대상을 늘리고 금리도 연 4.7%에서 4.2%로 낮춘다.

정부는 내년부터 현재 300억원 이상에서 100억원 이상으로 확대할 예정이던 최저가 낙찰제도 2년간 유예하기로 했다.

여권은 또 '3·22 부동산 안정대책'에 포함된 분양가 상한제 폐지를 재추진하기로 했다. 현재 국회에 계류 중인 분양가 상한제 폐지 법안을 연내 임시국회에서 통과시키기로 했다.

김재후/김진수 기자 true@hankyung.com

KEY WORD

★투기지역

집값이나 토지가격이 급등하는 지역에서 양도세를 실거래가로 부과하기 위해 기획재정부 장관이 지정하는 가격 급등 지역을 일컫는다. 일정기간 동안의 집값 상승률이 소비자물가 상승률의 1.3배를 넘으면서 전국 2개월 평균 집값 상승률의 1.3배를 넘는 곳이 지정 대상이다. 총부채상환비율(DTI) 등 각종 규제가 적용돼 은행에서 돈을 빌리기 어려워지기 때문에 거래가 줄어들 수 있다. 국토해양부가 지정하는 투기과열지구는 분양권 전매 제한, 재건축 조합원 지위 양도 금지 등 부동산 제도를 통해 부동산 경기를 조절하지만, 투기지역은 세금과 대출을 통해 부동산 경기를 조절하는 수단이다.

★ 주택담보대출비율 (Loan To Value ratio, LTV)

금융회사들이 주택을 담보로 최대로 대출해줄 수 있는 한도 금액. 서울은 50%, 수도권은 60%를 적용하고 있다. 예컨대 집값이 1억 원, LTV가 50%라면 이 집을 담보로 맡기고는 5000만 원까지밖에 은행에서 빌릴 수 없다. LTV를 완화하면 그만큼 대출을 더 많이 받을 수 있기 때문에 집을 사기가 쉬워진다.

아파트 값이 급등할 때는 규제책을, 반대로 가격이 빠지고 거래가 부진할 때는 활성화 대책을 내놓는다. 부동산 대책은 크게 △세제 △금융 △제도 등 세 가지로 나뉜다. 이 중 가장 강력한 것이 금융대책이다. 아파트를 살 때 은행에서 돈을 빌리는 경우가 많은데, 아파트 가격이 오를 때는 빚을 내서 아파트를 사는 투기 광풍이 분다. 정부는 이때 대출을 강력하게 규제한다.

'총부채상환비율(Debt To Income, DTI)은 갚아야 하는 대출금이 연 소득의 일정 비율을 넘지 않도록 제한하는 역할을 한다. 연 소득이 1억 원이고 DTI를 40%로 설정할 경우 매년 갚아야 하는 원리금 총액은 4000만 원을 넘어서는 안 된다. 부동산 경기 침체 상황에서 DTI 규제를 풀어야 하지만, 최근 가계 빚이 1000조 원에 육박하기 때문에 정부는 DTI 규제를 지속하고 있다. 이와 함께 대출 한도를 제한하는 ★주택담보대출비율(LTV)을 규제하고 있기도 하다.

세금도 정부가 자주 활용하는 부동산 대책이다. 아파트를 산 뒤 가격이 올랐다면 되팔 때 그 수익에 대한 세금, 즉 '양도소득세(양도세)'를 내야 한다. 그동안 정부는 다주택 보유자에게는 양도세를 무겁게 매겼다. 하지만 아파트가 잘 안 팔리고 거래량이 떨어지자 이 제도를 폐지하는 정책을 추진하고 있다. 부동산을 살 때 내는 취득세, 부동산을 보유할 때 내는 종합부동산세, 재산세 등도 정부가 부동산 경기를 조절하기 위해 자주 손대는 세금이다.

국토해양부는 투기과열기구 지정, 분양권 전매 제한, 분양가 상한제 적용, 토지거래 허가구역 지정 등의 부동산 제도를 동원해 부동산 경기를 조절하기도 한다. 아파트 청약 과열이 우려되는 지역은 투기과열지구로 지정해 규제한다. 투기과열지구로 지정되면 아파트를 사고파는 행위(분양권 전매)가 자유롭지 못하고, 재건축 조합원의 지위도 양도할 수 없게 된다. 또한 분양가 상한제를 이용해 정부가 정한 분양 가격 아래에서만 아파트를 팔도록 유도하며, 땅값이 너무 오를 땐 토지거래 허가구역으로 지정해 실수요자들만 땅을 살수 있도록 한다.

* 뉴타운 · 재건축 · 재개발, 뭐가 다른가

집이 오래되어 낡고 헐면 부수고 새로 지어야 한다. 단독주택이 대부분인 시골에선 자기 돈을 들여 새로 지으면 그만이니 문제가 없다. 하지만 아파트 및 다세대주택 등 공동주택이 좁은 범위 안에 몰려 있는 대도시에선 여러 명이 힘을 합쳐 구역단위로 새로 집을 지어야 한다. 이를 '도시정비사업'이라고 부른다. 우리가 익히 들은 바 있는 재개발, 재건축, 뉴타운 등은 바로 이러한 도시정비사업의 일환이다.

'박원순 쇼크' … 반포·압구정·여의도·이촌 재건축 무산 위기

서울시 "한강 조망권 침해" … 용적률 상향 퇴짜

오세훈 시절 탄력받던 잠원동 '직격탄'
잠실5단지·둔촌주공 등 종상향 불투명

불안한 반포 서울시가 한강변 재건축 사업에 대한 공공성을 강화하기로 하면서 반포 압구정 여의도 등 한강변 일대 단지들의 재건축 추진이 어려워질 전망이다. 지난 1일 서울시 도시계획위원회에서 용적률 결정안이 보류된 잠원동 신반포6차 아파트. /신경훈 기자 nicerpeter@hankyung.com

서울시가 잠원동 신반포6차 등 재건축 단지들의 용적률 및 종상향 움직임에 잇따라 제동을 걸면서 강남권 일대 재건축 아파트들에 비상이 걸렸다. 사업성 확보를 위한 용적률 높이기가 힘들어졌기 때문이다. 잠원 반포 여의도 등 한강변 초고층 재건축 추진단지들에선 이번 신반포6차(한신6차)의 용적률 상향 보류 영향으로 사업이 장기 표류하는 것 아니냐는 우려의 목소리가 커지고 있다.

◆서울시 "공공성 엄격히 보겠다"

서울시는 2일 도시계획 심의 기준에 대한 참고자료를 내고 용적률 상향을 요구하는 안건을 보류하거나 부결시킨 근거구를 체계적으로 제시했다. 이는 향후 서울 지역에서 벌어지는 각종 개발사업의 가이드라인으로 적용될 전망이다.

심의 기준의 핵심은 '공공성'이다. 심의 기준에 따르면 국립공원이나 산 등의 주변은 자연경관 보호를 우선시할 방침이다. 재건축사업의 용적률 완화는 △밀도 상향에 따른 임대주택의 적정 공급 수준 △주변 건축물과의 경관 조화 △기반시설의 수용 능력 등 공공성을 전제로 적용할 계획이다.

예컨대 조합 측에서 공공성을 보완해 임대주택 몇 채를 더 짓는 조건으로 심의를 신청해도 조망권, 경관조화 등 또 다른 공공측면을 고려해 무분별하게 용적률을 올려주지 않겠다는 것이다. 이정중 서울시 도시계획상임기획단장은 "이전에도 공공성을 근거로 심의를 했지만, 재개발·재건축 일변도의 개발을 지양하기 위한 차원에서 공공성을 더욱 엄격하게 적용할 것"이라고 강조했다.

◆반포 고층재건축 불확실

당장 잠원동 일대 재건축 추진 단지들은 용적률 상향 조정 여부가 불확실해 사업 추진을 장담할 수 없게 됐다.

이번에 심의가 보류된 신반포6차를 비롯해 신반포5차 잠원우성 잠원대림 등 '한강 르네상스'를 표방한 오세훈 전 서울시장의 한강변 초고층 개발에 따라 '반포 유도정비구역'으로 지정된 곳이다. 이곳은 2000년대 중반 용적률 250~270%대로 사업시행인가를 받았으나 조합원 분담금이 높아 주민 간 법적 다툼으로 한때 재건축이 중단됐다.

반포 유도정비구역으로 지정된 이후에 층수를 최고 50층까지 높이고 용적률도 300%까지 상향 조정해주는 대신 늘어난 용적률의 절반을 임대주택으로 기부채납하는 조건으로 재건축이 다시 시작됐다. 실제 잠원대림의 경우 2010년 용적률 299%를 적용받아 지상 35층으로 짓는 주택재건축정비사업 계획안을 승인 받았다.

하지만 서울시의 도시계획 기준이 엄격해지면서 고층 개발이 어려워질 전망이다. 서울시 관계자는 "소형 임대주택 확보를 위해서는 용적률을 올려야 하지만, 고층고밀 아파트를 양산해 도시경관과 스카이라인이 왜곡되고 주변의 12층 규모 아파트들의 주거환경이 악화되는 문제가 있어 보류 결정을 내렸다"고 설명했다.

이에 따라 용적률 상향 결정을 앞두고 있는 인근 반포주공1단지와 신반포1차 등의 고층 개발에도 제동이 걸릴 가능성이 커졌다.

◆한강변 초고층 재건축 '일단 멈춤'

반포 유도정비구역 외에 여의도, 압구정동, 잠실 일대의 초고층 개발 추진 지역에도 직접적인 영향을 미칠 전망이다. 이들 지역은 오 전 시장 시절 서울시가 '전략정비구역'이나 '유도정비구역'으로 지정해 기부채납 등 공공기여에 따라 고도제한 완화, 용적률 확대 등의 인센티브를 줘 고밀도 개발을 유도하는 전략을 내세웠다. 이에 따라 압구정, 여의도 등에는 최고 50층 높이의 초고층 아파트를 건립하는 개발 계획안이 마련돼 있다.

문승국 행정2부시장은 "일부 단지에서 상업지역으로 종상향을 추진하고 있으나 상업지역에는 본래의 용도대로 상업시설을 지어야 한다"고 일축했다.

김진수/이정선 기자 true@hankyung.com

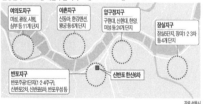

한강변 주요 초고층 개발 추진 지역　○유도정비구역　○전략정비구역

여의도지구
마섬, 광장, 시범, 삼부 등 11개 단지

이촌지구
신동아, 한강맨션, 광궁 등 6개 단지

압구정지구
구현대, 신현대, 한양, 미성 등 24개 단지

잠실지구
잠실5단지, 장미 1 2 3 등 4개 단지

반포지구
반포주공1단지 1 2 4주구, 신반포2차 신반포6차 반포우성 등

신반포 한신6차

자료:서울시

대 표적인 도시정비사업 방식이 재개발, 재건축, 뉴타운 등이다. 다세대주택, 다가 구주택 등 노후주택이 밀집한 지역을 새 아파트촌으로 바꾸는 게 재개발이다. 낡은 아파트를 부수고 새 아파트를 건립할 때는 재건축이라고 부른다. 재개발과 재건축 사업 구역을 묶어 한꺼번에 넓은 구역의 정비사업을 추진하는 방식이 뉴타운이다.

도시정비사업이 주로 추진돼왔던 지역은 서울시다. 단독주택이 밀집된 형태의 구 시 가지였던 강북에는 1980년대 이후 주택재개발사업을 중심으로 한 정비사업이 진행됐다. 1970년대 강남에 들어섰던 아파트들이 1990년대 후반에 들어서면서 노후화하기 시작하자 재건축 사업이 활발하게 추진되기 시작했다. 서울의 부동산 시장은 이 무렵부터 강북의 재개발과 강남의 재건축이라는 두 축을 중심으로 들썩이기 시작했다.

재개발, 재건축 사업 구역별로 개별적으로 추진되던 정비사업을 50만㎡ 이상의 광역 단위로 묶어 체계적인 도시정비사업으로 전환하려는 시도로 나타난 것이 2000년대 초반 이명박 당시 서울시장이 도입한 뉴타운(재정비촉진사업)이다. 기존 재개발은 건설사나 주민 등 민간 주도로 이뤄졌다. 사업성을 중시하다 보니 도로나 공원, 학교 등의 기반시설이 부족하고, 단지가 기형적인 모양으로 개발됐다. 이런 부작용을 해결하기 위해 도입한 게 뉴타운이다. 이명박 서울시장 시절 지정한 뉴타운은 왕십리, 길음 등 35곳이나 된다.

하지만 동시다발적으로 뉴타운 사업이 추진되면서 집값이 치솟고, 단기 시세차익을 노린 투기가 만연했다. 이주 수요 증가에 따른 전세난도 발생했다. 오갈 곳 없는 세입자들이 수도권 외곽 지역으로 밀려나는 부작용도 나타났다. 경기침체로 뉴타운 사업 자체가 제대로 진행되지 않으면서 막대한 분담금을 감당하지 못하게 된 주민들을 중심으로 뉴타운을 반대하는 목소리도 높아지기 시작했다.

이 같은 문제점을 인식한 박원순 서울시장은 사업이 지지부진하거나 주민 반대가 심한 사업구역을 뉴타운 구역에서 제외하는 '뉴타운·정비사업 신(新)정책 구상'을 2012년 초 발표했다.

사업 방식에 따라 부르는 용어는 다르지만 정비사업의 기본원리는 같다. 현재 갖고 있는 땅이나 집의 가치를 매겨, 새로 짓는 아파트에 들어갈 때 얼마를 분담하는지를 정하는 것이 핵심적인 내용이다. 예컨대 5억 원짜리 단독주택을 갖고 있고, 새로 짓는 아파트 분양가가 7억 원이라면 2억 원을 더 내야 입주할 수 있는 셈이다. 반대로 4억 원에 아파트를 지을 수 있을 땐 1억 원을 되돌려 받을 수도 있다.

강남 '마지막 규제' 풀리면 … 주택거래 '훈풍' 불까

강남3구, 이달 말 투기지역 해제

"매수세가 완전히 사라지면서 급매물도 아예 안 팔립니다. 주택매매가 없으니까 아주 수요도 없습니다." (서울 개포동 강남공인)

정부가 서울 강남3구에 대한 주택투기지역과 주택거래신고지역을 해제하는 쪽으로 가닥을 잡은 것은 주택가격 안정추세가 장기화되면서 투기과열 우려가 사라졌다고 판단했기 때문이다.

또 주택시장의 '마지막 거래규제 규제'가 강남지역의 거래활성화 효과로 나타나고, 그파장이 수도권 전역으로 확산되기를 기대하는 측면도 있다.

하지만 전문가들은 부동산시장 침체의 골이 워낙 깊어진데다 강남권 재건축과 관련된 악재들이 쌓이지 있어 거래시장이 곧바로 정상화되기는 힘들다는 시각도 있다.

◆서울 1분기 매매 건수 7년새 최저

서울부동산정보광장의 아파트 실거래가 조사 결과 지난 1~3월 서울 아파트 거래 건수는 1분기 기준으로 2006년 1분기 이후 가장 적은 8839건에 그쳤다. 지난해 1분기 1342가구가 팔렸던 강남3구도 올해는 1620가구에 그치면서 절반으로 급감했다.

기존 아파트 거래 부진이 심화되자 집주인들은 매매가를 계속 낮추면서 '급급매' 형태로 물건을 내놓고 있다. 일부 강남권 일부 매물들은 한 달 3000만원씩 떨어진 상태로 나오고 있지만, 거래가 안돼 급급매가 쌓이고 있다. 신규 아파트로 이사를 해야 하는 사람들마저 기존 주택이 안 팔려 입주를 못하는 이른바 '주

투기 우려 사라져 명목상 규제 없어 단기 거래 '숨통'

택에 합의한 것으로 알려졌다.

주택투기지역이 해제되면 강남3구에서 집을 살 때 대출부담이 줄어든다. 주택투기지역에서는 6억원 초과 주택에 대한 총부채상환비율(DTI)과 주택담보대출비율(LTV)이 각각 40%로 서울 나머지 지역보다 10%포인트 축소 적용되고 있다. 하지만 주택투기지역이 해제되면 DTI 및 LTV 대출한도가 50%로 상향된다.

예컨대 연소득이 5000만원인 직장인이 서초동에서 8억원짜리 아파트를 구입할 경우 현재는 연간 원리금 상환액이 2000만원을 넘지 않도록 대출에만 제한돼 있으나 주택투기지역이 해제되면 상환액이 2500만원으로 올라 대출폭이 커진다. LTV도 50%로 상향돼 기존보다 8000만원 증가한 4억원까지 대출이 가능하다.

이와 함께 주택거래신고지역이 해제되면 자금조달 계획서 등의 신고의무가 사라져 좀 더 자유로운 거래가 이뤄질 수 있다.

◆단기 거래 숨통 트일 듯

전문가들은 주택투기지역이 해제에 따른 금융규제 완화로 실수요자와 주택매입을 수월하게 나설 수 있다는 점에서 거래부진의 숨통이 트일 것으로 보고 있다.

반면 금융규제 완화만으로는 해

주택투기지역

월별 집값 상승률이 전국 소비자물가 상승률보다 30% 이상 높은 지역 가운데 △두 달간 집값 상승률이 전국 평균보다 30% 높거나 △1년간 연평균 상승률이 직전 3년간 전국 연평균 상승률보다 높은 지역이 대상이다.

주택거래신고지역

주택투기가 성행하거나 성행할 우려가 있는 지역을 대상으로 국토부장관이 지정한다. 월별 집값 상승률이 1.5%를 넘거나 3개월간 집값 상승률 누계가 3% 이상, 1년간 집값 상승률이 전국 평균보다 2배 이상 높은 지역이 대상이다.

1분기 서울 아파트 거래 (단위:건)

길이 어렵다는 지적도 적지 않다. 김현아 건설산업연구원 연구위원은 "대출 비중이 소폭 높아진 것만으로 매매가 활성화되기는 쉽지 않다"고 주장했다. 여기서 서울시가 주택투기·재개발 사업에서 소형주택 물량 확대 등 이른바 '공공성 강화 정책'을 강조하고 있어 금융규제 완화효과가 기대만큼 크지 않을 것이란 분석도 있다.

김보형/김진수 기자 kph21c@hankyung.com

소형 확대 통했나 … 반포한양 재건축 '속도'

임대 포함 112가구 배정 ~ 서울시, 용적률 높여줘
전용 105㎡ 9억대 시세 형성 ~ 거래 문의 잇따라

서울 잠원동 반포 한양아파트가 법정 최대 용적률(298%)을 적용받게 됨에 따라 재건축사업에 속도가 붙을 전망이다. 인근 대림과 한신5차 등이 재건축사업을 진행 중이어서 반포·잠원동 일대 재건축시장에 활력이 기대감도 커지고 있다.

서울시는 법정 상한 용적률을 적용해 재건축사업을 하는 것에 부속을 표명할이다. 최근에는 고층·고밀화 부작용을 명분으로 인근 신반포1·6차와 '용도지역 등급 상향 조항(종 상향)' 요구를 일대라 보류시켰다. 그런데 반포 한양에 대해서는 법정 상한 용적률 적용을 허가해줘 그 배경에 관심이 쏠리고 있다.

◆반포한양, 1층층 낮춰 '통과'

서울시는 19일 제7차 도시계획위원회에서 잠원동 반포한양아파트의 주택재건축 범위 상한율을 결정안을 조건부로 허용했다.

이에 따라 반포한양은 기존 262.64%이 던 용적률은 298.55%로 상향 조정돼 재건축이 가능해졌다. 기존 아파트 372가구인 전용면적 105~155㎡, 예35~52평)가 60㎡ 이하 소형평형을 포함해 560가구로 신축된다.

반포한양은 작년 11월 용적률 299.99%를 요청했다가 보류되자 이번에는 용적률을 1% 낮췄다. 이에 따라 아파트 최고 높이도 29층에서 28층으로 1개층 낮아졌다. 또 용적률 상향분의 50%에 대해서는 임대주택 75가구를 짓기로 했다.

평형별 가구는 전용 60㎡ 이하 소형인 인 75가구를 포함해 112가구 (20.0%), 60~85㎡ 이하 중소형이 238가구(42.8%), 85㎡ 초과의 대형이 208가구(37.2%)로 구성됐다. 기존 재건축사업에서 적용됐던 이른바 '2대 4와 4와 비율'을 그대로 따랐다.

서울 등 재보류공아파트들 등지용 재건축 단지들의 이 비율을 적용했던 서울시의 소형주택 확대 요구까지 받은 것과는 대조

이다. 반포한양 재건축조합 관계자는 "개포는 제2종 일반주거지역이고, 여기는 제3종 일반주거지역이라 차이가 있고 또 우리는 원래 소형평형이 있었다"며 "대신 공원을 도로 앞쪽에 대체하였고, 층·수도 낮추는 등 서울시의 요구사항을 적극 반영했다"고 실명했다.

GS건설이 시공사로 선정한 반포한양 재건축조합은 앞으로 재건축 계획안을 대상 정하고 건축심의, 사업승인인가를 거쳐 관리처분총회까지 신속하게 추진할 방침이다. 내년 하반기에 이주도 시작할 계획이다.

업계에서는 "주택 재개발·재건축 등 정비구역 지정에 대해 서울시가 해당 구역의 입지특성을 고려해 차별적으로 법정 용적률 상한 적용과 종상향 기준을 도입할 것으로 보인다"고 분석했다.

◆반포·잠원 재건축 탄력받나

반포·잠원동은 한강변에 있는 1대다 강남권에서도 중심부에 자리잡아 서울의 거대 건축사업에서 '노른자위 입지'로 꼽힌다. 한 신반포1(1572가구), 한신3차(1140가구, 강남 (1056가구) 등 1970년대부터 1980년대 초반에 지어진 단지들에서 재건축을 연하여 도래한 아파트만 1만2000가구여에 이른다.

오세훈 전 서울시장은 이곳을 반포유도 정비구역으로 지정했다. 하지만 시장 교체 이후 초고층 개발에 제동이 걸리면서 사업추진이 난항을 겪어왔다. 부동산 경기침체로 수익성이 낮아진 것도 사업 추진의 발

음 잡았다.

그러나 요즘 들어 재건축 추진 단지들의 움직임이 가시화되고 있다. 지난해 용적률 상향으로 재건축을 추진한 신반포1차 1056가구 등 1970년대부터 1980년대 초반으로 쪽 844가구를 재건축하기로 한 잠원동 대림아파트는 용적률 최근 건축심의를 통과했다. 내년부터 이주를 시작할 계획이다.

이날 반포한양의 용적률 확정 소식이 인근 부동산에는 문의전화가 이어졌다. 최원식 주변인근부동산 대표는 "매수물의 개건축 추진 상황을 궁금해하는 사람

들이 적지 않았다"며 "작년 말 급매물은 105㎡(1층)가 8억8700만원에 팔린 후 요즘 거래는 없는 상태지만 매도 호가는 9억6000만~9억8000만원선이다"라고 설명했다.

나인 임대 재건축 사업이 담은 탄력을 받기는 어려운 분위기란 부정적인 신호일 수 없지 않겠냐는 반포한양의 한 조합원도 "1억에 105㎡을 주고 들어간데 현재 시세가 9억원 안팎"이라며 "또 돈을 내지 않으려고, 손해보고 팔기도 힘든 상황"이라고 하소연했다.

문혜정 기자 selenmoon@hankyung.com

강남 재건축단지 사업추진 일지	
동대문 강남아파트 용적률 심의	보류
2011년 12월 삼성동 홍실아파트 종상향	보류
잠원동 반포한양아파트 용적률 상향	보류
2012년 2월 강남권 신반포1차 용적률 상향	보류
2월 반포동 신반포1차 종상향	보류
4월 잠원동 반포한양 용적률 상향 신청	가결

서울시 도시계획위원회로부터 법적 상한 용적률(298.55%)까지 아파트를 지을 수 있도록 허가받은 서울 잠원동 반포한양아파트. 문혜정 기자

정비사업을 추진하는 과정에서 자주 등장하는 용어가 용적률, 용도지역, 기부채납 등이다. 이들 수치(비율)가 어떻게 정해지느냐에 따라 주민이 내놓아야 하는 돈(분담금)이 달라진다.

용적률은 건축물의 연(延)면적을 대지면적으로 나눈 비율이다. 건축물 연면적은 건축물 각 층의 바닥면적 합계다. 용적률은 용도지역에 따라 다르게 정해져 있다. 용도지역은 크게 주거지역, 상업지역, 공업지역, 녹지지역으로 나뉜다. 이 중 도시정비사업과 밀접한 연관이 있는 곳이 주거지역, 특히 일반주거지역이다. 일반주거지역은 다시 1~3종으로 나뉘는데 1종 일반주거지역의 용적률은 150% 이하를 적용, 4층 이하로만 주택을 지을 수 있다. 2종 일반주거지역은 200% 이하 7층 또는 12층 이하, 3종 일반주거지역은 250% 이하(층수 제한 없음)의 기준이 적용된다. 1종을 2종으로, 2종을 3종으로 조정하는 절차를 ★ '종(種) 상향'이라고 부른다. 종 상향이나 사업 인허가를 추진하는 과정에서 서울시 등 지방자치단체가 도로, 공원 등을 확충할 목적으로 일정 규모의 땅을 시행자(조합)가 부담하도록 요구하는 행위를 기부채납이라고 한다.

🔧 **KEY WORD ★ 종 상향**

1, 2종 일반주거지역을 2, 3종으로 바꾸는 것을 말한다. 서울의 경우 1, 2, 3종의 용적률(바닥면적 대비 건축 연면적 비율)은 각각 150%, 200%, 250% 이하다. 임대주택을 더 짓거나, 리모델링이 쉽거나 디자인이 뛰어난 곳엔 용적률을 추가로 부여한다. 종 상향이 이뤄지면 용적률과 층수가 높아져 아파트를 더 지을 수 있다. 조합원 이외의 다른 사람에게 팔 수 있는 물량이 늘면서 조합원이 부담하는 돈이 적어지게 된다. 조합들이 종 상향을 이끌어내기 위해 노력하는 이유가 여기에 있다.

* 신도시, 택지지구, 보금자리주택

'내 집 마련'은 무주택 서민들의 1순위 소망이지만 현실은 녹록지 않다. 가구당 월평균 소득인 388만 원(2011년 4분기 기준)을 한 푼도 쓰지 않고 꼬박 12년을 모아야 서울에 있는 아파트 1가구(평균 5억 5990만 원)를 마련할 수 있을 정도다. 집값이 떨어진 탓에 내 집 마련에 걸리는 시간이 2009년보다 2년 2개월 줄었다는 게 그나마 위안거리다.

광명 시흥 보금자리, 민간 참여 … 업무·상업 복합단지로

자금난에 2년간 지연 ·· 연기금·리츠 투자 유도
부천 옥길 등 2차지구는 8000가구 잇단 본청약

수도권 최대 규모의 보금자리주택지구인 광명 시흥지구에 민간건설사와 연기금의 참여를 유도하고 자족기능을 갖춘 복합단지로 개발하는 방안이 추진된다. 이와 함께 올해 부천 옥길, 시흥 은계, 인천 구월 등 수도권 주요 보금자리주택에 대한 본청약이 잇따른다. 하지만 사업시행자인 LH(한국토지주택공사)의 자금난에 따른 사업 지연과 비강남권 보금자리주택에 대한 수요자들의 외면으로 사업 차질이 우려돼 탄력적 정책 대응이 필요하다는 지적이 나온다.

◆'광명 시흥'에 민간참여 유도
국토해양부는 그린벨트를 풀어 보금자리주택을 짓는 광명 시흥지구의 사업정상화를 위해 지구계획을 변경하고 부지조성과 주택건설에 민간참여를 유치하는 방안을 검토 중이라고 25일 밝혔다.

2010년 3월 3차 보금자리지구로 지정된 광명 시흥지구는 분당(19.6㎢)보다 조금 작은 17.4㎢로, 건설계획 가구분 9만5000가구(보금자리주택 6만6000여가구)에 이르는 신도시급이다. 하지만 LH의 자금난으로 2년가량 지연됐다. 국토부는 보금자리주택특별법 개정으로 조례자리 사업에 민간 참여가 가능해짐에 따라 광명 시흥지구에 민간 투자를 끌어들일 방침이다.

LH가 지분 51%를 갖고, 건설사나 연기금 리츠 (부동산투자회사) 등이 49%를 투자하는 특수목적법인(SPC)을 세워 사업부지를 조성하는 방식이다. 보금자리주택 건설은 LH가 토지를 제공하고 민간건설사가 공사를 맡는 지주공동사업으로 추진한다.

미분양과 하자보수에 대해 LH와 건설사가 공동 책임을 지고 분양수익도 일정 비율대로 나눈다. 국토부는 보금자리주택특별법이 시행되는 8월 전까지 민간사업자와 양해각서(MOU)를 체결할 계획이다.

개발 계획도 수정될 가능성이 크다. 호텔·업무·상업기능 등을 보완해 복합단지로 개발하고, 지구 내 2000여개에 이르는 공장을 수용하는 산업단지를 지구 안에 조성하는 방안도 고려 중이다. 지하철 7호선을 연장하고 지구 내 군부대를 이전하는 문제도 함께 검토한다. 지구를 가로질러는 제2경인고속도로를 기준으로 북측과 남측을 1·2단계로 분리 개발하는 방안이 유력하지만 3·4단계로 또 쪼갤 가능성도 있다. LH는 9조원 규모의 보상비 부담을 이유로 사업을 내년으로 연기하는 방안도 추진 중인 것으로 알려졌다.

◆2차지구 속속 본청약
올해 수도권 보금자리지구 8곳에서 8000여가구에 대한 본청약이 이뤄질 예정이다. 시범지구인 하남 미사지구에서 2050가구가 순차적으로 본청약에 나선다. 2차 지구 인 부천 옥길, 시흥 은계, 서울 세곡2, 남양주 진건, 구리 갈매 등에서도 본청약 물량이 나온다. 3차 지구에선 인천 구월지구 본청약이 가장 빠르다. 2014년 인천아시안게임 선수촌으로 쓰여 5월께 본청약을 실시할 예정이다. 연말께는 하남 감일지구도 본청약할 가능성이 높다.

2차지구 분양가는 주변 시세의 90% 안팎으로 높아 사전청약 때 미분양도 발생했다. 주택시장 침체 속에 주변시세보다 크게 낮지 않아 분양 성공도 장담하기 힘들다.

국토부 관계자는 "보금자리주택을 포함한 올해 주택공급계획은 2월 말께 확정·발표한다"며 "2차 지구 중 비강남권은 가격 경쟁력이 높지 않아 분양 결과를 예측하기 힘들다"고 말했다.

◆탄력적 정책 대응 필요
시장 변화에 따라 보금자리주택 정책도 탄력적인 대응이 필요하다는 목소리가 높아지고 있다. 목표를 위한 무리한 공급보다 시장과 소비자에게 맞는 상품을 공급해야 한다는 것이다. 강남권과 비강남권의 분양 결과가 크게 차이 나는 만큼 비강남권 보 금자리주택에 대해서는 전매제한 완화 등 추가 대책이 필요하다는 분석이다. 지난해 10월 시범지구인 고양 원흥지구 본청약에서 다수가 미달 사태가 빚어졌다.

건설업계는 민간 자본의 보금자리 사업 참여로 보금자리주택의 공적 기능이 약화될 것으로 예상하고 있다. 대형건설사 분양담당 임원은 "민간 업체들은 분양성이 좋은 지구 중심으로 관심을 가질 수밖에 없다"며 "민간이 리스크를 안고 사업에 뛰어든다면 보금자리주택 분양가 인상은 불가피할 것"이라고 내다봤다.

김진수 기자 true@hankyung.com

광명 시흥 보금자리

연도별 보금자리주택 공급 실적
(올해는 예상치, 단위:가구)

■ 보금자리주택
■ 수도권 안·외 통합물량

	2009년	2010년	2011년	2012년
	14만5974 / 10만3328	16만4850 / 8541	12만6381 / 6만9201	15만 / 10만

자료:국토해양부

정부가 보금자리주택지구 사업에 민간자본을 참여시키고 업무·상업기능을 강화시켜 사업활성화를 유도하기로 했다. 민간 참여를 검토 중인 경기 광명 시흥 보금자리지구. /강은구 기자 egkang@hankyung.com

정부는 도시로 인구가 모여들기 시작한 1960년대부터 주택 부족 문제를 해결하기 위해 계획적으로 대규모 아파트 단지를 짓기 시작했다. 1960~1970년대에는 경제성장을 지원하기 위해 울산과 창원, 구미 등 공업 배후도시가 주로 건설했다. 1980년대는 서울 개포와 고덕, 목동, 상계동 지역에 대규모 아파트 단지가 들어섰다. 이들 지역은 1980년 제정된 택지개발촉진법에 의해 조성된 택지개발지구들이다.

노태우 대통령 시절에는 ★신도시란 개념이 도입됐다. 국토해양부는 택지개발지구 가운데 면적이 330만㎡(100만 평)을 넘는 곳을 신도시로 분류한다.

1988년 서울올림픽 이후 저유가 · 저금리 · 저달러 등 이른바 '3저(低) 호황'에 힘입어 수도권 집값이 폭등했다. 당황한 노태우 정부는 부동산 시장을 안정시키기 위해 1989년 4월 27일 △분당 △일산 △평촌 △중동 △산본 등 5곳을 신도시로 지정했다. 도심에서 20km 정도 떨어진 곳에 지어진 5개 신도시에는 117만 명이 거주할 수 있는 29만 2000여 가구의 주택이 들어섰다. 주택이 늘면서 가격은 안정됐지만, 주요 지역에서 동시에 진행된 공사로 자재 값이 급등하고 기반시설 부족 문제가 제기되기도 했다.

김영삼 정부는 이 같은 부작용을 이유로 신도시 건설을 추진하지 않았다. 대신 농사를 지을 수는 있지만 경작을 위한 시설은 없는 준농림지의 규제를 풀어 주택을 짓도록 유도했다. 용인과 남양주 등 수도권에서는 분당의 6배 규모에 달하는 준농림지를 개발한 '나홀로 아파트'가 급격하게 늘었고, 교통 문제 등 입주자들의 생활 불편은 물론 난개발이라는 문제를 불러왔다.

김대중 정부와 노무현 정부는 외환위기를 극복한 이후 집값이 급등하자 도심에서 40km안팎의 거리에 있는 곳들을 2기 신도시로 지정했다. △성남 판교 △화성 동탄(1, 2) △김포 한강 △파주 운정 △광교 △양주 △위례 △고덕국제화 △인천 검단 등 수도권 10곳과 △충남 아산 △대전 도안 등 지방 2곳 등 총 12곳을 신도시로 지정했다.

차별화에 나선 이명박 정부는 도심을 둘러싼 그린벨트(개발제한구역)를 헐어 도시를 조성하는 ★보금자리주택을 2008년 도입했다. 임대주택 80만 가구, 분양주택 70만 가구 등 2018년까지 총 150만 가구를 공급하는 게 목표였다. △서울 강남 · 서초 △고양 원흥 △하남 미사 등 시범지구를 시작으로 5차 지구인 △과천 지식정보타운 △서울 고덕 · 강일지구까지 총 19개 지구가 지정을 마쳤다.

 KEY WORD ★ 신도시

330만㎡(옛 100만 평) 이상의 규모로 시행되는 택지개발사업으로 주거는 물론 상업 · 업무 시설을 함께 갖춰 자족기능이 확보된 도시다. 신도시건설특별법에 따라 조성된 분당, 일산, 평촌, 중동, 산본 등 1기 신도시와 택지개발지정을 통해 조성중인 판교, 동탄, 광교 등 2기 신도시가 있다.

동탄2신도시 내달 첫 분양 … 6개 단지 5500여가구

분양가, 동탄 1신도시 시세보다
3.3㎡당 50만~100만원 낮아
당첨예상 청약가점은 30~40점
모델하우스 내달 29일 동시 오픈

화성동탄2신도시

동탄2신도시 6월 분양 예정 아파트

A10블럭
GS자이
전용면적 74~84㎡
일반분양 559가구

A15블럭
우남퍼스트빌
전용면적 59~84㎡
1442가구

A22블럭
호반베르디움
전용면적 84㎡
1038가구

A25블럭
모아미래도
전용면적 84㎡
480가구

A27블럭
KCC스위첸
전용면적 미정
미정

A28블럭
롯데캐슬
전용면적 99~160㎡
1416가구

자료 부동산업계

수도권 최대 택지개발지구인 경기 화성 동탄2신도시가 다음달 지구 지정 5년 만에 분양 데이프를 끊는다. 첫 개막 분양에는 GS건설 롯데건설 우남건설 호반건설 KCC건설 모아주택 등 6개사가 5500여가구 동시분양 청약방식으로 선보인다. 분양가(3.3㎡당)는 1050만원으로 동탄신도시 현재 시세보다 낮게 책정할 예정이어서 실수요자들의 관심이 쏠리고 있다.

◆수도권 최대 신도시

동탄2신도시는 2401만4896㎡(옛 727만평) 부지에 11만5323가구의 주택을 건설하는 신도시다. 바로 옆의 동탄1신도시와 산업단지를 합한 '동탄신도시'의 전체면적은 분당의 1.8배인 3500만㎡에 이른다. 세종시에 이어 두 번째로 큰 규모이고, 수도권에서는 최대 신도시다.

올해는 내달 동시분양 6개 단지(5553가구)를 포함한 대우건설과 한라건설 등이 연말까지 10개 단지, 1만231가구를 공급할 예정이다.

동탄2신도시의 장점은 자족기능이다. 인근에 삼성전자 화성·기흥 반도체 사업장이 있고 지구 내에는 업무시설용지(27만3000㎡), 테크노밸리(143만㎡), 동탄 일반산업단지(197만2000㎡)가 있어 주거 실수요가 풍부할 것으로 주택업계는 보고 있다.

반면 '서울 연결 교통망'은 약점으로 지적된다. 현재는 경부고속도로와 용인~서울 간 고속도로, 오산~영덕 간 고속화도로를 통해서만 이동이 가능하다. 그러나 수서~평택을 잇는 KTX(고속철도) 동탄역이 개통되는 2015년이면 서울 강남(수서)까지 20분이면 갈 수 있다. 2020년에는 수도권과 세종시를 연결하는 제2경부고속도로와 제2외곽순환도로가 완공돼 교통 여건은 개선될 전망이다.

◆시세보다 낮은 분양가

교통망 개선에 시간이 걸리고 부동산시장도 침체된 점을 감안해 건설사들은 분양가를 동탄1신도시 시세보다 3.3㎡당 150만원 정도 낮춘 1050만원대에서 결정할 계획이다. 동탄1신도시의 3.3㎡당 평균 매매가격은 1200만원 수준이다. 이에 앞서 2005년과 2006년에 분양한 동탄1신도시의 평균 분양가는 3.3㎡당 693만~876만원이어서 전용면적 85㎡의 입주민들은 이미 1억원 이상의 시세차익을 얻었다.

이 때문에 동탄1신도시의 기존 주민들의 갈아타기 수요가 동탄2신도시에 많을 것이라는 전망이 나온다. 분양업체인 내외주건 김신조 사장은 "동탄신도시는 입주한 지 3~5년이 지나 이주를 원하는 수요가 많다"며 "새 아파트 분양가가 시세보다 낮게 책정된다면 청약자들이 몰릴 것"이라고 설명했다.

◆6개 모델하우스 동시 오픈

GS건설 등 6개 업체는 내달 29일 동탄2신도시 내 복합환승센터 예정 부지 인근에 모델하우스를 나란히 열고 청약에 들어간다.

전문가들은 KTX·GTX·광역급행버스가 정차하는 복합환승센터가 걸어서 5분 거리에 있는 우남건설(A15블록) 단지가 상대적으로 주목을 끌 것으로 평가했다. 복합환승센터 접근성이 좋은 GS건설(A10블록)도 신혼부부 등 3인 가구용 신평면을 선보인다. 호반건설(A22블록)과 롯데건설(A28블록)은 단지 남측의 리베라CC 골프장 조망권이 장점이다. 주택타입은 호반이 전용 84㎡인 반면 롯데는 전용 99㎡ 이상 중대형으로 구성됐다. KCC(A27블록)와 모아주택(A25블록)은 복합환승센터와 차로 10분 거리로 다소 멀지만 단지 인근에 초등학교와 공원이 있어 주거 여건은 좋다는 평가다. 양지영 리얼투데이 조사팀장은 "단지 규모와 위치는 우남건설의 A15블록이 가장 양호하지만, 브랜드 파워를 바탕으로 향후 시세차익이 기대되는 GS건설의 A10블록도 유망하다"고 설명했다.

◆청약가점 30~40점이면 당첨 무난

동탄2신도시는 무주택기간과 부양가족 수, 청약통장 가입기간을 기준으로 산정한 점수가 높은 순으로 당첨자를 뽑는 '청약 가점제'가 적용된다. 이 중 일부 추첨제 물량을 가점 없이 일정 청약순위 이상이면 추첨을 통해 당첨자를 결정한다. 전용 85㎡ 이하 주택은 가점제 물량이 75%, 추첨제는 25%다. 85㎡ 초과 주택은 가점제와 추첨이 반반이다.

전문가들은 당첨 커트라인은 수원 광교신도시와 비슷할 것으로 예상했다. 작년 12월 분양한 광교신도시 호반베르디움의 경우 당해지역인 수원시는 16~44점, 경기도는 10~44점이었다. 따라서 84점 만점에 30~40점 안팎이면 당첨이 무난하다는 설명이다. 동시분양인 만큼 6개 단지 중 한 곳을 선택해 청약해야 하는 점도 변수다. 함영진 부동산써브 실장은 "가점제 낙첨자는 추첨제 대상으로 전환되는 만큼 가점이 낮으면 먼저 청약해 보는 게 좋다"고 조언했다.

김보형 기자 kph21c@hankyung.com

부쩍 높아진 김포한강신도시 계약률

작년 말 95%까지 '껑충'

교통망 확충·실수요자 흡수

경기 김포한강신도시에서 지난해 분양된 아파트들의 계약률이 오르고 있다. 김포한강로 개통 등 교통망이 확충된데다 서울 서북부 실수요자들이 전세난을 피해 미분양 물량 매입으로 눈을 돌리고 있기 때문으로 분석된다.

2일 관련업계에 따르면 지난해 4월 김포한강신도시에서 합동 분양했던 반도건설의 반도유보라2차, 대우건설의 푸르지오, 한라건설의 한라비발디 등은 지난해 말 계약률이 80~95%대로 높아졌다. 지난해 상반기 40~70%대를 훨씬 웃도는 수준이다.

분양 당시 전용면적 59㎡ 1498가구로 구성돼 실수요자 관심을 모았던 반도유보라2차는 95%를 넘어섰다. 회사 관계자는 "소형 가구에 신평면을 적용해 좋은 반응을 얻었다"며 "500여가구만 물량이 남아 곧 모델하우스를 철거할 예정"이라고 말했다.

대우건설의 한강신도시 푸르지오도 전체 812가구 중 94% 수준인 760여가구가 계약을 마쳤다. 회사 측은 계약금 100만원(1차만 납부하면 계약할 수 있는 파격적 조건 등을 내세워 마케팅을 강화했다고 설명했다.

전용면적 105~126㎡ 중대형으로 구성돼 분양률이 상대적으로 낮았던 한라비발디도 최근 계약률이 80%대까지 올랐다. 회사 관계자는 "김포한강신도시 내에 임대를 포함해 전용 85㎡ 이하 중소형 물량이 80% 수준"이라며 "중대형은 희소성이 있을 것"이라고 말했다.

김포한강신도시는 지난해 7월 올림픽대로를 잇는 김포한강로 개통에 이어 지난달 수도권 광역급행버스 운행이 시작되는 등 교통여건이 크게 개선됐다. 수도권 전세난에 밀려온 실수요자들이 계약하고 있다는 것이 업계 설명이다. 채훈식 부동산1번지 연구실장은 "이사 수요가 많았던 지난해 9~10월 서울 전셋값이 정점에 이르면서 인근 실수요를 끌어들인 것으로 보인다"고 풀이했다.

김포한강신도시에서는 올해 신규 분양이 이어진다. 삼성물산은 3월 래미안2차 1711가구를 선보일 예정이다.

안정락 기자 jran@hankyung.com

노무현 정부와 이명박 정부가 지나치게 많은 2기 신도시와 보금자리주택 건설에 나서면서 한국토지주택공사(LH)의 부채가 125조 원으로 눈덩이처럼 불어나는 부작용도 나타났다.

택지개발지구, 신도시, 보금자리주택지구 등 정부가 대규모 주택 공급을 위해 지정하는 곳엔 서민들을 위한 임대주택도 많이 들어선다. △영구임대 △국민임대 △공공임대 △시프트 등이 그것이다. 영구임대는 기초생활수급자와 국가유공자 등 사회보호계층에 시세의 30% 이하 수준에서 저렴하게 공급된다. 국민임대주택엔 가구당 월평균 소득의 70% 이하인 무주택 가구주만 최장 30년간 거주할 수 있다. 일정한 임대기간 이후 분양으로 전환되는 공공임대는 임대 조건에 따라 5년 임대와 10년 임대가 있다.

이 밖에 최장 20년 동안 주변 전세 시세의 70% 수준으로 빌려 쓸 수 있는 시프트(장기전세주택)도 임대주택의 한 종류다. 오세훈 전 서울시장이 야심차게 도입한 제도지만 서울시 산하 건설공기업인 SH공사 부채 폭증의 원인이 됐다.

정부는 최근 1, 2기 신도시와 같은 대규모 신도시 개발은 당분간 없다고 발표했다. 수도권 인근에 개발이 가능한 토지가 거의 없는데다 출산율이 낮아지면서 2030년부터는 인구가 감소할 것으로 예상되기 때문이다.

 KEY WORD ★ 보금자리주택

무주택 서민들의 내 집 마련을 위해 한국토지주택공사(LH)와 지방자치단체가 그린벨트를 푼 자리에 짓는 전용면적 85㎡ 이하의 중소형 주택이다. 분양주택과 임대주택으로 구성된다. 2018년까지 150만 가구가 공급될 예정이다. 2011년 말 기준으로 125조 원에 이르는 LH의 부채를 감안해 민간 건설회사를 참여시키는 등 사업 다각화가 추진되고 있다.

* 수익형 부동산 열풍

최근 투자자들이 '수익형 부동산'에 관심을 두는 이유는 돈을 굴릴 만한 곳이 마땅치 않아서다. 저금리 시대인 요즘은 은행에 돈을 맡겨도 이자가 연 3%대에 불과하다. 물가상승률이 더 높아 정기예금에 돈을 넣어두면 사실상 손해를 본다. 과거처럼 아파트를 사두면 몇 년 뒤 아파트 값이 크게 올라 차익을 올리는 시절도 아니다. 이런 이유로 매달 임차인으로부터 월세를 받는 수익형 부동산이 각광받고 있다.

고수에게 듣는다   장범구 LH 판매기획처 차장

"LH 단지내 상가, 낙찰가 200% 넘지 말아야"

◆월1회 정기 공급·낙찰가 할인 직접 운영

◆'황금알 낳는 거위' 아니다
대형마트·SSM 몇개 있는지
입주자 동선 잘 따져봐야
투자 수익률 연 7%가 적정

생활밀착형 점포 노려라
투자비 많은 가맹점은 위험
부동산·슈퍼·세탁소 적합

서초 보금자리·김포 유망
매달 돌때 금요일 입찰 공고
개업 6개월 전쯤 상가 사야

不運 부르는 정원의 큰 나무
작은 꽃나무 심어야 후손 번창

풍수로 보는 부동산

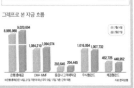

그래프로 본 자금 흐름

오피스텔, ★도시형 생활주택, 상가 등은 대표적 수익형 부동산으로 꼽힌다. 정부가 2009년 새롭게 도입한 주거형태인 도시형 생활주택은 주차장 건설 부담을 대폭 완화한 주거시설이다. 저소득층 서민들의 거주 수요를 빠르게 충족시킬 수 있는 게 장점이다. 주거형 오피스텔은 사실상 주택으로 사용할 수 있게 허가한 사무실이다. ★다가구·다세대 주택도 전통적인 수익형 부동산이다. 다가구주택은 단독 주택이고, 한 사람이 소유한다. 다세대주택은 세대별로 소유권이 달라 개별적으로 분양 및 매매가 가능

한 게 다른 점이다.

각종 상가도 대표적인 수익형 부동산으로 분류된다. 상가는 위치나 성격에 따라 종류가 다양하다. 아파트 단지 안에 있는 '단지 내 상가', 주거지 인근에 조성한 '근린상가', 패션·음식·전자제품 등 특정 테마를 중심으로 모여 있는 테마상가 등이 일반인에 친숙하다. 최근에는 쇼핑시설과 오피스, 주거, 문화 등 여러 기능을 갖춘 복합상가도 늘고 있다. 지식산업센터(옛 아파트형 공장) 내 상가도 틈새상품으로 각광 받고 있다. 최근 들어선 길을 따라 자연발생적으로 들어선 노선상가가 인기를 끌고 있다. 가로수길, 꼼데가르송길, 청담동 명품거리, 삼청동길 등이 대표적 사례다.

중소형 빌딩도 수익형 부동산으로 꼽힌다. 최근 강남 부자들 사이에선 연 5% 이상의 수익률이 나오는 중소형 빌딩의 인기가 식을 줄 모르고 있다.

수익형 부동산의 투자 핵심은 수익률이다. 투자금 대비 수익을 높이려면 일단 투입하는 돈이 적정 수준이어야 한다. 분양가나 매입가가 너무 높으면 안 되는 이유다. 수익형 부동산 투자에선 특히 공실 여부가 중요하다. 임대차 계약을 맺지 못하면 수익률이 크게 낮아지는 것은 물론, 주인이 높은 관리비 등을 모두 떠안아야 하기 때문이다. 수익형 부동산 기사에서 수익률과 공실률 전망이 빠지지 않고 등장하는 이유가 여기에 있다.

KEY WORD ★ 도시형 생활주택

1~2인 가구가 증가하면서 정부가 이들을 위해 2009년 5월부터 새롭게 도입한 주거 형태다. 주차면적 등 일부 주택건설기준과 부대·복리 시설 설치 기준 등을 완화시키거나 적용하지 않는 것이 특징이다. 정부는 과거 전세난이 발생할 때마다 다세대주택의 건축기준을 완화해왔다. 그러나 이명박 정부 들어선 도시형 생활주택이란 새로운 상품을 해법으로 내놨다. 도시형 생활주택을 분양받는 데는 청약통장이 필요 없고, 분양가 상한제도 적용받지 않는다. 제도 도입 초기에는 1인 가구에 적합한 도시형 생활주택 공급이 주류를 이뤘지만 점차 2~3인 가구를 위한 도시형 생활주택도 늘고 있다.

★ 다가구·다세대 주택

둘 다 전통적인 주거용 수익형 부동산이다. 다만 다가구주택은 단독주택이고, 다세대주택은 아파트나 연립주택과 같은 공동주택으로 분류된다. 다가구주택은 한 사람 명의로 등기되기 때문에 개별적으로 분양 및 매매를 할 수 없다. 한 사람이 전체를 소유하면서 임대를 놓는 방식이다. 그러나 다세대주택은 각 세대별로 소유권을 독립적으로 가질 수 있다. 한 사람이 전체 세대를 소유하면 그 수만큼을 주택수로 계산한다. 건축법상 둘 다 연면적 660㎡ 이하 크기로 지어야 한다. 다만 다가구는 지하층을 제외한 전체 층수가 3층 이하이고, 다세대는 4층 이하다. 다세대의 경우 주차장 등으로 사용할 목적으로 1층 전체 또는 절반 이상을 땅에서 올려 짓는 필로티 구조를 도입하면 5층까지 지을 수 있다.

* 부동산 거품 붕괴론 따라잡기

한때 직장인 및 주부들의 꿈은 '아파트 평수 넓히기'였다. 방 한 칸씩 늘려서 대형 아파트에 사는 게 최대 목표였다. 가능하면 식구 수만큼 방을 가질 수 있다면 더욱 좋았다. 하지만 최근 주택시장 동향이 달라졌다. 넓은 평수의 대형 아파트는 점차 그 인기가 사그라들고 있다. 그 대신 1~2인 가구가 살 수 있는 소형 오피스텔이나 미니 주택이 인기를 누리고 있다.

전농7구역, 3.3㎡당 분양가 중대형이 더 싸졌다

전용 121㎡, 중소형보다 20만~30만원 낮아
'대전 자이' 이어 서울까지 역전 현상 확산

서울 도심 재개발구역에서 전용 85㎡ 이하 중소형 평형과 85㎡ 초과 아파트의 분양가가 역전되는 사례가 생겼다. 그동안 중대형 분양가가 중소형보다 비싸게 책정돼 왔다는 점에서 이례적이라는 분석이다.

전문가들은 "1~2인 가구 증가와 실수요자 중심의 매수세로 중대형 평형의 인기가 떨어지면서 미분양이 쌓인 결과"라며 "재개발·재건축 사업장에서 중대형의 분양가가 중소형보다 싼 현상이 두드러질 수 있다"고 예상했다.

◆중소형이 분양가 더 비싸

6일 부동산 업계에 따르면 오는 30일 일반분양을 위해 모델하우스 문을 열 예정인 서울 전농구역 재개발조합은 중대형 분양가를 중소형보다 낮추기로 했다.

3.3㎡당 평균 분양가는 1500만원 수준으로 중대형 분양가를 중소형보다 20만~30만원 낮춘다. 조합은 분양가 인하를 위해 지난달 31일 조합 총회를 열어 일반분양 수익을 기존 3080억원서 2935억원으로 145억원 낮추는 '일반분양가 조정

안'을 통과시켰다.

조합이 중대형 분양가를 낮추는 데 소극적이지만 시공사인 삼성물산이 중대형 미분양 가능성이 높다는 점을 들어 가격 인하를 강력하게 요구한 것으로 알려졌다.

인근 스피드부동산의 김성근 사장은 "경쟁 상대인 답십리16구역의 일반분양가가 전농7구역보다 낮게 책정됐다는 점을 들어 삼성물산이 조합 측에 분양가 인하를 권유했다"며 "조합도 대형 평형 미분양이 발생하면 이자비용 증가로 조합원 부담이 늘어날 수 있다는 점을 우려, 인하에 합의했다"고 설명

했다.

건설업계 관계자는 "고덕시영 고덕주공4단지 등 강남권 재건축 사업장에서도 조합원들이 중소형을 선택, 중대형이 대거 일반분양 물량으로 나오는 일이 벌어지고 있다"며 "조합과 시공사가 미분양 부담을 느낄 수밖에 없다"고 말했다.

분양가 역전은 어느 정도 예견된 일이다. 전농7구역보다 입지여건이 좋은 것으로 평가받는 대흥3구역(마포자이2차)도 지난달 말 전용 84㎡와 118㎡의 분양가를 3.3㎡당 1920만원으로 같게 책정, 분양가 역전이 임박했음을 예고했다.

◆중대형 미분양 적체가 원인

중대형 분양가가 중소형보다 높게 책정되는 게 일반적이었다. 5~6%의 부가가치세가 별도로 붙는 데다 몇 년 전까지만 해도 중대형 인기가 높았던 까닭이다.

2007년 이후 중대형 평형 미분양이 쌓이기 시작하면서 상황이 달라졌다는 게 건설업계 분석이다. 중대형 분양가가 하향 조정되면서 분양가 격차가 줄어들더니 일부 미분양 문제가 심각한 지방에서는 중대형 분양가가 중소형과 비슷하거나 낮은 사례가 발생했다. 지난 5월 말 대전 대흥동에서 분양한 '대전 센

트럴 자이'의 146~176㎡ 분양가는 85~112㎡(759만원)보다 3.3㎡당 20만원 이상 낮은 평균 732만원으로 책정됐다. 이에 따라 수요가 적은 대형 평형의 분양도 순조롭게 마무리됐다.

부동산 리서치업체인 리얼투데이의 양지영 팀장은 "서울 중대형 미분양은 939가구로 중소형 미분양 2037가구의 4.6배에 이른다"며 "1~2인 가구 증가, 베이비부머 은퇴 등 인구구조 변화를 감안하면 중대형 분양가를 높게 책정하기 쉽지 않은 상황"이라고 말했다.

조성근 기자 truth@hankyung.com

중대형 평형 기피 사례		
◆분양가 조정		
대전 센트럴 자이	146~176㎡ 3.3㎡당 732만원 85~112㎡보다 20만원 낮음	
서울 대흥3구역	84㎡와 118㎡의 평균 분양가 1920만원으로 동일	
서울 전농7구역	121㎡ 분양가를 84㎡보다 20만~30만원 낮게 결정	
◆평형 조정 추진		
고덕시영 고덕주공6단지		
	자료: 관련 업계	

미분양을 피하기 위해 중대형 아파트 3.3㎡당 분양가를 중소형보다 낮게 책정한 서울 전농7구역. /김영우 기자 youngwoo@hankyung.com

최근 변화를 불러일으키는 근본적인 이유는 인구구조 변화다. 그동안은 인구가 지속적으로 늘어나면서 주택 구매 기반이 탄탄했다. 그러나 우리나라 인구는 머지않아 감소세로 돌아설 가능성이 높다. 인구가 줄면 주택 수요도 줄 수밖에 없다. 부동산 거품 붕괴론이 힘을 얻는 이유다. 인구감소와 함께 베이비 붐 세대의 은퇴는 대형 아파트 소외 현상을 심화시키고 있다. 1~2인 가구는 증가하고 있

고, 베이비 붐 세대들도 은퇴와 함께 큰 집을 내놓고 작은 집으로 옮겨가고 싶어 한다. 따라서 큰 집이 매물로 많이 나와도 작은 집의 수요가 더욱 늘어날 가능성이 높다. 과거엔 크면 클수록 인기가 있었지만, 지금은 작을수록 인기가 높다.

'소형 쏠림 현상'은 아파트 매매가·분양가 추이에서도 확인할 수 있다. 2005년 9월 이후 지난해 12월까지 서울 지역 20평형대 아파트값은 평균 50% 가까이 올랐음에도 50평형대 아파트는 20%가 채 오르지 않았다. 아파트 시장에서는 중소형 아파트의 3.3㎡당 분양가가 중·대형 아파트보다 비싼 '분양가 역전 현상'이 나타나고 있다.

고령화로 실버주택과 요양병원에 대한 관심도 높아지고 있다. 우리나라에선 2000년 65세 이상 노인이 전체 인구의 7%를 넘어섰다. 2018년엔 14%를 넘는 고령사회에 진입할 것으로 예상된다. 2026년엔 전체 인구의 20.8%가 65세 이상인 초고령사회가 된다. 이들을 겨냥한 ★실버타운이나 요양병원을 개발하려는 디벨로퍼들이 등장하고 있다. 새로운 노령 세대들은 자식들에게 재산을 물려주기보다는 자신의 삶에 투자하고 싶어 한다. 이런 수요에 부합하는 실버주택이나, 이들이 치매 등 병에 걸렸을 때 간병을 받을 수 있는 요양병원 개발이 시작됐다.

1~2인 가구 증가도 새로운 주거 유형이 대거 등장하는 계기가 되고 있다. 통계청에 따르면 2011년 기준 1~2인 가구는 750만 가구로 전체 가구의 43.6%에 달했다. 2000년(34.6%)에 비해 9%포인트 늘어난 것이다. 2030년이 되면 1~2인 가구는 전체의 51.81%로 절반을 뛰어 넘을 것으로 예측된다. 이들을 겨냥해 '강소주택'이 등장했다. 작은 공간을 최대한 넓게 쓰기 위해 구조, 수납공간 등의 효율을 극대화한 주택이다. 셰어하우스, 테마하우스 등 일본에서 유행하고 있는 소형 주택의 도입도 본격화 되고 있다. 셰어하우스는 침실을 제외한 식당, 세탁실, 취미 공간 등을 공동으로 사용하는 집이다. 대학교 기숙사를 연상하면 된다. 공용 공간을 같이 사용할 수 있어 임대료가 저렴하다. 같은 취미를 가진 사람들끼리 모여 사는 테마하우스도 조만간 국내에 등장할 것으로 전망된다.

KEY WORD ★ 실버타운

고령자들에게 필요한 의료시설, 여가시설, 운동시설 등을 갖춘 주거단지다. 수용시설에 가까운 양로원이나 요양원과 달리의료진, 스포츠 전문가, 요리사 등의 서비스를 받으면서 노후를 즐겁고 편안하게 보낼 수 있다. 우리나라에선 병원이나 일부 부동산개발회사들이 실버타운을 공급했지만 크게 인기를 끌지는 못했다. 도심에서 너무 떨어진 곳이 많은데다 노인들만 몰려 산다는 데 아직은 거부감을 느끼는 사람들이 적지 않은 탓이다.

경제기사로 리딩하라

지은이 | 차병석 외
펴낸이 | 김경태
펴낸곳 | 한국경제신문 한경BP

제1판 1쇄 발행 | 2012년 6월 15일
제1판 4쇄 발행 | 2014년 3월 20일

주소 | 서울특별시 중구 중림동 441
기획출판팀 | 02-3604-553~6
영업마케팅팀 | 02-3604-595, 583 FAX | 02-3604-599
홈페이지 | http://bp.hankyung.com
전자우편 | bp@hankyung.com
T | @hankbp   F | www.facebook.com/hankyungbp
등록 | 제 2-315(1967. 5. 15)

ISBN 978-89-475-2855-9   03320
값 12,000원